高等院校公共艺术课程系列教材

College Aesthetic
Education

大学美育

封万超　刘玉雪　编著

清華大學出版社
北 京

图书在版编目（CIP）数据

大学美育 / 封万超, 刘玉雪编著. -- 北京：清华大学出版社, 2025. 2.
(高等院校公共艺术课程系列教材). -- ISBN 978-7-302-68065-9

Ⅰ. G40-014

中国国家版本馆CIP数据核字第2025DG2678号

责任编辑：宋丹青
封面设计：傅瑞学
责任校对：宋玉莲
责任印制：刘　菲

出版发行：清华大学出版社
　　　　网　　　址：https：//www.tup.com.cn，https：//www.wqxuetang.com
　　　　地　　　址：北京清华大学学研大厦A座　　　邮　　编：100084
　　　　社　总　机：010-83470000　　　　　　　邮　　购：010-62786544
　　　　投稿与读者服务：010-62776969，c-service@tup.tsinghua.edu.cn
　　　　质量反馈：010-62772015，zhiliang@tup.tsinghua.edu.cn
印　装　者：北京瑞禾彩色印刷有限公司
经　　销：全国新华书店
开　　本：210mm×285mm　　　**印　　张**：10.5　　　**字　　数**：244千字
版　　次：2025年4月第1版　　　　　　　　　　　**印　　次**：2025年4月第1次印刷
定　　价：49.80元

产品编号：105560-01

总 序

美育是我国教育方针的重要组成部分。美育，就是审美的教育，是提高学生美的感受、美的体验、美的鉴赏、美的创造等各方面综合素养的教育。大学美育的主途径是课堂教育，以课堂上的艺术教育为主体。在高校开设公共艺术教育通识课程是推进美育工作的重要路径。

我国一直十分重视高校公共艺术教育工作。2002 年 7 月 25 日，教育部发布《学校艺术教育工作规程》，涉及学校艺术课程，课外、校外艺术教育活动，学校艺术教育的保障，奖励与处罚等内容。2006 年，教育部办公厅印发《全国普通高等学校公共艺术课程指导方案》，该方案明确指出，"公共艺术课程是为培养社会主义现代化建设所需要的高素质人才而设立的限定性选修课程，对于提高审美素养，培养创新精神和实践能力，塑造健全人格具有不可替代的作用"。2014 年，《教育部关于推进学校艺术教育发展的若干意见》指出，"普通高校按照《全国普通高等学校公共艺术课程指导方案》要求，面向全体学生开设公共艺术课程，并纳入学分管理。有条件的学校要开设丰富的艺术选修课供学生选择性学习。鼓励各级各类学校开发具有民族、地域特色的地方艺术课程"。2020 年 10 月，中共中央办公厅、国务院办公厅印发《关于全面加强和改进新时代学校美育工作的意见》，其中明确提出："坚持面向全体。健全面向人人的学校美育育人机制，缩小城乡差距和校际差距，让所有在校学生都享有接受美育的机会，整体推进各级各类学校美育发展，加强分类指导，鼓励特色发展，形成'一校一品''一校多品'的学校美育发展新局面。"这些方案、意见的出台为开展高校公共艺术教育提供了基础。

习近平总书记高度重视美育工作。2018 年 8 月 30 日，在给中央美术学院老教授的回信中，习近平总书记提出："美术教育是美育的重要组成部分，对塑造美好心灵具有重要作用。你们提出加强美育工作，很有必要。做好美育工作，要坚持立德树人，扎根时代生活，遵循美育特点，弘扬中华美学精神，让祖国青年一代身心都健康成长。"2018 年 9 月 10 日，习近平总书记在全国教育大会上指出："要全面加强和改进学校美育，坚持以美育人、以文化人，提高学生审美和人文素养。"2020 年 10 月 23 日，习近平总书记在回信中勉励中国戏曲学院师生："全面贯彻党的教育方针，落实立德树人根本任务，引导广大师生坚定文化自信，弘扬优良传统，坚持守正创新，在教学相长中探寻艺术真谛，在服务人民中砥砺从艺初心，为传承中华优秀传统文化、建设社会主义文化强国作出新的更大的贡献。"2021年4月19日，习近平总书记在考察清华大学美术学院时指出："美术、艺术、科学、技术相辅相成、相互促进、相得益彰。要发挥美术在服务经济社会发展中的重要作用，把更多美术元素、艺术元素应用到城乡规划建设中，增强城乡审美韵味、文化品位，把美术成果更好地服务于人民群众的高品质生活需求。要增强文化自信，以美为媒，加强国际文化交流。"习近平总书记关于美育的系列重要讲话，为开展大学美育指明了方向。

当前，我国的经济、文化、社会、教育等方面都在发生深刻的变化。在技术革命的推动下，人工智能、数字媒体技术等全面影响着我们的日常生活。新时代成长起来的大学生和以前有了很大不同。本教材面对的对象，是艺术类院校的本科大学生，尤其是出生在2000年之后的新生代大学生。当代大学生更为注重自我感受，性格更加独立，注重体验、个性鲜明、自尊心强烈，愿意追求和尝试各种新生事物，是未来中国新经济、新消费、新文化的主导力量。针对时代特征，通过开展公共艺术通识教育，提升当代大学生的美学素养，能够帮助他们更好地塑造人格，以便更好地走向社会。在一定程度上，这也正是大学美育的时代使命所在。时代的发展，艺术教育的进步，大学生性格特征的变化，都为我们编写公共艺术教育教材提出了新任务和新要求。

为深入贯彻落实习近平总书记关于美育工作的重要指示精神，以及中共中央办公厅、国务院办公厅《关于全面加强和改进新时代学校美育工作的意见》要求，全面提高教学质量，培养高素质艺术设计人才，推进艺术院校公共艺术通识教育改革创新，山东工艺美术学院组织编写了本套公共艺术通识教育教材。本套教材包括《大学美育》《艺术导论》《美学导论》《马克思主义文艺观通论》《传统造物与生活方式概论》五册。

本套教材与其他公共艺术通识教育教材相比，显示出以下三方面特色：第一，视野广阔全面，涵盖美学原理、艺术学原理、马克思主义文艺观、传统造物原理等多个艺术教育领域，能够使学生获得全面的公共艺术通识教育；第二，特点鲜明突出，立足于中华传统造物艺术体系和中华传统造型艺术体系，结合我校民艺学研究传统，相关案例特点鲜明；第三，多学科交叉融合，涉及美学、文学、社会学、历史学、美术学、民俗学等多个学科，编写者来自不同的学科领域，教材内容明显具备多学科交叉融合的特点。

本套教材是编写组所有成员集体智慧的结晶。尽管编写者都认真负责，但难免会出现疏漏和不足。恳请各位专家、读者朋友批评指正。本套教材的出版得到了清华大学出版社的大力支持，我们对清华大学出版社严谨认真的编审人员表示衷心的感谢！最后，希望这套教材能够为艺术院校公共艺术教育事业的发展作出贡献。

2024年5月20日

前　言

党的十九大报告首次提出："中国特色社会主义进入新时代，我国社会主要矛盾已经转化为人民日益增长的美好生活需要和不平衡不充分的发展之间的矛盾。""美好生活"兼涵"美"和"好"两个方面，有着极为丰富的内涵和外延。整体而言，对文化的、精神的、生活美学的追求成为新时代我国政治、经济、文化、社会发展全新方向。生活美学化的诉求，也为学校美育尤其大学美育提出了新要求。

在习近平总书记"两个结合"重要思想指导下，在党和国家有关部门的高度重视下，包括大学美育在内的学校美育工作，正在迎来全新的发展契机。

首先，习近平总书记关于美育的系列重要讲话，为今天发展大学美育指明了方向。2014 年10 月 15 日，习近平总书记《在文艺工作座谈会上的讲话》中指出："我们要结合新的时代条件传承和弘扬中华优秀传统文化，传承和弘扬中华美学精神。"[1] 2018 年 8 月 30 日，在给中央美术学院老教授的回信中，他进一步提出："坚持立德树人，扎根时代生活，遵循美育特点，弘扬中华美学精神，让祖国青年一代身心都健康成长。"[2] 2018 年 9 月 10 日，习近平总书记在全国教育大会上指出："要全面加强和改进学校美育，坚持以美育人、以文化人，提高学生审美和人文素养。"2021 年 4 月 19 日，习近平总书记在考察清华大学美术学院时指出："美术、艺术、科学、技术相辅相成、相互促进、相得益彰。要发挥美术在服务经济社会发展中的重要作用，把更多美术元素、艺术元素应用到城乡规划建设中，增强城乡审美韵味、文化品位，把美术成果更好地服务于人民群众的高品质生活需求。要增强文化自信，以美为媒，加强国际文化交流。"

其次，党和国家有关部门出台的系列文件，为美育事业发展提供了遵循的依据。2019 年 4 月，《教育部关于切实加强新时代高等学校美育工作的意见》强调："落实立德树人根本任务，引领学生树立正确的审美观念、陶冶高尚的道德情操、塑造美好心灵，切实改变高校美育的薄弱现状，遵循美育特点，弘扬中华美学精神，以美育人、以美化人、以美培元，培养德智体美劳全面发展的社会主义建设者和接班人。"2020 年10 月，中共中央办公厅、国务院办公厅联合印

---

① 习近平.在文艺工作座谈会上的讲话 [M].北京：人民出版社，2015：26.

② 习近平.习近平总书记给中央美术学院老教授回信强调 做好美育工作弘扬中华美育精神 让祖国青年一代身心都健康成长 [J].美术研究，2018(5)：4.

发《关于全面加强和改进新时代学校美育工作的意见》，提出"以美育人、以美化人、以美培元，把美育纳入各级各类学校人才培养全过程，贯穿学校教育各学段，培养德智体美劳全面发展的社会主义建设者和接班人"。这些都为开展和改进大学美育工作提供了根本指导。

站在新的时空节点上，重新思考和加强美育工作，需要我们有着更为强烈的问题意识：美育到底是什么？美育有着怎样的价值？美育该如何开展？这也是本教材着力要解决的问题。

第一，美育是什么？

美育，顾名思义就是审美的教育，是提高学生美的感受、美的体验、美的鉴赏、美的创造等方面综合素养的教育。审美解决的是长远问题。正如习近平总书记的重要讲话和中央文件精神所揭示的，美育是实现学校"立德树人"根本任务的重要载体，它的指向性非常明确，就是"让祖国青年一代身心都健康成长"。这种以人为本、以人的全面发展为目标的导向性，表明美育是不折不扣的"人学"。和很多知识或技能导向的课程不同，大学美育围绕人开展，要带给学生审美素养的综合提升，其教育过程并非靠外在的静态知识灌输，而是如中国古人所说"春风风人""夏雨雨人"[1]，是一种春风化雨、润物无声的动态感受过程，是诉诸大学生的人格主体的内生性激发。这一点尤其应引起每一位美育教育工作者关注重视，并在实践中去探索美育育人的一般与特殊规律。

第二，美育价值何在？

对于大学美育作用的研究从近代到当代经历了一个在认识上逐步深入的过程。今天的理论研究者、教育实践者普遍认识到一点：大学美育的核心目的是让大学生形成美的观念、美的思维、美的素养、美的能力，能够以一种"诗意的栖居"的方式，去过好自己色彩斑斓的一生。这在今天显得尤为迫切。因为现代社会物质经济发达带来的"拜物主义"，反而让现代人在精神、信仰层面陷入了空前的危机。美育，恰恰是疗愈这种危机的一剂良药。它可以让人在超越物质的层面，在形而上的精神领域获得一种自足，就像庄子所说的"独与天地精神相往来"[2]，实现对一己生命、心灵的慰藉。对个体是这样，对群体来说，美育同样能起到成风化俗的作用，让人们在共识和共为中，推动美的风尚蔚然成风。诚能如此，则通过美育以美育人、以美化人、以美培元的价值，自然不难实现。

第三，美育通过何种途径开展？

毋庸讳言，大学美育的主途径仍是课堂教育，仍以课堂上的艺术教育为主体。通过艺术教育，让大学生在"游于艺"的过程中，通过好的音乐、美术、影视等艺术作品，提高自身的审美素养和人格情操，这是各种大学美育教材聚焦的重点。但大学生处于从未成年到成人的人生阶段、从学校到社会的成长时期，加上今天文化和社会的媒介化成为时代潮流，其接受美育的途径也更为多元、更为多样、更为多彩。在学校的艺术教育之外，自然中的美育、社会上的美育、生活中的美育，也都是大学美育的重要方向。这也是本教材区别于以往教材重点加强的部分。

从近代王国维、蔡元培等教育家引进美育概念后，美育教育在我国走过了上百年的历程。对美育的概念、价值、路径，一代代教育工作者从

---

① 刘向 . 说苑译注 [M]. 北京：北京大学出版社，2009：25.

② 任思源主编 . 庄子彩图全解详注 [M]. 北京：中国华侨出版社，2012：426.

理论和实践层面都做了广泛而深入的发展。学者们形成一个共识：美育既是一个新概念，也是一个老课题。说它是新概念，是因为现代美育的提倡，最早追溯到席勒的《美育书简》，迄今不过两百多年的历史；说它是一个老话题，是因为无论西方还是中国，在美的教育方面有着悠久的历史、多样的文化资源、深厚的教化积淀。认识美育的"新"和"旧"，是我们今天探讨大学美育的一个重要出发点。

在中国共产党成立一百周年大会上，习近平总书记提出马克思主义要同中国具体实际相结合、同中华优秀传统文化相结合的"两个结合"重要论断，并在党的二十大报告中对这一论述进行了进一步阐述。这一阐述为我们今天探讨大学美育工作、撰写《大学美育》教材提供了基础。

作为一本面向艺术类高校本科学生的教材，本教材在编撰过程中以习近平新时代中国特色社会主义思想为指导，以中共中央办公厅、国务院办公厅联合印发的《关于全面加强和改进新时代学校美育工作的意见》为依据，也力求做到"两个紧密结合"：一是紧密结合当代艺术类高校大学生的年龄、心理、学养等方面的实际情况，力求真正走进大学生的精神世界，引领和塑造大学生的完美人格；二是紧密结合源远流长、积淀深厚的中华美学精神，力求通过教材建设和相关的美育实践，形成新时代大学美育的学科体系、课程体系和话语体系。

在写法上，本教材在遵守教材科学、严谨的规范之外，更多从大学生易于接受、喜闻乐见的维度，追求一种活泼并富有情趣的表达，让文字本身传递一种美感。同时在具体内容上，本教材也结合理论阐述，遴选并呈现大量美育案例，辅以艺术作品图片，希望通过这种图文并茂的表达，让学生从中感受美、体验美、欣赏美。

在本教材的撰写过程中，编者综合参考了此前多个版本《大学美育》的相关内容以及国内美育研究者最新的理论成果，凡所引用尽可能做出了注释。大学美育的创新探索，本身就是一代代学者滚雪球式向前推进的事业，在致敬前人成果的同时不断推陈出新，是当代学人职责所在。本教材难免存在疏漏，恳请各位专家不吝指正！

编者

2023 年 9 月

目　录

下编　以美培元——大学美育的社会功用

上　编

以美育人——大学美育的核心目标

第 1 章　大学美育概述

一个完整强健人格的养成，并不源于知识的灌输，而在于感情的陶养。这种陶养就在于美育。塑造全面完整的人，也正是美育的宗旨。

——蔡元培

◎学习目标

通过本章学习，让学生了解和掌握以下内容：

1. 大学美育是什么。
2. 大学美育的目标和任务。
3. 大学美育的多维路径。
4. 大学美育的学习方式。

1.1　大学美育的概念

美育，顾名思义，即审美教育或美感教育。蔡元培作为最早使用美育概念并倡导美育的中国学者，曾对美育下了一个定义："美育者，应用美学之理论于教育，以陶养感情为目的者也。"[①] 这一定义揭示了美育对人的情感、人格的陶养作用。一百多年来，人们对美育的认识不断深入，当代学者对美育的定义也不断深化。曾繁仁认为："美育，即通过自然美、艺术美与社会美的

途径，在潜移默化中对广大人民，特别是青年一代进行情感的陶冶、健康审美力的培养与健全人格的塑造。"[②] 这一定义对美育的对象、目标和途径都给予了明确界定。随着认识的不断深入，学界普遍认识到美育是"以人对事物的审美判断和审美体验为基础，借助于各种事物之美对人进行积极影响，从而实现人格塑造的一种教育"[③]。美育于人是一种终身性教育，大学美育作为衔接学校美育和职后美育的关键环节，是一个人在大学阶段所受的美育过程。[④]

1.1.1　美育是个新概念

美育这一概念是近代从西方兴起的，迄今不过二百多年历史，引入中国不过一百多年时间。

德国文学家席勒（Johann Christoph Friedrich von Schiller，1975—1805）出版于 1795 年的

① 蔡元培. 蔡元培美学文选 [M]. 北京：北京大学出版社，1983：174.

② 曾繁仁. 美育十五讲 [M]. 北京：北京大学出版社，2012：1.

③ 陈沛捷，黄斌斌，吴樱子. 大学美育 [M]. 北京：清华大学出版社，2022：3.

④ 王一川主编. 大学美育 [M]. 北京：北京师范大学出版社，2021：3.

《美育书简》第一次提出美育的概念。在这 27 封写给丹麦王子克里斯谦公爵的信中，席勒将古代希腊社会与近代欧洲社会进行对比，认为在古希腊社会中人的天性是完整和谐的。这一点，在大理石群雕《拉奥孔群像》中可见一斑（图 1-1）。席勒的好友、德国大文豪歌德（Johann Wolfgang von Goethe，1749—1832）认为，《拉奥孔群像》虽然以极大的悲剧性让人震撼，在艺术语言上却是匀称与变化、静止与动态、对比与层次的典范。和他们同时代的德国美学家莱辛（Gotthold Ephraim Lessing，1729—1781）也赞美古希腊艺术家将拉奥孔塑造得高贵而单纯，即使在最痛苦的时候也保持着不可动摇的人的伟大，以内心的宁静战胜了世界的磨难。

图 1-1　阿格桑德罗斯等《拉奥孔群像》，约公元前 50 年，梵蒂冈博物院藏

相比而言，资本主义所引领的现代文明却造成了人性的分裂。席勒认为，要使分裂的人性得以复归，"就必须通过审美的途径，因为正是通过美，人们才可能达到自由"[1]。在他看来，单纯的感性和理性都有失偏颇，以感性为支配的自然人是"野人"（wilder），以理性为支配的理性人则是"蛮人"（barbar），唯有两者兼具、和谐统一才能成为真正有教养的人（gebilderter mensch）[2]。

中国引进美育概念始于 20 世纪初，其缘起正是接受了席勒这一旨在沟通感性与理性的情感教育观念[3]。王国维最先引进美育概念，他在《论教育之宗旨》一文中指出，教育之事分智育、德育、美育三部分，"三者并行而渐达真善美之理想，又加以身体之训练，斯得为完全之人物"[4]。可见在王国维看来，理想的"完全之人物"是德、智、体、美全面发展的。蔡元培对美育的倡导进一步深入，他不仅于 1912 年推动美育以国家法令形式列入国家教育宗旨，还于 1917 年发表《以美育代宗教》的演讲，推动美育成为 20 世纪 20 年代最重要的社会思潮之一[5]。从那时至今，美育概念在中国的发展已经走过了一百多年的历史。

1.1.2　美育也是个旧传统

美育实质上在西方和我国都有悠久的历史，也在历史上形成了与之相关的优良传统和

① [德] 席勒. 席勒文集 6：理论卷 [M]. 张佳珏，译. 北京：人民文学出版社，2005：168.
② 龚鹏程. 美学艺术学笔记 [M]. 合肥：安徽教育出版社，2019：9-10.
③ 聂振斌. 中国古代美与思想史纲 [M]. 郑州：河南人民出版社，2004：1.
④ 王国维. 王国维文集 [M]. 北京：中国文史出版社，1997：157.
⑤ 陈沛捷，黄斌斌，吴樱子. 大学美育 [M]. 北京：清华大学出版社，2022：9.

深厚积淀。西方从古希腊、古罗马时期就重视人文教育，雅典的缪斯教育即兼涵德育和美育（图1-1）。

我国先秦时期也形成了诗教和乐教的传统，并一直流传至今。我国最早的典籍《尚书·舜典》就提出，"帝曰：夔，命汝典乐，教胄子。直而温，宽而栗，刚而无虐，简而无傲。诗言志，歌永言，声依永，律和声。八音克谐，无相夺伦，神人以和"①。这里所讲的"诗"与"乐"内涵丰富，既包括社会制度、道德规范，也包括文学艺术、交际礼仪，涵盖了人们现在所说的美育范畴。《尚书》所开启的这种诗教和乐教传统，在中国历史上影响深远。在周代，经过周公"制礼作乐"后，礼乐教化更成为上迄贵族、下至平民的系统性教育内容。

周公开启的礼乐教化传统为孔子所继承并发扬光大，不仅成为儒家美育思想的重要源头，也奠定了中国传统美育思想的基本范畴。孔子以诗书礼乐教育学生，提出的教学大纲是"志于道，据于德，依于仁，游于艺"②，并明确具体教学内容为"兴于诗，立于礼，成于乐"③。在孔子看来"不学诗，无以言"，只有通过诗歌的学习，一个人才能具备与人交谈的言语之美；"不学礼，无以立"，只有通过对礼仪的学习，一个人才能具备文质彬彬的行为之美。孔子对乐教同样重视，最有名的例子就是孔子到齐国去听韶乐演奏。"子在齐闻《韶》，三月不知肉味。曰：'不图为乐之至于斯也。'"④好的音乐竟能让人"三月不知肉味"，可见它带给人的美学体验和精神愉悦。"到齐闻韶"也成为人们艺术追求的象征（图1-2）。

图1-2 淄博临淄的"孔子闻韶处"遗址

在孔子看来，乐教不仅能让人愉悦，更关乎一个人的人格修养。孔子曾经评价《武》与《韶》的差别，"子谓《韶》：'尽美矣，又尽善也。'谓《武》：'尽美矣，未尽善也。'"⑤美是艺术的、情感的，善则是道德的、伦理的，由此可见孔子的美育思想的宗旨所在。无论诗教、礼教还是乐教，在孔子那里不仅具有一定社会功用价值，更体现出强烈的审美价值。孔子这种"游于艺"的美育思想深远影响后世。

论者认为，传统美育无论是孔子"兴观群怨"的诗教理念，还是柏拉图"陶冶性情"的乐教理论，都更多体现出一种教化性。而现代美育起于卢梭的个性自由，承于席勒的情理交融，直到马克思的"人的全面发展"，则更多体现出一种解放性。对当代大学生学习大学美育来说，既要从大学美育学科的角度和立场接受近一两百年

① 殷昱主编.尚书[M].北京：当代世界出版社，2007：10.

② 思履主编.论语彩图全解详注[M].北京：中国华侨出版社，2012：102.

③ 思履主编.论语彩图全解详注[M].北京：中国华侨出版社，2012：125.

④ 思履主编.论语彩图全解详注[M].北京：中国华侨出版社，2012：105.

⑤ 思履主编.论语彩图全解详注[M].北京：中国华侨出版社，2012：50.

图 1-3 顾恺之《洛神赋图》（局部）宋代摹本，辽宁省博物馆藏

来的研究成果，也要接续古今中外几千年来在美育方面的深厚人文和艺术积淀，以真正从美育中汲取营养、提升境界、完美人格，以美的语言、美的姿态、美的素养、美的追求，去实现每一个人臻于至善、至美的人生。

美的事物让人由衷赞叹，美的意象让人身心愉悦，观者可以在审美体验中升华自己人生的境界和追求。三国时文学家曹植写下了千古美文《洛神赋》，用优美的文字描写洛神之美："转眄流精，光润玉颜。含辞未吐，气若幽兰。华容婀娜，令我忘餐。"[①] 在才高八斗的曹植笔下，洛神两眼顾盼神飞、肌肤光泽如玉、气息如同深谷幽兰、容貌让人如痴如醉，是女子之美的极致象征，也是后世诗、词、曲、赋、小说、书法、绘画等文学艺术不断生发的审美意象。唐代画家顾恺之的《洛神赋图》就是其中的杰出代表，人们现今看到的大多是宋代的摹本（图 1-3）。

---

① 萧统 . 文选 [M]. 张启成，等，译注，北京：中华书局，2019：1219.

1.2 大学美育的对象

大学美育的对象是大学生。本教材面对的对象是艺术类院校的本科大学生，尤其是出生在 2000 年之后的新生代大学生。面对这一群体开展美育工作，就需要对其群体特征进行一定的分析和认识，才能有的放矢，让美育更有针对性和实效性。

1. 认识当代大学生的时代特征

世界当下正面临"百年未有之大变局"，经济从旧经济向新经济过渡，文化和社会也更加媒介化、网络化、智能化。在这一新时代成长起来的大学生，和以前也有了很大不同。消费领域对社会群体有 X 世代、Y 世代、Z 世代的划分，借助这一划分和特征分析，我们可以更好地认识当代大学生群体，并开展有针对性的大学美育（表 1-1）。

表 1-1 中国社会消费群体的世代划分

世代划分	出生年	消费特征	经济形态
X 世代	1965—1979	生于中国历史变革期，秉持知识就是力量，拼搏才能自强的信念，是品牌忠诚度较高的一代。受到多样化文化的熏陶，对品位、形象和审美等方面有自己独特的追求	注重品质
Y 世代	1980—1995	独生子女最多的一代，经历了个人计算机和因特网的迅速普及；基于经历过互联网带来的诸多变革与对高科技的掌握，大多自信、乐观、执着、坦率、有主见、见识广	品牌经济
Z 世代	1996—2010	系数字技术原住民，互联网和数码产品成为其日常生活的一部分，在技术革命的推动下，生活方式发生质的变化，性格更加自我独立，注重体验、个性鲜明、自尊心强烈，愿意追求尝试各种新生事物，成为未来中国新经济、新消费、新文化的主导力量	美学经济

当下的大学生群体正是 Z 世代群体的一部分，他们是数字技术原住民，互联网和数码产品与生俱来即是他们日常生活的一部分。和 X、Y 两个世代人群不同，Z 世代在消费观念上具有"老潮"（既老又潮）、"低雅"（既低又雅）、"高暖"（既高又暖）的特点，他们有着较高的人文素养和审美能力，是新经济业态的主力消费人群。这种新经济业态体现为一种心灵经济、体验经济、手感经济、惊奇经济，总体而言是一种"美学经济"[①]。抓住这一新生代人群的时代特征，通过美育塑造和提升他们的美学素养，有助于推动和引领当下正蓬勃发展的新国潮趋势。在一定程度上，这也正是《大学美育》的时代使命所在。

2. 认识大学生的生命周期特征

在一个人的全生命周期中，大学是至为重要的阶段。美国心理学家埃里克·H. 埃里克森（Erik H.Erikson，1902—1994）在其著作《同一性：青少年与危机》中，运用同一性的理论来探索一个人的人格构成和演变过程，提出个体人格发展的八阶段说（表 1-2）。

按照埃里克森的阶段划分，大学阶段对应的是第五、六阶段，即青春期至成年早期，属于个体人格发展中最重要的人格定型阶段。这一阶段的主要命题是"同一性 VS 角色混乱"和"亲密 VS 孤独"。"同一性"是埃里克森提出的一个重要概念，这一概念具有双重含义：一是指坚持自我整合感，二是坚持与他人分享一些基本经验。在埃里克森看来，处于青少年晚期的个体会对自己最核心的本质产生强烈的好奇和疑问，即回答"我是什么人"和"我将成为什么人"[②]。青年人在努力为自己心中的问题寻找答案的过程中，必须把自己过去与他人建立的关系和未来的志向结合起来进行考虑，对自己和他人有较充分的了解。当然，这里的"他人"是指与自己有重要关系的人。在这一过程中，"同一性"就好比一个基点，使个体以此为基础在社会关系中获得必要的、连续性的经验。

大学是一个人从未成年到成年、从学校到社会、从学生到职业者等系列转变过程中的关键阶段，也是一个人形成完整人格的关键阶段。大学美育的主要任务就是帮助大学生更好地塑造完美人格，以便将来更好地走向社会。在这一过程

① 向勇. 创意管理学 [M]. 北京：清华大学出版社，2022：4-5.

② 王一川主编. 大学美育 [M]. 北京：北京师范大学出版社，2021：8-9.

表 1-2　个体人格发展的八个阶段

阶段	生命周期	阶段性人格命题
第一阶段	婴儿期	基本信任 vs 不信任
第二阶段	童年早期	自主性 vs 羞怯和疑惑
第三阶段	游戏年龄期	主动性 vs 罪疚感
第四阶段	学龄期	勤奋 vs 自卑
第五阶段	青春期	同一性 vs 角色混乱
第六阶段	成年早期	亲密 vs 孤独
第七阶段	成年期	繁殖 vs 停滞
第八阶段	老年期	完善 vs 失望

注：VS 是 Versus 的缩写，意思是两队或两方阵营对抗；与相对或相比。

中，充分认识大学生群体的生理、心理、阶段性人格特征，是开展大学美育的前提。

3. 认识大学生角色转换的社会特征

大学是学生从学校到社会的关键时期。因此大学美育一方面要帮助学生完善人格，形成影响其一生的美学素养；另一方面也体现出一定的应用性，美育在大学生从学校到社会、从学生到职业人的角色转换中发挥积极作用，帮助他们以更加完美的姿态和心态实现这一转换。在这方面，可开展的美育设计有很多，如引导大学生学会根据场合、礼仪需要选择着装，掌握一定的公关礼仪等。

综合以上方面可见，大学美育就是要以大学生为对象，紧密结合他们所处的年龄阶段、身份角色、生理特点、心理特征等综合施教，帮助大学生健康成长。

1.3　大学美育的任务

近代佛教高僧太虚大师曾写下一首诗偈："仰止唯佛陀，完成在人格。人成即佛成，此名

真现实。"在他看来，佛教并不神秘，而是佛陀对人们的教化。其教化的核心是怎么做人，做一个善良的、道德高尚的、人格完善的人。中国文化讲究以人为本，从古至今没有产生西方基督教那样的超越性宗教，不认为在人之上有什么主宰性的天主。儒、释、道作为中国文化的三个重要根脉，其落脚点都指向现实的人生。佛家讲"人成即佛成"，道家讲"人能弘道，非道弘人"，儒家讲"仁者爱人"，三家秉持同一宗旨。所以，著名教育家陶行知将中国从古至今的教育总结为十六个字："千教万教，教人求真；千学万学，学做真人"。

"完成在人格"也是大学美育的任务所在。蔡元培作为中国美育奠基人之一，在一百年前就提出"以美育代宗教"，来培养青少年一代的完美人格。"人性何由而完成？曰：在发展人格。发展人格者，举智、情、意而统一之光明之谓也。盖吾人既非木石，又非禽兽，则自有所以为人之品格，是谓人格。发展人格，不外改良其品格而已。"[①] 在蔡元培看来，美育可以通过艺术的超越性帮助大学生超越"汲汲于近功近利"的自

---

① 蔡元培 . 蔡元培全集 . 第二卷 [M]. 杭州：浙江教育出版社，1997：160—161.

私自利，"置一身之利害于度外"，涵养"陶冶活泼敏锐之性灵，养成高尚纯洁之人格"①。

蔡元培"以美育代宗教"的倡导在当时就产生了强烈的社会反响，也得到了多方支持和响应。王国维认为美育和智育、德育三位一体为"心育"，加上外在的体育，方为"完全之人物"。而美育"一面使人之感情发达，以达完美之域；一面又为德育与智育之手段"②。在"心育"的基础上，王国维又提出了"境界说"，他将美育对人生境界的提升描述为："古今之成大事业、大学问者，罔不经过三种之境界：昨夜西风凋碧树。独上高楼，望尽天涯路，此第一境界也。衣带渐宽终不悔，为伊消得人憔悴，此第二境界也。众里寻他千百度，蓦然回首，那人却在灯火阑珊处，此第三境界也。"③

王国维的这些说法进一步发展和丰富了蔡元培"以美育代宗教"的内涵，由审美境界到人生境界，将美育提升到人生美学的高度④。此外，像梁启超之"新民说"、朱光潜之"人生艺术化"、丰子恺之"人的教育"等提倡，也都从不同侧面对通过美育升华人格、提升人生境界提出了各自的理解与思考。在这些教育家前辈的推动下，中国现代美育的第一波高潮掀起了。

新时代的中国美育在继承前辈学者的思想基础上进一步被发扬光大，对大学美育的发展作出了更为系统性的制度设计，相关表述也更加具体而细致。概而言之，大学美育的任务有三个方面。

1.3.1 以美育人，培养全面发展人才

2020年10月，中共中央办公厅、国务院办公厅印发的《关于全面加强和改进新时代学校美育工作的意见》（以下简称《意见》）明确提出："以美育人、以美化人、以美培元，把美育纳入各级各类学校人才培养全过程，贯穿学校教育各阶段，培养德智体美劳全面发展的社会主义建设者和接班人。"这一表述从宏观上明确了美育在人的全面发展中的重要作用，把美育纳入人才培养的全过程、各阶段，具有鲜明的人才培养目标导向。作为学校德智体美劳"五育"之一，美育旨在培养一个人对美的感受、欣赏、表现的能力。

例如，当我们凝视达·芬奇笔下的《头发飘逸的女子》肖像画时（图1-4），能从人物飘逸的长发、恬美的容颜中感受到她温婉、柔静的外在之美；当我们进一步凝视，更可以从她沉思

图1-4 达·芬奇《头发飘逸的女子》，帕尔马国家美术馆藏

① 蔡元培.蔡元培全集.第六卷[M].杭州：浙江教育出版社，1997：133—134.
② 金雅主编.中国现代美学家文丛·王国维卷[M].杭州：浙江大学出版社，2009：90.
③ 王国维.人间词话[M].徐调孚，校注.北京：中华书局，2009：56.
④ 曾繁仁.美育十五讲[M].北京：北京大学出版社，2012：318-319.

的表情中体会她丰富的心灵之美。如果这时你恰巧忆起了穆旦的诗歌《赠别》，也许会对美有更深层的思考："等你老了，独自对着炉火 / 就会知道有一个灵魂也静静地 / 他曾经爱你的变化无尽 / 旅梦碎了，他爱你的愁绪纷纷。"这正是一个美的意象可能带来的多层次审美体验。

在我们的生活中，美无处不在。每一次对美的凝视和感受，都会带给我们一种体验、一种触动、一种感悟。从中，我们的情感会日益丰富，我们的人生境界也会不断提升。对每一个人来说，追求从内到外的美，既是个人的权利，也将是毕生的追求。

1.3.2 以美化人，涵养美善向上人格

2015 年 9 月，国务院办公厅印发的《关于全面加强和改进学校美育工作的意见》（以下简称《意见》）明确提出："美育是审美教育，也是情操教育和心灵教育，不仅能提升人的审美素养，还能潜移默化地影响人的情感、趣味、气质、胸襟，激励人的精神，温润人的心灵。"

《意见》也进一步重申："美育是审美教育、情操教育、心灵教育。"并针对大学美育明确提出"高等教育阶段强化学生文化主体意识，培养具有崇高审美追求、高尚人格修养的高层次人才"。可见，大学美育已被明确定位为集审美教育、情操教育、心灵教育于一体的教育载体，以涵养高尚人格、激励向上精神、温润美好心灵为旨归。

1.3.3 以美培元，激发创新创造活力

在党和国家关于学校美育的制度设计中，除了以美育人、涵养人格等目标诉求，通过审美素养的提升来激发全民创新创造活力也是题中之意。《意见》指出："（美育）也是丰富想象力和培养创新意识的教育，能提升审美素养、陶冶情操、温润心灵、激发创新创造活力。"《意见》还针对大学美育明确提出："高等教育阶段开设以审美和人文素养培养为核心、以创新能力培养为重点、以中华优秀传统文化传承发展和艺术经典教育为主要内容的公共艺术课程。"可见，大学美育还承担着通过审美教育激发学生创新能力的功能。在生活美学化、创意常态化的今天，如何将艺术类高校学生培养成为复合型的文化创意人才，也是大学美育的重要使命。

大学美育面向的是大学生，目标是将大学生培养成为德智体美劳全面发展、具备美善人格和文化创意能力的新时代人才。这既是党和国家对大学生群体的时代性要求，也是大学生自身全面发展的内在需要。人们常说人要追求"真、善、美"，每个人一生中在科学上求真、在人文上求善、在艺术上求美，才能以更好的姿态去工作和生活，真正实现物质和精神上的双重丰裕。

美无处不在，对美的体验也无处不在，它可以来自郁郁黄花的静美田野（图 1-5），也可以来自熙熙攘攘的繁华都市，一切关乎我们对生活的感受。正如哲学家海德格尔所说："生命

图 1-5 繁花盛开的乡村之美

中充满了劳绩，但仍要诗意地栖居在这片土地上。""诗意的栖居"正是一种人生美学化的追求，它可以让一个人超越物质上的羁绊，实现精神上的充实；它可以让一个人超脱世俗的功利，实现人生境界的提升；它可以让一个人用一生的"天路历程"，成就自己的美好心灵。

孔子和他的学生们，追求的就是这样的审美人生。《论语·雍也》记载孔子赞叹他的学生颜回："贤哉，回也！一箪食，一瓢饮，在陋巷，人不堪其忧，回也不改其乐。"①颜回身居陋巷之中，过着极其简单而贫乏的生活，一般人难以忍受这种生活方式，他却安贫乐道、自得其乐。实际上，孔子自己也是这样，他在《论语·述而》中说："饭疏食，饮水，曲肱而枕之，乐亦在其中矣。不义而富且贵，于我如浮云。"②吃着粗粮，喝着清水，把胳膊弯起来当枕头，这样的生活很清苦，孔子体验到的却是快乐。因为通过不正当途径得到的富贵，在他看来就像天上的浮云一样。孔子、颜回这种超越世俗和功利的生活态度，正是一种审美的人生，后人称作"孔颜乐处"。宋代理学大师朱熹认为，"孔颜乐处"包括三个层面：一是体会自然的鸢飞鱼跃之趣，二是无一不得其所的精神安顿，三是万物各得其所的内心之"理"与外在万物的和谐统一。明代的心学大师王阳明认为，"孔颜之乐"是每个人心中的自然、自有之乐，通过"致良知"，每个人都能够到达这样的境界。

博弈论的提出者、数学家约翰·纳什，拥有的也是这样的美丽心灵。在 2001 年上映的电影《美丽心灵》中，纳什因为灵魂深处的深刻孤独陷入了精神分裂，但他借助妻子、朋友的爱和自己意志的力量，一如既往地坚持工作并于 1994 年获得诺贝尔奖，成了一个不仅拥有美好情感，还具有美丽心灵的人。

这些现实生活中和艺术作品中的例子都说明，真正决定一个人走多远的，并非那些外在的客观条件，而是自己强大而美好的心灵世界。在很大程度上，这种强大而美好的心灵，正是美育带给一个人的力量。

1.4　大学美育的途径

从大学美育的概念可以看出，美育是借助于各种事物之美对人进行积极影响，从而实现一个人完美人格的塑造。那么，美是什么？这是学习美育首先要思考的问题。这一问题，也是古今中外的学者们一直在思考的问题。

古希腊哲学家柏拉图曾试图给"美"下一个确切的定义，他尝试了很多："美是有用的""美是恰当的""美是视觉和听觉所产生的快感"……可他总觉得这些定义是片面的。柏拉图最终也没找到一个准确的定义，只能无奈地概括："美是难的。"③的确，"美"很难被定义。中国古代的先贤也看到了这一点。老子说"天下皆知美之为美，斯恶已"④，庄子说"天地有大美而不言"⑤，都是看到了美的难以被定义和言说。

① 思履主编.论语彩图全解详注 [M].北京：中国华侨出版社，2012：87.
② 同①。
③ 凌继尧.美学十五讲 [M].北京：北京大学出版社，2021：17.
④ 老聃.道德真经注 [M].河上公注，北京：学苑出版社，2013：3.
⑤ 任思源主编.庄子彩图全解详注 [M].北京：中国华侨出版社，2012：260.

图 1-6　武元直《赤壁图》（局部），台北故宫博物院藏

美的这种难以被定义和言说的性质，恰恰说明美并非仅存在于抽象的理念中，更存在于各种具体可感的事物之中。因此，大学美育的路径是多维度的。

1.4.1　自然美育

从古至今，人们身处的自然环境，也是一个人接受美育的道场。一千多年前的一个秋夜，北宋大文豪苏轼与朋友一起泛舟游于赤壁之下，投入大自然怀抱之中，尽情领略其间的清风、白露、高山、流水、月色、天光。兴之所至，他围绕"水与月"的自然之美发了一通精彩论述："夫天地之间，物各有主，苟非吾之所有，虽一毫而莫取。惟江上之清风，与山间之明月，耳得之而为声，目遇之而成色，取之无禁，用之不竭，是造物者之无尽藏也，而吾与子之所共适。"[①] 正如苏轼所说，清风明月不用一钱买，大自然中的美正是"造物者之无尽藏"，取之不尽，用之不竭，关键在于我们有一双智慧的眼、有一

颗敏锐的心，能够从中汲取美的养分。

苏轼对自然之美的精彩阐释，使他的赤壁之游和赤壁之赋成为后人取之不尽的美学意象。无论是元代赵孟頫的书法作品，还是金代画家武元直的绘画作品（图 1-6），都将这种自然之美的意蕴展现得淋漓尽致。

"风月无古今，情怀自浅深"，今天的我们和古人一样得清风明月、名山胜水之馈赠，大自然仍然是我们接受美育的无尽宝藏。

我们可以到自然中去，看天上的云卷云舒，观脚下的流水淙淙，听大自然中的风声、雨声、鸟鸣声，在身心沉浸中体悟天地不言的自然大美。

我们也可以去品味中国古人的山水田园诗，和谢灵运一起看"池塘生春草，源流变鸣禽"，和陶渊明一起"采菊东篱下，悠然见南山"，和李白一起看"黄河之水天上来，奔流到海不复回"，和白居易一起感悟"野火烧不尽，春风吹又生"，从这些一语天然的诗句中感受大自然的多样之美。

我们还可以展开古往今来的山水和花鸟画卷。无论是《千里江山图》的青绿山水（图 1-7），还是《富春山居图》的水墨写意，抑或兼具生活

① 姚鼐纂辑 . 古文辞类纂 [M]. 胡士明、李祚唐标校，上海：上海古籍出版社，1998：772.

气息和写实意蕴的《清明上河图》，都尺幅千里、溪山清远，带给我们美不胜收的审美体验。

图 1-7　王希孟《千里江山图》（局部），北京故宫博物院藏

自然中的美育，可以让我们超越功利性的人生追求，修补分裂的人格和人性，实现自我的身心和谐与精神安顿。19 世纪上半叶的美国，蓬勃发展的工业和商业造成了拜金主义思想和享乐主义思想普遍流行，聚敛财富成为很多人生活的唯一目标。1845 年 7 月至 1847 年 9 月，美国作家梭罗（Henry David Thoreau，1817—1862）独自生活在瓦尔登湖边。瓦尔登湖不仅为梭罗提供了一个栖身之所，也为他提供了一种独特的精神氛围，之后他推出了自己的作品《瓦尔登湖》。一百多年来，这部作品一版再版，成为工业化社会里的一道"人心清凉剂"，也是我们今天接受自然美育的极好教材。

美不自美，因人而彰。人生于天地之间，大自然是每个人的一方天地。自然美对于每个人来说都是取之不尽的"无尽藏"。在建设美丽中国的今天，来自大自然的美育面临着广阔的拓展空间，正如一句俗话所说："这世界上不缺少美，而缺少发现美的眼睛。"

1.4.2　校园美育

校园是大学美育的主阵地。对校园美育环境的营造，也应得到教育者的重视。中国现代美育奠基人蔡元培提出了从家庭美育到学校美育、到社会美育、到终身美育的框架，而且非常注重美育环境的营造。对于学校美育，蔡元培有专门的论述。他认为，学校美育课程建设非常重要，既包括专门的美育课程，也包括其他课程，在他看来没有与美育无关的课程。同时，他认为学校美育环境的建设至关重要，一方面包括学校的景观设计、陈列等美育空间建设，另一方面则包括展览、音乐会等美育活动的实施。[①]

这些关于学校美育课程及环境的意见，对今天开展大学美育仍有指导价值。同时，今天的学校美育环境建设，也有着更多拓展的空间，尤其是在发挥学生主体作用方面，如建设美育相关的学生社团、开展系列主题性美术展览、让学生主导和参与新国潮美育"两创"活动等。

1.4.3　艺术美育

以往谈美育，很多人容易把美育和艺术教育画等号，实际二者为交叉而非等同关系。美育指向的是人，是人的情感、心灵、人格之完善。艺术教育则更侧重各种专业性艺术知识和技能的传授。但艺术教育依然是大学美育的主渠道，而且是最直接、最有效的途径之一。通过艺术教育，

① 蔡元培. 美育人生 [M]. 北京：中国画报出版社，2022：115-136.

可以拓宽大学生的艺术视野，提升其审美情操。艺术之美有多种形式，开展艺术教育也有多个门类。

1. 语言艺术

语言艺术是以语言为手段创造审美形象的艺术形式，一般来说包括小说、散文、诗歌等文学作品。它既包括以文字为表现形式的各种文学性书写，也包括以语言为表现形式的演讲、朗诵等。

2. 造型艺术

造型艺术指运用一定的物质材料（如颜料、水、墨、绢、布、纸、木、石、泥、玻璃、金属等），通过塑造视觉形象来反映社会生活与表现艺术家思想情感的艺术。造型艺术具有非常庞大的体系和门类，建筑、书法、绘画、雕塑、摄影、世界各国的民间手工艺等，都属于造型艺术的范畴。在我国和日本等国家，富有乡土和生活气息的"民艺"，通过各种生活造物传递出独特的东方之美（图1-8）。

图 1-8　山水纹土瓶，1940 年代

3. 表演艺术

表演艺术是由表演艺术家完成的直接诉诸人的视觉、听觉的艺术种类，泛指必须通过表演完成的艺术形式，如音乐演奏、演唱、舞蹈、曲艺等，即演员在电影、电视剧、戏剧中创造角色的表演。

4. 综合艺术

综合艺术又叫复合艺术，泛指由几种艺术形式综合而成的艺术，如歌曲综合诗歌与音乐，建筑综合绘画与雕塑，戏剧综合文学、表演、音乐、舞蹈、美术等。一般而言，今天所说的综合艺术指语言、造型、表演三大艺术门类及相关技术综合而成的戏剧、电影、电视剧等形式。在数字媒介技术高度发展的今天，综合艺术借助数字技术，表现形式更加丰富和多元。

作为大学美育的主渠道，艺术教育是大学美育课程教学设计的主体内容，也是本教材重点讲解的内容。

1.4.4 社会美育

社会美育是对全社会成员普遍实施的审美教育活动。大学生正处于从学校到社会的转换期，社会美育对其价值主要体现在两个方面。

一是从人的社会属性与艺术性角度着眼，加强自身的仪表、言谈、举止、行为等方面的美学素养，为自己更好地融入社会做好准备。首先要注重人体形式之美，从外在的颜值，到外化的言行，塑造自身的美好形象。其次要塑造人格精神之美，从内在的气质，到自我的境界，不断升华自己的精神格局，如中国古人所讲"腹有诗书气自华"。

二是积极参与社会美育，引领文明风尚。"良好的社会风尚是真善美的统一，人是社会风尚最直接的体现"①，个人的形象美、人格美"诚于中，形于外"，应用于社会，便是对社会风尚的引领，也是个人融入社会的美好体现。儒家讲"修身、齐家、治国、平天下"，道家讲"修之身，其德乃真；修之家，其德乃足；修之乡，其得乃丰；修之天下，其德乃博"，都是注重个人修养层次的不断提升。通过学校到社会美育的融通，将个人美德、职业道德、社会公德有机统一，是自我修养的集中体现。

1.4.5 生活美育

日常生活中的美育是指对日常生活中所体现的美进行的审美教育，包括居室美育、服饰美育、娱乐活动美育等。唐代孔颖达《春秋左传正义》说，"中国有礼仪之大，故称夏；有服章之美，谓之华"。五千年的文明传承让中国人在生活方式上有着深厚的美学积淀，这集中体现在衣、食、住、行、用等方面。具体而言又分两个层面。

1. 造物之美

所谓造物，即"作为审美的意识，渗透于日常应用的物质形态"②，在我国几千年的乡土文明积淀下，古人在服饰、饮食、建筑、交通、日常生活器具等方面创造了大量造物形态，彰显着中国式生活方式之美。

2. 造型之美

传统造物中蕴含的造型元素，也是今天进行审美再创造的符号元素。在国家提倡优秀传统文化"创造性转化、创新性发展"的今天，如

何提取这些传统造物中的造型元素，通过"旧元素、新组合"的文化创意，创造新东方生活美学，是值得探索的方向。例如，淄博汉青陶瓷汲取国内外各种纹样、绘画等艺术元素为创意，创造出既有古典之美又符合当代美学眼光的日用瓷器，受到当下年轻消费群体的青睐（图1-9）。

图1-9 汉青陶瓷的"青绿山水"设计

美无处不在，等待我们去探寻、发现、体悟。宋代有一位名为无尽藏的禅师，写有一首寻找春天的悟道诗："尽日寻春不见春，芒鞋踏遍陇头云。归来笑拈梅花嗅，春在枝头已十分。"春天是如此，美也是这样。世间并不缺少美，而是缺少发现的眼睛。就像维特根斯坦所说："只有在生活之流里，文字才有意义。"③我们对美的追寻、感受、体验、欣赏也是"纸上得来终觉浅"，需要落实到生活之流里，通过具体的美的事物、美的形象、美的意象来把握。

---

① 王一川主编.大学美育[M].北京：北京师范大学出版社，2021：8-9.

② 张道一.造物的艺术论[M].北京：中国美术出版社，2007：1.

③ [英]维特根斯坦.维特根斯坦文集[M].韩林合，译.北京：商务印书馆，2019：12.

1.5　大学美育的教学

大学美育的教与学，不同于一般专业性课程。它不以知识讲授为目的，而是致力于学生人格的塑造、心灵的润泽和审美思维与能力的养成。美育的目标在人，也通过人来实施。大学美育的教学要充分发挥教师和学生的主体性和能动性，为此，教师和学生都需要在大学美育的教学中明确自身的角色定位。

1.5.1　大学美育中的教师角色定位

教师的职责是教书和育人，对大学美育来说，后者尤为重要。在大学美育的教学过程中，教师本身在讲授美、传递美，就要成为美的使者，以自身为美育的"教具"，彰显"师垂典则，范示群伦"的美育功能，使自己"活成一件艺术品"[①]。为此，教师在美育课堂中要注意以下三个方面。

1. 注重自身形象，追求以美化人

大学美育过程中，教师的言传身教至关重要。美育教师的语言、表情、体态、着装、行为都应体现美的元素，给学生以直观的示范和引领。《论语》记载了孔子对身教的看法，"我欲载之空言，不如见之于行事之深切著明也"，意思是与其通过语言表达道理，不如通过实际行动来展示。作为中国古代"大成至圣先师"，孔子非常注重言谈举止的礼仪细节，身体力行地为弟子们作出表率和榜样。《乡党》记载他"席不正，

不坐"，行为举止总是很端正；"乡人傩，朝服而立于阼阶"，在正式场合着装恰如其分；"问人于他邦，再拜而送之"，送往迎来时谦恭有礼。[②] 种种细节表明，孔子通过他的言行、着装、礼节，给自己的学生，也给后世的我们展示了一个谦谦君子的美学修养。

"学高为师，身正为范"，大学美育的"师者"要向孔夫子学习，不仅要通过教师真的学识折服学生，更要通过教师美的形象感染学生。

2. 注重心灵化育，追求以情感人

大学美育的目标是塑造大学生的完美人格，这种塑造不能靠说教，而是要通过言传身教和心灵化育，潜移默化地影响大学生的情感、趣味、气质、胸襟，激励其精神，温润其心灵，做到春风化雨，润物无声。正像德国教育家卡尔·西奥多·雅斯贝尔斯（Karl Theodor Jaspers，1883—1969）所说："教育的本质意味着，一棵树摇动另一棵树，一朵云推动另一朵云，一个灵魂唤醒另一个灵魂。"美育尤其如此。大学美育需要教师以更多的真情投入，用自己高尚的人格、胸襟、情感带给学生春风化雨的情感滋养。对心智尚不成熟的大学生来说，这种情感的理解和沟通至关重要。

3. 注重心智启迪，追求美之真谛

大学美育"人的教育"的本质特征，决定了美育课堂是师生在互动交流中共创的场域，而非教师或学生单向度的教或学。这种创造性和交互性，就需要教师更注重教学艺术，追求课堂的内容美、形式美、环境美、思维美、情感美，通过美美与共的课堂设计，让师生都以饱满的情感、求知的精神、审美的姿态倾情投入课堂中，一起

---

① 王一川主编. 大学美育 [M]. 北京：北京师范大学出版社，2021：8-9.

② 程帆主编. 论语·孟子 [M]. 长沙：湖南教育出版社，2011：110-111.

探讨美的真谛。

1.5.2 大学美育中的学生角色定位

学生在大学美育中是主体和主角，在大学美育的学习中学生需要理论和实践相结合，追求学思用贯通、知信行一体。为此，需要注重三点。

1. 注重审美思维的形成

著名文艺评论家王朝闻说，艺术研究工作者要有理论感。对大学生来说，在大学美育的学习上习得一定的理论思维是至关重要的。理论是透过现象看本质、基于现象归纳抽象，能够帮助学生在纷繁万象的美学事象、物象、意象中抓住美的本质、规律和原理，不仅有助于自我审美能力的提升，也有助于开展创新创造活动。

为此，大学生要学习一定的美学原理。审美是人类现实活动之一，美学思维则是审美意识的观念化。从古至今，从中到西，关于美是什么的本质探索一直是人们探究的核心。德国哲学家黑格尔的回答是"美是理念的感性显现"，认为美是感觉的对象，必须是具有感性形式、可以呈现于意识的理念。这种从理论层面、理念层次对美的本质探究，可以让学生更好地理解美的内涵、把握美的本质、掌握美的创造规律。

2. 注重艺术体验与实践

在美学上形成一定理论感的同时，对各种美的事物形成一定美感和艺术感同样重要。理论感的思维养成，需要通过教师的讲授、课堂的研讨、自我的学习，而美感和艺术感的获得端赖个人大量的审美体验。"郁郁黄花，无非般若；青青翠竹，尽是法身"，美的事象、物象、意象无处不在，需要我们做美的信仰者、体验者、意会者、实践者，亲身去看演出、电影、展览、博物馆，一点一点培养自己对美的感悟。这些都靠自己第一手的经验，别人谁也代替不了。

另外，要钻研一定的艺术门类，就需要掌握一定艺术创作的方法。著名教育家张道一说，"不学一艺莫谈艺"。如果不能深入钻研和掌握一门艺术，那么对艺术的认识、对美的体认就始终处于"门外人"的状态。美，需要实践，这也是学生需要重视的。

3. 注重美的创新创造

今天的大学生，身处文化产业、符号经济高度发达的社会，生活美学化、创意常态化，时代需要我们每一个人更有创意地去工作和生活。特别是艺术类大学生，本身就要成长为担当中华民族复兴大任的文化创意人才，更需要从文化"两创"的视野，积极投身于生活美学再创造的实践。对大学生来说，通过大学美育的学习，形成理论思维，强化艺术感觉，提升美的创造、创作能力，将会为个人的成长和成才插上隐形的翅膀。

美是具象的，也是抽象的，它需要我们在实践中感悟。明代哲学家王阳明有一句名言："你未看此花时，此花与汝心同归于寂；你来看此花时，则此花颜色一时明白起来，便知此花不在你的心外。"[1] 大学美育也是这样，需要我们"在事上体会，在心上磨炼"，才能形成审美能力，提升美好人格。

本章小结

美育，是一种审美教育或美感教育，以人对事物的审美判断和审美体验为基础，借助于各种事物之美对人进行积极的影响，从而实现人格塑

---

① 王守仁. 传习录 [M]. 郑州：中州古籍出版社，2008：135.

造。大学美育是衔接学校教育和职业教育的关键环节，是一个人在大学阶段所受的美育过程。

大学美育以大学生为对象，要更好地开展大学美育，就要紧密结合他们所处的年龄阶段、身份角色、生理特点、心理特征等综合施教，帮助大学生健康成长，形成影响其一生的完美人格。

大学美育的目标是将大学生培养成为德智体美劳全面发展，具备美善人格和文化创意能力的新时代人才。大学美育的任务：一是以美育人，培养全面发展人才；二是以美化人，涵养美善向上人格；三是以美培元，激发创新创造活力。

美难以定义和言说，存在于各种具体可感的事物、物象、意象之中，大学美育的路径也是多维的。自然中的美育、学校中的美育、艺术中的美育、社会中的美育、生活中的美育，都是大学美育的渠道，而艺术教育是大学美育的主渠道。

大学美育的学习要理论和实践相结合，追求学思用贯通、知信行一体。为此，需要注重三点：一是注重审美思维的养成，二是注重艺术体验的实践，三是注重美的创新创造。只有"事上体会，心上磨炼"，才能形成审美能力，提升美好人格。

思考题

1. 大学美育是什么？

2. 大学美育的对象有何特征？

3. 大学美育的目标是什么？

4. 大学美育有哪些途径？

5. 结合个人体会，谈谈如何开展大学美育的学习。

本章参考文献

1. 王一川主编 . 大学美育 [M]. 北京：北京师范大学出版社，2021.

2. 曾繁仁 . 美育十五讲 [M]. 北京：北京大学出版，2012.

3. 聂振斌 . 中国古代美与思想史纲 [M]. 郑州：河南人民出版社，2004.

4. 蔡元培 . 美育人生 [M]. 北京：中国画报出版社，2022.

【拓展阅读】

美育与人生

蔡元培

一个完整强健人格的养成，并不源于知识的灌输，而在于感情的陶养。这种陶养就在于美育。

塑造全面完整的人，也正是美育的宗旨。

人的一生，不外乎意志的活动，而意志是盲目的，其所恃以为较近之观照者，是知识；所以供远照、旁照之用者，是感情。

意志之表现为行为。行为之中，以一己的卫生而免死、趋利而避害者为最普通；此种行为，仅仅普通的知识，就可以指导了。进一步的，以众人的生及众人的利为目的，而一己生与利即托于其中。此种行为，一方面由于知识上的计较，知道众人皆死而一己不能独生；众人皆害而一己不能独利。又一方面，则亦受感情的推动，不忍独生以坐视众人的死，不忍专利以坐视众人的害。更进一步，于必要时，愿舍一己的生以救众人的死；愿舍一己的利以去众人的害，把人我的分别，以及生死利害的关系，统统忘掉了。这种伟大而高尚的行为，是完全发动于感情的。

人人都有感情，而并非都有伟大而高尚的行为，这由于感情动力的薄弱。要转弱而为强，转薄而为厚，有待于陶养。陶养的工具，为美的对象，陶养的作用，叫做美育。

美的对象，何以能陶养感情？因为它有两种特征：一是普遍；二是超脱。

一瓢之水，一人饮了，他人就没有分润；容足之地，一人占了，他人就没得并立；这种物质上不相入的成例，是助长人我的区别、自私自利的计较的。转而观美的对象，就大不相同。凡味觉、嗅觉、肤觉之含有质的关系者，均不以美论；而美感的发动，乃以摄影及音波辗转传达之视觉与听觉为限，所以纯然有"天下为公"之概；名山大川，人人得游览；夕阳明月，人人得而赏玩；公园的造像，美术馆的图画，人人得而畅观。齐宣王称"独乐乐不若与人众乐乐"，陶渊明称"奇文共欣赏"，这都是美的普遍性的证明。

植物的花，不过为果实的准备；而梅、杏、桃、李之属，诗人所咏叹的，以花为多。专供赏玩之花，且有因人而择的作用，而不能结果的。

动物的毛羽，所以御寒，人固有制裘、织呢的习惯；然白鹭之羽，孔雀之尾，乃专以供装饰。

宫室可以避风雨就好了，何以要雕刻与彩绘？器具可以应用就好了，何以要图案？语言可以达意就好了，何以要特制音调的诗歌？可以证明美的作用，是超越乎利用的范围的。

既有普遍性以打破人我的成见，又有超脱性以透出厉害的关系；所以当着重要关头，有"富贵不能淫，贫贱不能移，威武不能屈"的气概；甚至有"杀身以成仁"而不"求生以害仁"的勇敢。

这种是完全不由于知识的计较，而由于感情的陶养，就是不源于智育，而源于美育。

所以吾人固不可有一种普通职业，以应利用厚生的需要；而于工作的余暇，又不可不读文学，听音乐，参观美术馆，以谋知识与感情的调和，这样，才算是认识人生的价值了。

摘自蔡元培《美育人生》
中国画报出版社
2022 年

第 2 章　中外美育思想

以美育代宗教。

——蔡元培

从美的事物中找到美，这就是审美教育的任务。

——席勒

◎学习目标

通过本章学习，让学生了解和掌握以下内容：

1. 外国美育思想。

2. 中国美育思想。

3. 中外美育思想的对比分析。

席勒的《美育书简》是第一部关于审美教育的宣言。这部著作由席勒在 1793—1794 年写给丹麦奥古斯滕堡公爵的 27 封信构成。席勒是现代美育思想的创始人，也是第一位系统提出美育理论的美学家。20 世纪初，我国从欧洲引进的也主要是席勒审美理论。席勒可以被视为站在古今中外美育思想十字路口的人。站在时间轴线上，席勒之前的古代西方有古希腊"和谐论"美育思想、卢梭美育思想，国外现代美育思想有康德的批判美育思想、霍德华·加德纳美育思想、马克思主义美育思想等；百年前，随着西方文化和思想涌入国内，揭开了我国现代美育发展的新篇章，从蔡元培到王国维再到朱光潜，开启了我国百年现代美育新历程。"美育"这个概念名词虽然近代才由西方流传翻译过来，但是中国自古以来重视审美的传统，没有冠之以"美育"之名，却有古典美育之实。

2.1　国外美育思想

2.1.1　古代希腊"三贤"美育思想

古希腊文明是西方文明赖以生长的肥沃土壤。古希腊反对主客二分，主张主体与客体、自然和人、物质与精神的和谐统一。古希腊人对美进行着不懈的探索和追求，具体可见于古希腊最早的神话、传说和故事之中，也集中见于古希腊早期哲学家们的论述中，特别以苏格拉底、柏拉图和亚里士多德这"三贤"的美育思想为主。

苏格拉底是古希腊著名的教育家和哲学家，他被公认为是一个有全面教养的人。苏格拉底最重要的哲学命题有两个。一个是"认识你自己"，这是刻在德尔斐神庙墙上的一则铭文，他特别强调："认识自己并不是认识你的外表和身体，而是要认识你的灵魂。而认识你的灵魂也不是认识灵魂的其他方面，应该认识灵魂的理性方面。"① 另一个哲学命题是"美德即知识"，在柏拉图的著作《美诺篇》中收录了苏格拉底和他的学生美诺关于"美德即知识"的对话，苏格拉底认为"美德整个的或部分的是智慧"②。可见，苏格拉底特别强调对个体自我意识的关注，注重将智慧与美德统一起来，最终目的就是培养学生，使其具有高尚的情操和崇高的道德。

柏拉图是苏格拉底的学生，一生致力于哲学思考和教育事业，他的教育思想主要反映在《理想国》《文艺对话集》等著作中。柏拉图系统谈论了审美教育的功能问题，希望通过自然的美来引领心灵的美，他说："我们应该寻找一些有本领的艺术家，把自然的优美描绘出来，使我们的青年们像在风和日暖的地带一样，四周一切都对健康有益，天天耳濡目染于优美的作品，像从一种清幽境界呼吸一阵清风，来呼吸它们的好影响，使他们不知不觉地从小就培养起对于美的爱好，并且培养起融美于心灵的习惯。"③ 在审美对象上，柏拉图也提出"一切美的事物有了它就成其为美的那个品质"④，发掘这些事物美的本质，在柏拉图看来，不同的美好事物实则有共同的美好理念，"美理念在内的一切理念是不朽的灵魂所固有的，历数理念的基本特征，美的理念是一切美的事物，所以是美的唯一真正原因。"⑤ 从明确审美主体和审美理念，再到获得审美愉悦，柏拉图认为其中一以贯之的路径即是通过艺术的形式获得美感，实现美育的功能。

亚里士多德是柏拉图的学生，他是一位集逻辑学、伦理学、政治学、生物学、美学等各学科研究于一体的百科全书式人物。亚里士多德继承了两代导师的美育思想，既注重道德教育，也注重艺术的功能价值。一方面，亚里士多德将美与善统一起来。他认为，"美是一种善，其所以引起快感正因为它是善。"⑥ 将美与善结合在一起，就是在追求一种道德美。另一方面，音乐是亚里士多德高度重视的艺术形式。他说："音乐对德性有所裨益，依据的理由是它能陶冶我们的心灵，并使我们习惯于真正的愉快，正如我们的身体靠体操而形成某种性格一样。"⑦ 可见，在亚里士多德的美育观念里，从音乐中能获得更为崇高的体验，所有人都可以倾心于音乐，都可以从中获得心灵的陶冶。

总之，古希腊时期已经有许多哲学家、教育家开始关注美育，虽然没有系统的理论形成，但是他们已经看到了美与善的和谐统一，并且把艺术教育作为实现审美功能的途径，这些思考对现代美育发展具有启发和借鉴意义。

---

① 蒋孔明，朱立元主编. 范明生著. 西方美学通史 [M]. 上海：上海文艺出版社，1999：217-218.

② 檀传宝编著. 西方教育经典导读：从苏格拉底到杜威 [M]. 北京：开明出版社，2006：9.

③ 柏拉图. 文艺对话集 [M]. 北京：人民教育出版社，1963：101.

④ 蒋孔明，朱立元主编. 范明生著. 西方美学通史 [M]. 上海：上海文艺出版社，1999：278.

⑤ 蒋孔明，朱立元主编. 范明生著. 西方美学通史 [M]. 上海：上海文艺出版社，1999：278.

⑥ 孔智光. 中西古典美学研究 [M]. 济南：山东大学出版社，2002：39.

⑦ 张焕廷. 西方资产阶级教育论著选 [M]. 北京：人民教育出版社，1964.

2.1.2 国外现代美育思想

1. 康德的美育思想

西方经历了文艺复兴和启蒙运动后，德国古典哲学流派开创了具有教育价值的审美思想。作为古典哲学奠基人的康德的思想为美学理论与实践的连接体系作出了重要贡献。在康德的哲学体系中，审美判断是沟通真和善、自然与社会、认识与伦理、感性与理性的中介和桥梁。他的代表作《纯粹理性批判》《实践理性批判》和《判断力批判》分别讨论了真（认知论）、善（伦理学）、美（美学）的问题。

《判断力批判》的写作就是为了沟通前两大批判，使判断力在知性和理性之间架起桥梁，使人从自然人向道德人过渡。《判断力批判》分为两部分，前半部分讲美学，后半部分讲目的论，探究人心在什么条件之下才感觉事物美（美学）和完善（目的论）。在进行美的分析前，有必要先搞清康德所讲的想象力、判断力与目的。康德认为，想象力是一种综合能力。他在《纯粹理性批判》中说："想象力是一种先天综合的能力，为此缘故，我们赋予它生产的想象力的名称；就它在显象的一切杂多方面无非是以显象的综合中的必然统一性为自己的目的而言，这种必然的统一性可以被称为想象力的先验功能。"[①] 在康德看来，想象力是一种先验的综合能力。他说："我们的思维的自发性要求这种杂多首先以某种方式被审视、接受和结合，以便用它构成一种知识。这种行动我称为综合。但是，我在最普遍的意义上把综合理解为把各种不同的表象相互加在一起并在一个认识中把握它们的杂多性的行动。如果杂多不是经验性而是先天性地被给予的（就像空

间和时间中的杂多那样），那么，这样一种综合就是纯粹的。"[②] 康德美学之特别和新颖的地方就在于它严格且系统地为审美划出了一个独特的领域，即人类心意里的一个特殊的状态——情绪。情感是感性的，审美判断力就是研究人的鉴赏力和人的高级的鉴赏力何以成为可能的问题，并且审美判断力不像知性那样提供概念，又不像理性那样提供理念。审美判断力沟通了感性和理性，使真善美相统一，康德将目的论之维向人敞开，这一目的对人的认知来说，是真与善的最高结合，也是人类展示真善美的最高追求在人类发展进程中的逐步实现，构成了人类的另一生存的历史维度。

2. 席勒的美育思想

席勒是真正提出美育这个概念的人，他是18世纪著名的诗人、哲学家和启蒙文学代表人物。席勒以康德的原则为依据，深刻分析了人的感性与理性同审美与艺术的关系，认为人类发展的道路是从被感性支配的自然人走向精神能控制物质的理性人，只有当两种冲动同时发展，人才有自由。

在《美育书简》一书中，席勒梳理了18世纪德国的社会情况，指出了"时代"的一些弊病："欲求占了统治地位……利益成了时代的伟大偶像……哲学家的探索精神把想象力撕成了碎片，艺术的领域在逐渐缩小，而科学的范围却在扩大"，现代人性被分解成碎片，"无法发展他生存的和谐……把自己仅仅变成他的职业和科学知识的一种标志"[③]。且理性的过度扩张和等级的严

---

① ［德］康德 . 纯粹理性批判 [M]. 李秋零，译 . 北京：中国人民大学出版社，2011：140.

② ［德］康德 . 纯粹理性批判 [M]. 李秋零，译 . 北京：中国人民大学出版社，2011：91.

③ ［德］席勒 . 美育书简 [M]. 徐恒醇，译 . 北京：中国文联出版公司，1984：37-38+57.

格区分造成了人性的扭曲断裂。

席勒提出美育，试图解决人类文明发展过程中出现的感性缺失、理性压抑等问题。所以席勒提出美育问题的着眼点即："在理性占主导的世界里，恢复和确认感性的地位，重建与理性相协调的感性世界。"[1] 所以，席勒从过度、片面理性的批判入手引出美育话题，认为德国的当务之急是培养一批人性完整的人，以期实现建立理性、自由国家的愿望。席勒提出美育是使人性从分裂复归完整的方法，美的力量可以直接作用于人的性格，依靠这种美的素养，人就可以获得自由社会的存在，可以恢复人性的完整，在此基础上，才能建立理想国家。

审美如何可以使人高尚、实现人格的完整？席勒的解决办法是重新界定美，即"先从人性的理想来解说美，提出从人性的观念与美的观念的一致出发，从解决人格分裂这个现实问题出发，把美界说为生命和形式的融合（统一）。"[2] 现实中的人是分裂的，偏于感性或者理性，只有两者融合才能解决人格分裂的问题，而进行非现实创作的艺术创作是走向人格完善的美育之路。艺术家凭借艺术创作将感性冲动和理性冲动融合在一起，人们可以通过这种艺术美的创造来达到性格的完整。

"美是人性的一种必要条件。"[3] 美和审美为现实人格的完整提供了合法性，席勒的美育解决了当下人的生存危机和文化危机，美育是人从自然向理性过渡的一个逻辑环节，这是席勒美育理论现代性的一个重要特征。强调促进审美判断力

---

① 杜卫.美育学[M].北京：人民出版社，2022：62.
② 杜卫.美育学[M].北京：人民出版社，2022：59.
③ [德]席勒.美育书简[M].徐恒醇，译.北京：中国文联出版公司，1984：70.

的艺术教育并不意味着需要艺术技术和艺术理论的知识性增长，而是将艺术教育作为一种"人道"教育，解决"政治性问题"和"人格完整"问题。

2.2　中国美育思想

传统中国美育主要指中华文化传统在个体人格塑造上的独特作用，中国自古就有诗教、乐教的传统，深藏在我国古代深厚的文化积淀中，虽然没有以美育命名，但是起到了美育作用。因此，从 20 世纪初开始，在中国美学家和理论家持续重视和阐释发展席勒思想时，中国现代美学在对美育的重视中建立，中国的传统美育也在西学东用过程中被持续挖掘和构建出来。古代儒家、道家和禅宗的美育思想之间虽然略有差异，但是都指向天、地、人的和谐统一，而非西方美育中的"自我实现"。

2.2.1　中国古代传统美育

1. 儒家的中和之美

孔子讲："志于道，据于德，依于仁，游于艺（《论语·述而》）。""志于道"意为需要志存高远；"据于德"强调虽然立志高远，但是无论天道还是人道都要从道德开始起步；"依于仁"是指需要充满仁爱之心，才能让道和德发挥作用，爱人、爱物、爱社会、爱国家，直至爱天下。"游于艺"的"艺"并非今日所指的"艺术"，而是指礼、乐、射、御、书、数六种技艺，六艺向我们展示了孔子对生活技能、情感养育方式和精神空间建构等方面的期待。以六艺为乐，

从容淡然地陶冶情操，"游于艺"意味着，个体要成为完整的人，除了德行培养、智力培育和体育锻炼外，美育也发挥着重要作用。

儒家美育致力于培养文质彬彬的君子，正所谓"质胜文则野，文胜质则史，文质彬彬，然后君子（《论语·雍也》）。"君子是美育培养的理想人格目标，因为在《论语》关于圣、贤、君子、小人的人格划分中，君子既需要有文的外在形象，又需要有质的内在品质。文和质的和谐统一，是君子，也是美的追求。

并且，儒家美育的核心内涵是强调通过艺术的途径培养个体的美好心灵。孔子讲的"兴于诗，立于礼，成于乐（《论语·泰伯》）"，就提出了儒家人才培养的标准路径：从《诗经》开始，立足于礼仪规范，最终依靠音乐，在"乐"的激荡中走向成人的高峰境界。在这里，音乐的美育途径被特别提出来。春秋末期，孔子面对"礼崩乐坏"的社会现实，倡导恢复西周时期的礼乐制度。儒家"仁"的思想贯穿在"礼"的音乐审美形式中，形成基于艺术美感，与灵魂统一的审美特质，这就是早期儒家具有美育意义的乐教美育传统。

乐的本质是"和"。诸典籍均有记载，如"乐以道和（《庄子·天下》）""礼之敬文也，乐之中和也（《荀子·劝学》）""乐言是其和也（《荀子·儒效》）""故乐者天下之大齐也，中和之纪也（《荀子·乐论》）""大乐与天地同和，大礼与天地同节。……礼者，殊事合敬者也。乐者，异文合爱者也。礼乐之情同，故明王以相沿也。（《礼记·乐记》）""乐者天地之和也，礼者天地之序也（《礼记·乐记》）""乐以发和（《史记，滑稽列传》）"。这里的"和"意味着对立性质的消解及统一，儒家以音乐为性格

修养的手段，由一人之修养而通天下，仁的道德充实了艺术的内容，艺术也安顿了道德的力量。

2. 道家的虚静之美

道家美育思想主要以老子和庄子为主。道家哲学关注形而上的天人合一思想，这就注定了道家学派的美育思想是超然的。道家美育强调对美感的体验和对理想人格、理想境界的论述，形成的"超功利型"美育思想与儒家美育思想截然相反。

美育中追求的超越是一种理性的存在，是个体的一种精神选择。道家美育对这一点理解得非常到位，老子鼓励大家顺应自然感召，回归自然原始本心，拥有一种随性而为、不受拘束的状态。而将道家美育思想与个人生命状态结合更为紧密的是庄子，对自由的感觉也更为强烈。《庄子》中不止一次提到"游心"的概念，"且夫乘物以游心，托不得已以养中，至已（《庄子·人间世》）。""夫若然者，且不知耳目之所宜而游心乎德之和，物视其所一而不见其所丧，视丧其足犹遗土也（《庄子·德充符》）。"无名人（对天根）曰："汝游心于淡，合气于漠，顺物自然而无容私高，而天下治矣（《应帝王》）。"在这里，游心就是精神自由。

道家意在培养追求自由人格和独立精神的人，老子关于人格塑造的观念是在超越世俗审美和价值观念下提出来的，他提出的"致虚极，守静笃，万物并作，吾以观其复（《老子》十六章）"，意为万物生长，如需追寻万物的本质，必须恢复其最原始的虚静状态。虚和静是对自我身心的调节，摒除心内心外的干扰，从而体会到万物生机，这既是一种道家的修行方式，也是一种内省的审美方式。

由道家美育思想而来的绘画，可以在水墨山

水画上寻到切实的踪迹。"山水的基本性格，是由庄学而来的隐士性格。"①山水画家王维、杜甫、王洽、张询、张璪、荆浩、关仝都是超脱世俗的隐士，与李思训富丽堂皇的青绿山水不同，高人逸士的山水在水墨中找到了与自身性格相符的意义重大之变。张彦远曾说："夫阴阳陶蒸，万象错布。玄化亡言，神工独运。草木敷荣，不待丹绿之采。云雪飘飏，不待铅粉而白。山不待空青而翠，凤不待五色而綷。是故运墨而五色具，谓之得意。意在五色，则物象乖矣。"这段话的意思是说，在运墨中，自由缤纷，不用过度拘泥于色彩的表象，否则会妨碍本质的表达。纯水墨画的出现时间推断为晚唐，此后水墨与淡彩兼容，成为山水画的基本色彩性格。水墨质朴，是艺术家对自然本质的追求，远眺山水，山水各色混沌为玄色，深浅的变化实则是跳脱的生命感。

3. 禅宗的顿悟之美

与儒家和道家标榜的中和之美及虚静之美不同，禅宗类属于佛教，强调个体放下对欲望的执着及心灵自修，崇尚众生平等、人人皆可"顿入佛地"的顿悟之美。

顿悟从心开始，未悟之心被尘世裹挟，被俗世遮蔽，有待澄明。禅宗美育的目的是"真心"的显见，也是尘世之心在实现由此到彼的超越之后能够获得美感体验的境界。"人类语言对于表达禅的深刻真理是不合适的工具，而且禅并不是应由逻辑来解释的问题。因为只有在人的内心深处经验到它时，禅才开始被理解。"②这种体会可见于禅宗大师的精妙名言中。禅宗在"一

切众生悉有佛性"的观点基础上，认为"菩提般若之智，世人本自有之（《坛经·般若品》）"。这里的佛性指向个体本心，"佛向性中作，莫向身外求（《坛经·疑问品》）。"以人人皆有的佛性为基础，通过顿悟的方式寻找自己的本来面目，明心见性。"顿悟菩提，各自观心，自见本性（《坛经·般若品》）"，众人与佛的区别只在能否觉悟。"自性迷即是众生，自性觉即是佛（《坛经·疑问品》）"，而觉悟的关键则在于"自性"。按照禅宗上述的精神推导，禅宗美育的基本精神在于以个体心性修养的方式摆脱世俗欲望的束缚，借助顿悟或渐悟走向空灵境界，实现心性自由。③

历代都有禅门僧侣在从事宗教活动的同时，参与创作艺术作品。八大山人是清初"四僧"之一，作为明代江西宁献王朱权后裔，八大山人不忍国破家亡，在二十三岁（1648 年）那年去奉新县耕香院削发为僧，开始了参禅悟道、创作书画的生活。他曾在《个山小像》上题写："生在曹洞临济有，穿过临济曹洞无，洞曹临济两俱非，嬴嬴然若丧家之狗。还识得此人么？罗汉道底。个山自题。"据此自述，顿悟后的八大山人的禅学修养似来自曹洞和临济两宗，又非这两宗。八大山人的一些行为，与"狂禅"不可或分，狂禅也是临济禅的特色之一。八大山人所画之鱼、鸟皆以白眼向天，通过残破、极度的单纯及夸张的造型意识，表现倔强之气。而这样的形象，正是八大山人自我心性的流露。

中国传统美育思想以儒道禅三家为代表，当然绝不只限于这三家。中国的美育传统是丰富且有生命力的，需要通过"润物细无声"的方式深

① 徐复观. 中国艺术精神 [M]. 沈阳：辽宁人民出版社，2019：235.

② [日] 铃木大拙. 禅宗入门 [M]. 北京：生活·读书·新知三联书店，1998：17.

③ 方立天. 禅宗概要 [M]. 北京：中华书局，2011：84.

入人心。传统美育的独特性仍有积极传承的价值，可以被融合在大学美育之中，服务于大学生美好心灵塑造。

2.2.2　中国现代美育思想

进入到 20 世纪，中国知识分子开始接触到西方的思想、文学艺术，其中"与美育关系最为密切者，一是西方文学艺术尤其是具有创新意识的现代文学艺术的传播，为学校艺术教育的实施提供了与中国传统流传的文学艺术不同的审美对象；二是西方现代心理学、伦理学、教育学特别是哲学和美学的引进与介绍，给国人自己的美育研究提供了可资借鉴与借用的思想观念与研究方法。"[①] 在向西方学习的大背景下，中国传统的文学艺术与学术文化面临着现代转型，其根本是为了急切解决中国自己的问题。

20 世纪初的中国与 18 世纪的德国面临的问题并不一样。"20 世纪前五十年对中国现代美学作出过重要贡献的美学家关心的问题是中国思想文化的改造，也就是广义的启蒙。这种启蒙的意向决定了中国现代美学具有强烈的现实指向性，也就是说，不管这些美学家如何强调审美和艺术的独立，注重审美的超脱或无功利性，其目的并不等同于西方审美现代性思想，他们归根到底是想通过审美和艺术使国人的内心世界产生变革，从而推动中国当时的文化乃至社会发生变革。"[②] 正是由于中国和西方在历史进程中存在的时差问题以及地域问题，中国现代美育思想在对西方美育思想的引进上存在选择、解读，甚至误读等问题。所以，在对中国现代美育思想的描述中，不

免存在与西方美育思想的对比解读。

1. 王国维"无用之用"的美育思想

王国维 (1877—1927)，浙江海宁人，字静安 (或庵)、伯隅，号观堂。在历史、考古、哲学、美学、文字等学科上都有重要成就，被称为"吾辈之希勒（席勒）"[③]。聂振斌认为，叔本华的唯意志论哲学与悲观主义人生观对王国维的哲学、美学思想的形成，产生了最直接、最深刻的影响，在很大程度上决定了王国维美学思想的性质与价值。[④]"康德的影响，最突出的是审美无利害说与天才论，席勒的影响则主要为游戏说，但总的来说，席勒对王国维的影响远不及康德、叔本华深。"[⑤]

特别是"无用之用"的思想，是王国维在接受了康德审美超利害性的思想基础上，融合了道家哲学中的"无为"哲学，认为审美是无功利、无利害的活动。康德认为，"鉴赏是不带有任何利害关系的愉悦对一个对象或一个表现方式作评判的能力。一个这样的愉悦对象就叫做美。"[⑥] 康德指出，审美"他们不表现什么，不表示任何在某个确定概念之下的客体，并且是自由的美。"[⑦] 在此基础上，王国维提出"盖人心之动，无不束缚于一己之利害；独美之为物，使人忘一己之利害而入高尚纯洁之域，此最纯粹之快乐也。"[⑧]

①　谭好哲．中国现代美育的历史进程与目标取向 [J]. 山东社会科学，2007(1)：24.

②　杜卫．美育学 [M]. 北京：人民出版社，2022：86.

③　浦江清．浦江清文史杂文集 [M]. 北京：清华大学出版社，1993：7.

④　聂振斌．王国维美学思想述评 [M]. 沈阳：辽宁大学出版社，1997：54.

⑤　聂振斌．王国维美学思想述评 [M]. 沈阳：辽宁大学出版社，1997：53.

⑥　康德．判断力批判 [M]. 邓晓芒，译．北京：人民出版社，2002：45.

⑦　康德．判断力批判 [M]. 邓晓芒，译．北京：人民出版社，2002：65.

⑧　原载《教育世界》56 号，1903 年 8 月刊.

"余谓一切学问皆能以利禄劝，独哲学与文学不然。天下有最神圣、最尊贵而无与于当世之用者，哲学与美术是已。"王国维认为，哲学和艺术的意义如果与实用学科相比，在于当下看"无用"，但是从更长远的角度深入探析，文学艺术之所以有用，在于它超乎世俗的利害关系，使人进入纯粹审美的境界，得到身心的休息。王国维指出，教育宗旨是"在使人为完全之人物而已"，他把人的能力分为身体和精神两个方面，精神分为知力、感情及意志三个方面。美育是培养人感情的路径，"美育者一面使人之感情发达，以达完美之域；一面又为德育与智育之手段"[①]，"德智体"教育完备的思想特别体现在对康德等人的思想引进上，彰显了现代人自由精神气质和独立的人格魅力。王国维选择了美学和美育，恰恰是因为他将契合中国传统儒家教育方式的"私欲"作为完备人格的巨大障碍。"王国维有意无意地从儒学的思想来解读西方的某些美学和美育理论，然后又拿着这种'误读'了的西方理论反过来阐释孔子的育人思想和实践，开始了中国美育传统的阐释性建构。"[②]

2. 蔡元培"以美育代宗教"的思想

1917年4月8日，蔡元培通过《以美育代宗教说》的演说，提出了"以美育代宗教"，并多次在新文化运动时期重提该学说。蔡元培从两方面论述了"以美育代宗教"的可能性。一方面，通过对宗教欺骗性的批判和对宗教本质的揭示，从理论上动摇了宗教的神圣不可侵犯性。在他看来，"初民时期没有科学。一切人类不易知

道的事，全赖宗教去代为解释"[③]，而社会向前迈进，科学发展起来，宗教就会逐渐丧失其存在的理由，从而不被人信仰。既然"宗教只是人类进程中一时的产物，并没有永存的本性"[④]，人类社会发展到一定阶段"是没有宗教存在的余地的"[⑤]，那么它可能就要被更高级的美育形式所代替。另一方面，"美育代宗教"是社会进化的必然结果，"历史学、社会学、民族学等发达以后，知道人类行为是非善恶的标准，随地不同，随时不同……而宗教上所悬的戒律，往往出自数千年以前，不特挂漏太多，而且与现实相冲突的，一定很多，所以德育方面也与宗教无关。自卫生成为专学，运动场、疗养院的设备，因地因人，各有适当的布置，运动的方式，极为复杂……所以体育方面也不必倚赖宗教。于是宗教上所被认为尚有价值的，止有美育的原素了。……然则保留宗教，以当美育，可行么？我说不可。一、美育是自由的，而宗教是强制的；二、美育是进步的，而宗教是保守的；三、美育是普及的，而宗教是有界的。"[⑥] 所以，"宗教可以没有，美术可以辅宗教之不足，并且只有长处，而没有短处。"[⑦] 凭借蔡元培的社会威望和学术地位，"以美育代宗教"的传播力度很大，为中国近现代美育奠定了基础。所以蔡元培被称为"美育的首倡导"，是中国近现代教育史上提倡美育的"唯一中坚人

---

① 王国维.王国维文集第三卷 [M].姚金明，王燕编.北京：中国文史出版社，1997：25.

② 杜卫.美育学 [M].北京：人民出版社，2022：71.

③ 高平叔.蔡元培美育论集 [M].长沙：湖南教育出版社，1987：274.

④ 高平叔.蔡元培全集：第四卷 [M].北京：中华书局，1984：70.

⑤ 高平叔.蔡元培全集：第四卷 [M].北京：中华书局，1984：70.

⑥ 高平叔.蔡元培美育论集 [M].长沙：湖南教育出版社，1987：206-207.

⑦ 高平叔.蔡元培美育论集 [M].长沙：湖南教育出版社，1987：279.

物"①。

蔡元培"以美育代宗教"思想提出之后，引起了激烈的讨论，反对方有杨鸿烈、刘伯明、吕澄、赵紫宸等，他们反对的核心在于认为蔡元培没有充分认识到宗教存在和消亡的条件，片面夸大了美育的作用。支持方以艺术界的林风眠为代表，林风眠与蔡元培是忘年之交，"林风眠表示宗教只是人类历史进程中的一个阶段，仅能顺应某个时代，随着人们认识的发展，宗教便会没落，伴随着美术的兴起及宗教的衰落，依附于宗教的美术起而代替宗教，是一种理所当然的发展趋势。"②此外，林风眠提出了"艺术代宗教"的学说，因为其艺术家及艺术教育者的身份，林风眠的立场都倾向于艺术。

综合来看，王国维和蔡元培都处在中国近现代启蒙的大背景下，他们试图通过美育培养"完全之人物"、养成"健全人格"，改造国民劣根性，使美育成为"立民新人"教育的重要组成部分。

3. 朱光潜、宗白华的美育思想

朱光潜和宗白华被称为中国现代美学史上的并峙双峰，他们都关注生活中的苦难和悲苦，试图通过审美观照人生，朱光潜提出的"人生艺术化"与宗白华提出的"艺术生命化"，都关注苦难社会中人的生存状态，试图以美育解除人生的烦闷，从而实现生命的活跃以及心灵的自由解放。

李泽厚在为宗白华《美学散步》作序时，曾对朱光潜和宗白华先生做了如下比较，"在北大，提起美学，总要讲到朱光潜先生和宗白华先生。

朱先生海内权威早已名扬天下，毋庸我说。但如果把他们两位老人对照一下，则非常有趣（尽管这种对照只在极有限度的相对意义上）。两人年岁相仿，是同时代人，都学贯中西，造诣极高。但朱先生解放前后著述甚多，宗先生却极少写作。朱先生的文章和思维方式是推理的，宗先生却是抒情的：朱先生偏于文学，宗先生偏于艺术：朱先生更是近代的，西方的，科学的：宗先生更是古典的，中国的，艺术的：朱先生是学者，宗先生是诗人……"③朱光潜与宗白华都没有脱离中国传统思想，本着一己之力改造社会与人生之心，形成自己的学术特色。朱光潜擅长分析，在人生与艺术之间寻找差异，寻找艺术作用人生的途径；宗白华则依据哲学理论及个体经验，关注人生，以艺术为落脚点。在朱光潜、宗白华的视野中，"人生的最终目标不是'超脱'而是积极地'参与'，培养'出世的精神'是为了更好地完成'入世的事业'，超脱现实仅仅是在恶劣环境中实现诗意生存的手段。"④

2.2.3　新时代中国大学生美育的理论来源

毛泽东是马克思主义中国化的先驱，他认为必须使马克思主义基本原理在中国"具体化"，即中国化才能指导中国的革命和建设。从美育的角度来看，这就要求我国的文艺工作必须立足于中华民族的文化土壤，符合我国人民心理需求，并能够呈现出我国人民群众喜闻乐见的表现形式。所以，他强调："洋八股必须废止，空洞抽象的调头必须少唱，教条主义必须休息，而代

① 舒新城.近代中国教育思想史 [M].上海：中华书局，1928：157.

② 戴汉倩.蔡元培"以美育代宗教"研究 [D].曲阜师范大学，2022.

③ 李泽厚.宗白华《美学散步》序 [J].读书，1981(3).

④ 莫小红.席勒与 20 世纪上半叶中国美育思潮 [D].湖南师范大学，2014：III.

之以新鲜活泼的、为中国老百姓所喜闻乐见的中国作风和中国气派。"① 毛泽东高屋建瓴地提出了"百花齐放，百家争鸣"的方针，给出了这一问题的答案，通过"双百"方针达到了抵制假恶丑，追求真善美的目的，让人民群众获得更多欣赏文艺的机会，从而使文艺工作呈现出繁荣的景象，推动美育工作走向民族化和大众化。

邓小平曾指出，"文艺工作都负有其他部门所不能代替的重要责任"②，文艺工作不仅能满足人民的精神生活需求，而且极大地激发人民参与社会生产的动力，对推进社会进步有重要作用。文艺工作者要肩负起不可替代的责任，文艺工作者要充分发挥文艺作品对青年重要的激励作用，引导广大青年积极投身社会主义建设。

江泽民发表《关于教育问题的谈话》，指出使青年学生能够德、智、体、美全面发展，是一个关系我国教育发展方向的重大问题，这为世纪之初美育在国家意志中的地位奠定了基础。"正确引导和帮助青少年学生健康成长，使他们能够德智体美全面发展，是一个关系我国教育发展方向的重大问题。"③ 因此，美育是关系我国素质教育的一个重要问题，美育被摆在我国素质教育的重要位置。素质教育的任务要求我们要遵循人在各个阶段发展的特点，将德智体美劳全面发展视为我们目前教育的方针政策。④ 素质教育的提出是对我国传统教育理念的一大突破，美育作为素质

教育的重要组成部分，是素质教育落到实处的有力支撑。以胡锦涛同志为核心的党的第四代中央领导集体，在继承和发扬历代领导集体美育观念的基础上，肯定了美育在培养社会主义建设者和接班人的重要作用，强调美育在学生全面发展中的重要地位。

胡锦涛指出，"美育在陶冶情操、培养道德品质、开拓人的思维，最终实现全面发展等方面意义非常。"⑤ 胡锦涛不仅强调美育对个人素质发展的重要作用，他还指出正确的审美对营造良好的社会氛围，形成崇德向善的社会风尚的重要意义。他反复强调："我们要引导人们树立正确的审美观，让整个社会形成敢担当、知荣辱、真善美的社会氛围。"⑥ 建立在前人对美育工作认识的基础上，胡锦涛对美育工作愈加重视，对我国美育工作发展作出了更加系统科学的论述，对我国今后美育工作有重要的借鉴意义。

习近平总书记在给中央美院老教授回信时强调："要坚持立德树人，扎根时代生活，遵循美育特点，弘扬中华美育精神，让祖国青年一代身心都健康成长。"⑦ 弘扬中华美育精神，坚持用中华传统文化、社会主义先进文化、革命文化润心育人，推动我国青年身心健康发展。2021 年 9 月，习近平总书记来到陕西榆林，他在考察时指出："实现中华民族伟大复兴，基础在教育，办教育就要提高社会文明程度，坚定文化自信。"⑧

① 中共中央文献编辑委员会编 . 毛泽东选集（第 3 卷）[M]. 北京：人民出版社，1991：844.

② 中共中央文献编辑委员会编 . 邓小平文选（第 2 卷）[M]. 北京：人民出版社，1994：209.

③ 中共中央文献编辑委员会编 . 江泽民文选（第 2 卷）[M]. 北京：人民出版社，2006：587.

④ 中共中央文献编辑委员会编 . 江泽民文选（第 2 卷）[M]. 北京：人民出版社，2006：399.

⑤ 中共中央国务院关于深化教育改革全面推进素质教育的决定 [N]. 中华人民共和国国务院报，1999(21)：868-878.

⑥ 中共中央文献编辑委员会编 . 胡锦涛文选（第 3 卷）[M]. 北京：人民出版社，2016：638.

⑦ 习近平 . 给中央美术学院老教授的回信 [N]. 中国教育报，2018-08-31（1）.

⑧ 习近平 . 解放思想改革创新再接再厉 谱写陕西高质量发展新篇章 [N]. 人民日报：2021-09-16（1）.

美育作为基础教育的重要一环，是传承和弘扬中华优秀传统文化，增强青年学生对本民族文化认同感与自豪感的有效方式，是坚定青年学生文化自信的，引导青年学生自觉承担起中华民族伟大复兴历史使命的重要途径。

本章小结

纵观中国古代美育与现代美育思想内涵的发展，杜卫在《美育学》一书中有独到的见解，"中国古代的美育传统把美育纳入'修身'的主要途径，体现了浓重的家国情怀；把美育定位于以伦理为主要内涵的人文素养培养，形成了美育着眼于'诚意''正心'的'心育'特色；以体验为途径，将修身的内容内化于心，形成了'情育'特色和'无用之用'的独特话语，并形成了以'潜移默化'为主的方法论话语。"①中国现代美育思想不仅"已经对 20 世纪中国美学和美育学的发展和建设产生了积极影响，而且在中国的现代化进程和全球化语境中仍具有潜在的思想价值"，具体可以体现在以下三个方面，"第一，这种立足于本土，交融了中西方思想文化的美学是中国自己的美学传统，因而是今天美学学科建设的重要思想资源……第二，审美功利主义在处理审美、艺术与人生、与道德、与教育等关系上已经形成的一整套理论，对于当前中国的美育学建构仍具有重要的参考价值……第三，审美功利主义思想在如何把西方现代美学与中国古代美学传统相互融合方面也形成了一些值得借鉴的观念和方法，对于当前我们在全球化语境中实现古代美学和美育思想的创造性转换，继承和发展本民族

优秀的美学、美育思想和审美文化传统，增强中国当代美学和美育学参与国际间对话的能力，建设具有时代特点和民族精神的开放的美育学，都具有重要借鉴价值。"②

在西方，康德用"知—认识、意—实践、情—审美"的三分法划出了人类活动的三大领域，康德试图在审美情感领域实现感性与理性、人与自然的和谐统一。而席勒则把审美从认识论范畴向生存论范畴扩展和转化，"席勒凭着浪漫的想象力，轻易地把审美的心灵自由扩大到人的现实自由，企图以心境转化来替代现实变革，有浓重的空想色彩，但是他确立的作为生存范畴的审美理论很值得我们重视。这不仅为后世的美学开辟了一条新的道路，而且从人生价值入手的审美理论建构为现代美育学的建设奠定了一个良好的基础。"③

无论古今中西，审美作为一种感情的创造性升华，是个体对自我的生存感受，审美解放不仅发生在现实世界，而且实现在个体内心世界。

思考题

1. 国外美育思想是如何发展的？

2. 中国美育思想是如何发展的？

3. 中外美育思想有何不同？

本章参考文献

1. 檀传宝编著 . 西方教育经典导读：从苏格拉底到杜威 [M] . 北京：开明出版社，2006.

2. 柏拉图 . 文艺对话集 [M]. 北京：人民教育

---

① 杜卫 . 美育学 [M]. 北京：人民出版社，2022：113-114.

② 杜卫 . 美育学 [M]. 北京：人民出版社，2022：114.
③ 杜卫 . 美育学 [M]. 北京：人民出版社，2022：50.

出版社，1963：101.

3. 蒋孔明，朱立元主编. 范明生著. 西方美学通史 [M]. 上海：上海文艺出版社，1999.

4. 康德. 判断力批判 [M]. 邓晓芒，译. 北京：人民出版社，2002.

5. 杜卫. 美育学 [M]. 北京：人民出版社，2022.

【拓展阅读一】

习近平给中央美术学院老教授的回信

周令钊、戴泽、伍必端、詹建俊、闻立鹏、靳尚谊、邵大箴、薛永年同志：

你们好！来信收悉。长期以来，你们辛勤耕耘，致力教书育人，专心艺术创作，为党和人民作出了重要贡献。耄耋之年，你们初心不改，依然心系祖国接班人培养，特别是周令钊等同志年近百岁仍然对美育工作、美术事业发展不懈追求，殷殷之情令我十分感动。我谨向你们表示诚挚的问候。

美术教育是美育的重要组成部分，对塑造美好心灵具有重要作用。你们提出加强美育工作，很有必要。做好美育工作，要坚持立德树人，扎根时代生活，遵循美育特点，弘扬中华美育精神，让祖国青年一代身心都健康成长。

值此中央美术学院百年校庆之际，希望学院坚持正确办学方向，落实党的教育方针，发扬爱国为民、崇德尚艺的优良传统，以大爱之心育莘莘学子，以大美之艺绘传世之作，努力把学院办成培养社会主义建设者和接班人的摇篮。

习近平

2018 年 8 月 30 日

【拓展阅读二】

席勒《美育书简》第一封信

席勒申明，他研究美与艺术虽以康德的原则为根据，但不拘门户之见。他研究美的方法论基础是，美虽与感官及感觉有密切关系，但严格的科学研究必须使对象接近知性，因而有时不得不使对象避开感官和感觉，脱离它的直接表现形式。

蒙您惠允，现把我关于美与艺术的研究结果写成一套书信呈献给您。[①] 我深深感到这项工作的重要，但也感到它的魅力和庄严。我要谈的对象，同我们幸福生活中最好的部分有直接的联系[②]，同人的天性中道德的高尚也不相违阔。我将在一个感受到并且实施着美的全部权力的慧心人面前探讨美的事物，而且在研究时一旦遇上既必须根据感觉，又必须根据原则的地方，将由他来承担我工作中最艰难的部分。

我想向您祈求一点恩惠，而您却仁慈地把它当作我分内的事；我做这事，不过是从心所好，而您却把它看作好像是我的一个功绩。您给我规定的行动自由，对我来说不是一种强制，反而是

---

① 席勒于 1793 年到 1794 年初把他研究美学的心得写成书信，寄给曾在他困难时期给予他慷慨帮助的丹麦奥古斯滕堡公爵。1794 年 2 月哥本哈根宫邸失火，所有信件均不幸被焚。幸好曾有人传抄，前七封的手抄本被后人发现。应奥古斯滕堡公爵的要求，席勒于 1794 年 9 月到 1795 年中根据草稿重新整理这套书信，但在此过程中对原稿做了较大修改，并于 1795 年在他创办的《时季女神》杂志上分三次发表，成为完整的美学论著，与收信人无多大关系。1801 年这套书信收入《短小的散文集》第三部分，只删节了个别段落和个别注脚，现在通行的《审美教育书简》依据的就是这个版本。
② 席勒认为，通过美的享受可以满足人最纯正的爱好，使人得到"至乐"。

一种需要。我素来缺乏运用正规形式的训练，因而也就不至于有由于误用这些形式而损害良好趣味的危险。我的思想主要是来自与自己内心单纯的商讨，而不是主要来自丰富的世界经验或者读书的收获。我不否认我这些思想有它们的渊源，但我宁肯犯任何别的错误也不愿犯门户之见，宁肯因为这些思想自身的弱点而失败，也不愿用权威和别人的势力来支撑它们。

诚然，我不愿向您隐瞒，下边的看法大多是以康德的原则为依据；但是，在研究过程中，如果使您联想到任何另外的哲学学派，请您把这归之于我的无能，不要归诸康德的原则。是的，您的精神自由，对我来说，是不可侵犯的。您自己的感觉所提供的事实，就是我所根据的事实，您自己的自由的思维所规定的法则，就是我研究时应当遵循的法则。①

关于在康德体系的实践部分②中居支配地位的那些思想，只在哲学家当中有不同的看法，而一般人的意见——我自信能够证明——从来就是一致的。如果把这些思想从它们的专门术语中解脱出来，它们就成为一般理性的至理名言与道德本能③的事实；而道德本能是智慧的自然为监护人类而设置的，直到人类有了明彻的认识而变得成熟为止。但是，正是这种专门的术语使真理在知性面前显现，又在感觉面前把真理隐藏。因为遗憾的是，如果知性想要把握内感的对象④，就必须先破坏这个对象。正如化学家一样，哲学家也只有通过分解才得到化合，只有通过人为的折磨才能获得顺从的自然的产物。为了捉住瞬息万变的现象，哲学家不得不给现象套上规则的羁绊，把它们美丽的躯体分割成概念，用贫乏的文字框架来保存它们那活生生的精神。这难道还值得奇怪，假使自然的感觉在这样一个摹写中不再能看到自己，假使真理在化学分析家的报告中成了自相矛盾的断言？

因此，如果下面的研究为使它的对象与知性相接近而使它的对象离开了感官，那就请您对我多少表示一点宽恕。前面谈到道德经验时所适用的一切，必然在更高的程度上也适用于美的现象。美的整个魔力建立在它的神秘性的基础之上，通过魔力的各个因素的必然结合，魔力的本质也就随之被扬弃。⑤

---

① 这个研究所顾及的，不是任何特定的哲学学派，而只是未受任何哲学学派影响的读者的自由的思维能力。
② 康德写了三大"批判"，亦即他的体系的三个组成部分：《纯粹理性批判》，主要内容是认识论；《实践理性批判》，主要内容是伦理学；《判断力批判》，主要内容是美学。这里所说的"实践部分"，即指伦理学。
③ 即直接的本能的道德感。
④ "内感的对象"（Objekt des inneren Sinnes），是通过观照就可意识到的内心活动，如道德要求等。

---

⑤ 这句话十分晦涩，大意为：美的效果看来像魔力一样是作用于人的感官而产生的，但它的各个因素必然地要结合在一起，而这时它那魔力的本质就随之消失。换句话说，美看起来与感官的感觉有关，但要把握它的本质就必须通过知性的分析，而不能靠直接的感觉。

第 3 章　美育即"人的教育"

　　动物只是按照它所属的那个种的尺度和需要来构造，而人却懂得按照任何一个种的尺度来进行生产，并且懂得处处都把固有的尺度运用于对象；因此，人也按照美的规律来构造。

——卡尔·马克思

◎学习目标

通过本章学习，让学生了解和掌握以下内容：

1. 美育本质是人的教育。

2. 中西方教育的美育转向。

3. 通过美育实现人生的诗意栖居。

3.1　美育服务于人的全面发展

　　在了解了中西方有关美育的思想和历史后，我们需要更深入地理解美育的本质。美育不同于一般的知识教育，它指向的是人，目的是在潜移默化中塑造一个人的完美人格。这一点已被一些重要哲学家、美学家、美育家进行权威论述，并逐渐成为今天人们的共识。

3.1.1　鲍姆嘉通：美育是感性教育

　　德国哲学家鲍姆嘉通（Alexander Gottlieb Baumgarten，1714—1762）是最早创立美学学科的理论家，被称为美学之父。他对美学的定义，被美学家克罗齐（Benedetto Croce，1866—1952）称为有史以来最好的定义。鲍姆嘉通认为，美学是感性认识的科学，这使对美的研究跳出了原来的工具理性范畴，开辟了美学研究的新方向。显而易见，这一方向更接近美的本质，也更接近人，更接近来自于人的"鲜活的感性生活"[①]。鲍姆嘉通对美学概念的定义和他相关的论述，为我们理解美育的本质指明了方向。

　　1. 美育是感性教育

　　和对美的定义一致，鲍姆嘉通对"审美教育"的内涵也作出了界定。在他看来，审美教育也是一种感性教育，是"对在具体情况下作为美的思维对象而出现的事物的审视"。而这种美的思维在鲍姆嘉通看来并不是以往那种纯粹的理性思维，而是一种"理性类似思维"。他解释说："美学是同人的心灵中以美的方式进行思维的自主禀赋一起产生的……敏锐的感受力，从而使心

———————

① 曾繁仁.美育十五讲[M].北京：北京大学出版社，2012：5-6.

灵不仅可以凭借外在感官获取一切美的思维的原材料，而且可以凭借内在感官和最为内在的意识去测定其他精神能力的变化和作用，同时又始终使它们处于自己的引导之下。"①

可见，鲍姆嘉通认为对美的感受、体验和思维，既有赖于一个人先天的生理禀赋（身体等外在感官），也有赖于人的先天心理禀赋（心灵等内在感官）。在他看来，虽然感官、身体等属于一个人"天资中的低级能力"，但它们比较容易唤醒，应该在审美过程中获得与理性认识的精神性"比例适当"的地位。应该说，这些认识都是对审美"作为人之感性与生命表征真谛的一种回归"②。

2. 艺术是美的、自由的艺术

在鲍姆嘉通提出美的感性定义之前，学术界对美的探讨更偏向抽象的一面，对美的事物的理解也更偏向于一些单一的艺术。而鲍姆嘉通不仅将美的定义拓展到人的感性认识领域，也将艺术拓展到"自由艺术"。在《真理之友的哲学信札》中，他这样写道："人的生活最急需的艺术是农业、商业、手工业和作坊，能给人的知性带来最大荣誉的艺术是几何、哲学、天文学，此外还有演说术、诗、绘画、音乐、雕塑、建筑、铜雕等，也就是人们通常算作美的和自由的艺术的那些。"③

显然，鲍姆嘉通对美的定义和对自由艺术的说法，大大拓展了美和艺术的内涵与外延，使它们不再仅仅是美学家和艺术家小圈子里的事情，而变得与每个人都可以息息相关。事实也是这样，就感性认知而言，美并非少数美学家、艺术家的专利，每个人都有发言权，甚至每个人都可以是美的创造者。

3. 审美思维是一种理性类似思维

在鲍姆嘉通看来，美和美育的思维方式也有其独特性，这就是他提出的理性类似思维。所谓类似就是虽然好像但并不相同，表明感性认识有其独立性价值。鲍姆嘉通还充分揭示了这种理性类似思维的感性审美判断是凭借人的身体感官和自然禀赋作出的，其中既包括先天的生理禀赋也包括先天的心理禀赋。这种认识不仅揭示了美学和美育的独特性思维特点，也有力反拨了西方理性主义、工具主义所带来的感性与理性、身与心、生活与艺术分离的思维定式，恢复了其相互关联的本真状态④。

20 世纪以来逐步兴盛的"身体意识"与"身体美学"，正是接续了鲍姆嘉通的理论滥觞。首先是法国哲学家莫里哀·梅洛 - 庞蒂 (Maurice Merleau-Ponty，1908—1961) 在其专著《知觉现象学》中专章论述"身体"，并声言"我们用我们的身体感知世界"⑤。其次是美国美学家理查德·舒斯特曼（Richard Shusterman，1948— ）在其《实用主义美学》一书中提出建立以身体为中心的"身体美学"的概念，认为身体在审美经验中作用至为关键。⑥ 最后是当代美国美学家阿诺德·伯林特在其专著《环境美学》中更进一步提出"综合美学"的概念，认为审美过程中"人们将全部融合到自然世界中，而不像从前那样仅仅在远处静观一件美的事物或场景"，提倡将人的

① [德] 鲍姆嘉通 . 美学 [M]. 简明，王旭晓，译 . 北京：文化艺术出版社，1987：22.

② 曾繁仁 . 美育十五讲 [M]. 北京：北京大学出版社，2012：5–6.

③ [德] 鲍姆嘉通 . 美学 [M]. 简明，王旭晓，译 . 北京：文化艺术出版社，1987：5.

④ 曾繁仁 . 美育十五讲 [M]. 北京：北京大学出版社，2012：10–12.

⑤ [法] 莫里哀·梅洛 - 庞蒂 . 知觉现象学 [M]. 姜志辉，译 . 北京：商务印书馆，2005：265.

⑥ [美] 理查德·舒斯特曼 . 实用主义美学 [M]. 彭锋，译 . 北京：商务印书馆，2002：246.

眼、耳、鼻、舌、身等全部感官及整个身心都融
入审美之中[①]。

综上，鲍姆嘉通对美和审美教育的定义告诉
我们，美育并非一种知识教育，而是一种感性教
育，它并非美学家和艺术家少数人之事，而是与
每个人息息相关。尤其是他对类似理性思维的认
识和阐述，揭示了审美思维所具有的直觉的、类
比的、比喻的思维方式特点，这正是维柯《新科
学》所说的诗性思维、中国《周易》所说的象思
维，正是审美思维的特质所在。

3.1.2 席勒：美育是情感教育

德国著名文学家、美学家席勒在历史上第一
个提出美育的概念，并对这一概念给予了全面而
深刻的阐释。席勒所处的时代，正是以工业革命
为标志的资产阶级现代化大行其道的时期，他关
于美育的阐述，因率先对现代性进行审美的批判
和反思而显示其理论锋芒。一方面，席勒肯定
现代化是历史的必然，是人类社会进步的必由之
路；另一方面，席勒又空前尖锐地批判了现代性
导致的人性分裂和艺术低估。他在《美育书简》
中写道："在现时代，欲求占了统治地位，把堕
落了的人性置于它的专制桎梏之下。利益成了时
代的伟大偶像，一切力量都要服侍它，一切天才
都要拜倒在它的脚下。在这个拙劣的天平上，艺
术的精神贡献毫无分量，它得不到任何鼓励，从
而消失在该世纪嘈杂的市场中。[②]"

正是基于对现代性弊端的这一批判，席勒
于 1793—1795 年写下了他一生最重要的理论著
作《美育书简》，并在人类历史上第一次提出了
美育的概念。他明确把这一概念界定为是情感教
育，并将其目标指向人性的自由解放与发展。他
在《美育书简》第二封信中指出："我们为了在
经验中解决政治问题，就必须通过审美教育的途
径，因为正是通过美，人们才可以达到自由。[③]"

对爱、自由和美的追求，是人一生追求的
命题，也是文艺作品孜孜以求的母题。英国文学
家莎士比亚笔下的哈姆雷特，面对现实的困境和
心中的追求，喊出了哈姆雷特式的"天问"："生
存还是毁灭，这是一个值得思考的问题。"这种
对人生终极意义的思考和追问，也使这一文学作
品获得了不朽的价值，在戏剧、电影、绘画等艺
术形式上不断传递给我们美的意象、美的感悟
（图 3-1）。

图 3-1 [英]弗兰克·迪克西《罗密欧与朱丽叶》，
南安普敦市美术馆藏

① [美]阿诺德·伯林特.环境美学[M].张敏，周雨
译.长沙：湖南科技出版社，2006：12.
② [德]席勒.美育书简[M].徐恒醇，译.北京：中国
文联出版公司，1984：61.

③ [德]席勒.美育书简[M].徐恒醇，译.北京：中国
文联出版公司，1984：39.

席勒继承了德国哲学家康德的批判哲学与美学思想，并超越了康德将现象和自我分裂。他坚定地相信，恢复和保持人的完整与自由是天经地义之理，而美育的目的正是克服资本主义现代化对人性和人格的扭曲，恢复人本该应有的自由发展，恢复每个人天性的完整。在其著名的美学论文《论素朴诗与伤感诗》中，席勒这样写道，"优美配得上人，人配得上崇高、自由和幸福，因为我们被规定了：在我们整个的感性范围之内，按照精神的律令之书去行动，所以崇高能和优美走到一起，帮助我们达到完整的总体性。"

席勒一生贫病交加，46 岁就英年早逝。但他对美、对美育的认识是划时代的，就像他的挚友、德国著名文学家歌德所说，席勒"为美学的全部新发展奠定了初步基础"①。他就像一个播种者，且如同他在一首名为《播种者》的诗中所写："你只想在时间犁沟里播下智慧的种子——事业，让它悄悄地永久开花。"他为美育播下的智慧种子，是一种人本主义、人生美学的方向。在二百多年后的今天，这一思想仍熠熠生辉，正迎来万紫千红的盛花期。

中国近代王国维、蔡元培等诸位先生之所以引进西方美育概念，正是接受了席勒富有人性光辉的美育理念。这一理念始终昭示我们，每个人都配得上优美、崇高、自由和幸福，追求人的审美化生存，始终是人类悬鹄在前的目标。

3.1.3 马克思：美育是人的教育

卡尔·马克思（Karl Heinrich Marx, 1818—1883）曾经深受席勒影响，他对美育的阐述也接过席勒对资本主义现代性弊端的批判，并进一步

超越前进。早在 1843 年年底到 1844 年年初，马克思就在《〈黑格尔法哲学批判〉导言》中提出自己的人学理论，认为"人本身是人的最高本质"②。马克思对人的本质的阐述是以历史唯物主义的理论，同一切历史唯心论划清界限的。他在《关于费尔巴哈的提纲》中指出："人的本质并不是单个人所固有的抽象物。在其现实性上，它是一切社会关系的总和。"③

之后，从《1844 年经济学—哲学手稿》到《共产党宣言》再到《资本论》，马克思一直以其人学理论批判资本主义，批判资本主义带给人的"异化"，认为"劳动创造了美，但是使工人变得畸形"④。马克思的这一理论阐述，深刻揭示了资本主义机器大生产带来的人的异化。卓别林 1936 年导演的电影《摩登时代》艺术地表现了一个被大机器工业时代异化了的小人物的命运。在影片中，他扮演的人物——查理被生产线吞噬的情景极具象征意义，（图 3-2）。然而，即使在如此艰难的生活中，查理搭救一位偷面包的流浪女并和她相濡以沫，让整部影片焕发着人性的光辉。这，不正是美的价值所在吗？

正是基于对资本主义、对资本主义带来的人的"异化"的批判，马克思高扬人学理论，并提出了美学与美育中的"人的教育"理论。在《1844 年经济学—哲学手稿》中，马克思提出"人也按照美的规律来建造"的著名论断："动物只是按照它所属的那个种的尺度和需要来构造，而人却懂得按照任何一个种的尺度来进行生产，

---

① ［英］鲍桑葵. 美学史 [M]. 张今，译. 北京：商务印书馆，1985：385.

② 马克思恩格斯选集 [M]. 第 1 卷，北京：人民出版社，1972：15.

③ 马克思恩格斯选集 [M]. 第 1 卷，北京：人民出版社，1972：18.

④ 马克思恩格斯选集 [M]. 第 42 卷，北京：人民出版社，1972：93.

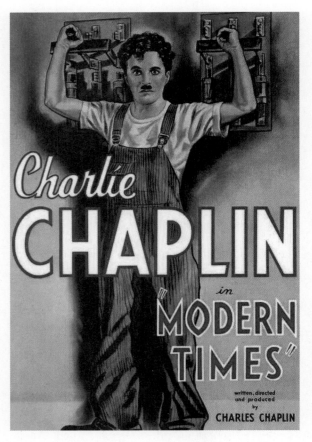

图3-2　卓别林的电影《摩登时代》海报

并且懂得处处都把固有的尺度运用于对象；因此，人也按照美的规律来建造。"①

所谓"按照美的规律来建造"，其实质就是对人的审美教育。而人的教育的最终目标，在马克思看来是"实现人的自由全面发展"。马克思认为，只有消灭了私有制，消除了社会分工，人的自由全面发展才能成为现实。在马克思以如椽巨笔描绘的未来社会图景中，自由全面发展的人的感觉和属性是完全解放的，达到了一种完全的自由境界："人以全面的方式，即作为完全的人，占有着自己全面的本质。人对世界的任何一种人的关系——看、听、嗅、尝、触、思维、直观、

感受、意愿、活动、恋爱……一句话，他的个性的一切器官，就像那些在形式上作为社会器官而直接存在的器官一样，在自己的对象关系上，或者在自己跟对象的关系上，是对于对象的占有，是对于人的现实性的占有。"

马克思所说的这种人的自由全面发展让人神往，它为美育描绘了一种美好的未来图景，并启发我们要实现这一未来图景，就需要始终坚守"人的本质"，始终追求"人的自由全面发展"，不仅按照美的规律去生产物，也要按照美的规律去塑造人。

党的十八大以来，新时代中国美育发展进入了崭新阶段。以习近平总书记2014年在文艺工作座谈会上的讲话为标志，通过对新时代文艺工作的顶层设计、统筹规划，新时代马克思主义美育观逐渐成形。"文艺是铸造灵魂的工程，文艺工作者是灵魂的工程师""追求真善美是文艺的永恒价值""创作更多无愧于时代的优秀作品""把人民作为文艺表现的主体，把人民作为文艺审美的鉴赏家和评判者""加强和改进党对文艺工作的领导"……这一系列论述都使中国共产党的审美观打上了鲜明的新时代烙印。在中国共产党100周年成立大会上，习近平总书记提出"两个结合"的重要论断，并在党的二十大报告进一步阐述："坚持和发展马克思主义，必须同中华优秀传统文化相结合。只有植根本国、本民族历史文化沃土，马克思主义真理之树才能根深叶茂……把马克思主义思想精髓同中华优秀传统文化精华贯通起来、同人民群众日用而不觉的共同价值观念融通起来，不断赋予科学理论鲜明的中国特色，不断夯实马克思主义中国化时代化的历史基础和群众基础，让马克思主义在中国牢牢扎根。"

① 马克思恩格斯选集 [M]. 第42卷，北京：人民出版社，1972：97.

中华优秀传统文化中同样蕴含着大量优秀的美育理念和美育资源，在发展美育过程中，既需要继承并发扬马克思的"人的自由全面发展"的教育理念，也需要以"两个结合"重要论断为遵循，熔铸古今中西的美育传统和美育资源，共同为今天的美育所用，才能不断开创有中国特色的美育新篇章。

3.2　中西方教育的美育转向

源自西方的现代美育，本身缘起于批判和扬弃资本主义对人的异化，而张扬感性的、情感的、人的教育。西方教育的这种美育转向，不仅在西方社会形成了人本主义的美育潮流，也与中国固有的以人为本的美育传统形成合流之势，为我们今天熔铸古今中西的美育传统提供了可能性。

3.2.1　西方教育的美育转向

20 世纪以来，西方的经济社会变动剧烈，逐渐由工业文明进入后工业文明，由工业社会进入信息社会。在这一嬗变过程中，西方文化也由一元走到多元，呈现出更多后现代社会的特征。与之相应，西方教育也出现了专才与通才、智商与情商、科技与人文等理念之争，美育不仅成为贯穿其间的重要元素，其自身价值也日益凸显。

1. "通识教育"与美育

大学到底应该培养"自由人"还是培养"专业人"？是实行"通才教育"还是"专才教育"？在很长一段时间里，这是西方现代教育界争论不休的话题。"专才教育"是随着西方工业革命的愈演愈烈而成为主流的，但第二次世界大战的恶果让人反思：为什么现代大学体制先进、科学知识领先的德国，会成为纳粹主义滋生的温床？高速发展的科技带给人类的究竟是福是祸？

通识教育观念正是在这种形势下，得到了有识之士的重视和呼吁。1945 年，时任哈佛大学校长科南特主持推出的《自由社会中的通识教育》（俗称《通识教育红皮书》），指出通识教育的中心难题是自由与人道传统的延续，而纯粹的资讯、知识和专业能力，不足以提供一个自由民族公民充分的教育背景。因为这样的课程未能触及人作为一个个体的情感经验，通识教育必须建立在一个共同的西方文化传统基础上，这就是对人的尊严信念及对同类之责任的承担。

这一传统基础是指起源于古希腊亚里士多德的"自由教育"。这一教育理念以追求心智解放与德性完善为宗旨，是为了培养具有广博知识的"有自由教养的人"。因此，自由教育实际上是一种古典形态的人文教育，其内容在古代包括语法、逻辑学、修辞学、算术、几何、天文、音乐等"七艺"。在现代，随着社会的发展，其教学内容也有新的变化与调整，但美育及与之有关的艺术都是不变的要素。

进入 21 世纪后，高等教育在人文与实用、通才与专才、教学与科研的两极中经历着新一轮博弈。曾担任哈佛大学本科学院院长的哈里·R.路易斯（Harry R. Lewb）在《没有灵魂的卓越》一书中，批判现代综合型研究大学的教师越来越倾向于尖端科研，教学与学生的成长却变得无关紧要[①]。在路易斯等教育学家看来，只有人文精神

---

① 梁美仪. 从自由教育到通识教育 [J]. 大学通识，2008（4）：70-71.

与人文教育才是高校的灵魂所在，否则高校就会成为"无魂的大学"。在这样的形势下，哈佛大学开始了新的一轮教育改革，并于2004年4月出台了《哈佛学院课程评估报告》。报告阐述了这次评估的原则："我们所处的时代日益专业化、日益职业化而且日益碎片化，不但高等教育是这样，整个社会也是如此。正是在这种情形下，我们重申我们对于处理科学中博雅教育的承诺。我们旨在向学生们提供知识、技能以及心灵的各种习惯，使他们能够进行终生学习并适应于无时无刻不在变化的环境。我们试图将学生培养为独立、博学、严格而富有创造性的思想者，使他们具备社会责任感，以便于他们能够在全国乃至全球共同体中引导富有成果的生活。"[①]

由此可见，这个评估报告着重强调的是在新世纪与新的形势下进一步坚持"通识教育"中"自由教育"与"人文教育"的承诺。通识教育张扬"自由教育"的人文内涵，这使作为人文教育集中体现的美育成为其不可缺少的组成部分。

2."情商教育"与美育

美国行为与脑科学专家丹尼尔·戈尔曼（Daniel Goleman）在其1995年出版的专著《情感智商》中提出了情商（Emotional Quotient，EQ）理论，这既是对传统的以智商（Intelligence Quotient，IQ）作为评价手段的教育理论与模式的突破，也在突出情感教育方面具有开创意义。正如戈尔曼在1997年7月的《致简体中文版读者》中所说，他是基于一种对人类命运特别是青年一代的深切关怀而写作本书的："写此书是深感美国社会危机四伏，暴力犯罪、自杀、抑郁以及其他情感问题急剧增多，尤以青少年为甚。依

我看来，我们只有积极致力于培养和提高自身及下一代的情感智商与社会能力，才能措置这一严峻的局面。"[②]

正是基于以上的认识，戈尔曼致力于情商与情感教育的研究。他坚信只有坚持情感教育，才可能培养健康健全的下一代。他还针对已到来的知识经济时代的特点，认为未来劳动者中将有相当大的比例是"知识人"，他们凭借现代通信手段沟通的群体式工作方式更要求他们具有很高的融洽协调的情商。就此而言，情商特别是集体的情感智商的提高会进一步发挥智力资本的重大作用，是生死攸关的企业竞争力所在。

那么，情商的内涵是什么呢？戈尔曼认为，"情感智商包含了自制、热忱、坚持以及自我驱动、自我鞭策的能力"[③]，显然这是一种受到理性制约的情感，是理性与感性的一种平衡器。他将情商概括为五个方面：了解自我、管理自我、自我激励、识别他人情绪（移情）、处理人际关系。

关于情商与智商之间的关系，戈尔曼认为两者之间相对独立、不能互相取代，但也并不矛盾对立。他认为，智商至多只能解释成功因素的20%，其余80%则归于其他因素。而这80%的其他因素中的最关键的因素就是情感智商。为此，戈尔曼还列举了一个十分著名的"糖果试验"的例子。

美国心理学家沃尔特·米切尔（Walter Mischel，1930—）从20世纪60年代开始进行了一项实验。他告诉一组四岁的孩子，有一些果

① 程相占.哈佛访学对话录[M].北京：商务印书馆，2011：177.

② ［美］丹尼尔·戈尔曼.情感智商·致简体中文版读者[M].耿文秀，查波，译.上海：上海科学出版社，1997：132.

③ ［美］丹尼尔·戈尔曼.情感智商·致简体中文版读者[M].耿文秀，查波，译.上海：上海科学出版社，1997：252.

汁软糖可以分给他们吃，但实验员要出去办事，20 分钟后才能回来，如果坚持到实验员办完事回来就可以得到两块果汁软糖吃；如果等不到那么就只能吃一块，而且马上就可以得到。这对一个四岁的小孩来说的确是一种考验，是一种冲动与克制、自我与本我、欲望与自我控制、即刻满足与延迟满足之间的斗争。

在实验中，有一部分孩子能够熬过那似乎没完没了的 20 分钟，一直等到实验员回来。有些抵制不了诱惑的孩子几乎在实验员走出去的一瞬间，就立刻去抓取并享用那一块糖了。通过跟踪研究，大约在十二至十四年以后，这些孩子进入青春期时在情感和社交方面的差异便显露出来。那些在四岁即能抵制糖果诱惑的孩子长大后有较强的社会竞争力、较高的效率、较强的自信心，能更好地应对生活中的挫折，在压力下不轻易崩溃，面对困难能勇敢地迎接挑战。而那些经不住诱惑的孩子中有 1 / 3 左右的人出现相对较多的心理问题，在社会中羞怯退缩，固执且优柔寡断，一遇挫折就心烦意乱，缺乏自信，疑心重而不知足，而且好妒忌、爱猜忌、脾气易烦，动辄与人争吵、斗殴。可见，情商在很大程度上是一种决定人生是否成功的能力。正如戈尔曼在《致简体中文版读者》中所说："通往幸福与成功的捷径在哪里？我们如何才能帮助下一代过上幸福安定的生活？决定一个人成为社会栋梁或庸碌之辈的关键因素是什么……所有这些问题的答案都与一个至关重要的因素有关，那就是人们自我管理和调节人际关系能力的大小，亦即情感智商的高低。"

戈尔曼的情商与情感教育理论，涉及后工业时代一个带有普遍性的问题——情感危机及与此有关的众多社会问题，是他为疗治人类的情感疾患而开出的一剂药方。这一理论试图突破传统的"智育第一"与"应试教育"窠臼，对素质教育和美育都有着重要的意义。审美教育可以从前者中吸收许多重要的理论与方法，如情商理论对人类脑活动生理机制研究的突破和其科学实验的方法，都值得美育工作者加以学习和借鉴。

3. 人文教育与美育

除了通识教育、情商教育带来的对美育的重视，近代西方教育中关于科技与人文的辩证，也同样凸显了美育的价值。虽然在今天看来，美育属于一种边缘交叉学科，但其底色却是人文学科，它和其他人文学科一样，也是以"人文主义""人的价值""人的精神"为研究对象。正如叶朗所说，"美育属于人文教育，它的目标是发展完满的人性。"[①]

现代美育思想在西方社会的兴起，是与资本主义的发展相伴而生的，目的是从封建专制中将"人"解放出来。在其发展过程中，美育也对资本主义尤其是近代工业化带来的人的异化提供了反思和应对机制，对科技主义之下的工具理性进行批判，始终张扬人性人情的价值理性。因此，美育的宗旨始终是人的解放、人的启蒙，是高扬人文主义精神的。[②]

"现代艺术之父"塞尚（Paul Cezanne，1839—1906）的画作，传递出的正是这样的人文精神（图 3-3）。塞尚有一句名言，"不离开感觉捕捉真实"，在绘画中，他调动所有感官来感受事物，然后用色彩表现出来。这和中国古代画论家宗炳（375 — 443）所说的"圣人含道应物，

---

① 叶朗. 美学原理 [M]. 北京：北京大学出版社，2009：402.

② 曾繁仁. 美育十五讲 [M]. 北京：北京大学出版社，2012：36-42.

贤者澄怀味象"异曲同工。画者在笔墨中寄寓了深厚的人文内涵，观画的人也需要从人文、人性的角度欣赏，才能真正体会其中好处。

图 3-3　莫奈《日出印象》，巴黎玛摩丹莫奈美术馆

3.2.2　中国教育的美育转向

当代中国面临"百年未有之大变局"，高等教育也面临着新的时代要求和挑战。如何继承和发扬传统教育中的优良传统，同时创新求变追求高质量发展，也是中国教育面临的时代性命题。

1. 古代的人文教育传统

中国古人注重"人文化成"，也形成了源远流长的美育传统。和西方以"天人相分"为哲学基础不同，中国的美学美育传统体现为"中和论"，注重"天人相和"。这一点集中反映在《周易》之中，《周易·乾文言》："夫大人者，与天地合其德，与日月合其明，与四时合其序，与鬼神合其吉凶"[1]，说明中国古人自觉地追求顺应天地、日月与四时的变化规律，以做到"奉天时"，也就是天人合一。以这种天人合一的思想为基础，中国古代特别注重礼乐教化，乐教和诗教。

（1）礼乐教化

礼乐教化是中国悠久的文化传统。考古发掘显示，在新石器时代我国就已经有了完备的乐器——七音孔笛。我国最早的文化典籍《尚书·舜典》已经提出乐教的主张："帝曰：夔！命汝典乐，教胄子，直而温，宽而栗，刚而无虐，简而无傲。"[2]并设立专门的乐官教导年轻人，使他们通过音乐教育形成正直而温和、宽大而坚毅、刚强而不粗暴、简约而不傲慢的人格。正是在这种人文教育的基础上，中国古代逐步形成了规范一个人在社会活动、政治活动、祭祀活动中的一套"礼"的规范，并与"乐"相辅相成，成为系统而完备的礼乐教化。

中国古代礼乐教化的水平通过古代乐器可见一斑。1998 年湖北随县出土了 65 件曾侯乙编钟，这是二千四百多年前曾国国君使用的乐器，组合齐全，音域宽广，音乐性能良好，铸造技术高超，被称为"稀世珍宝"（图 3-4）。

在历史上，礼乐教化经过了多次演变。远古的三皇五帝时代，礼乐文化已有雏形。西周建国之初，周公"制礼作乐"，礼乐教化进入体系化、制度化阶段。春秋时期"礼坏乐崩"，以孔子为代表的儒家学派"克己复礼"，整理形成了《诗经》《礼记》《乐记》等与礼乐教化有关的理论著作。汉代"罢黜百家，独尊儒术"，礼与乐开始分家，更注重礼教，逐渐与三从四德等紧密结合，变异为封建统治的工具。

时至今日，礼教的封建性内容早已不合时宜。但"礼仪三百，威仪三千"的礼仪文化，不仅是中华民族礼仪之邦的象征，其中很多事关个人礼貌、礼仪、礼节修养的内容，仍是我们今天

---

① 殷旵主编. 易经 [M]. 北京：当代世界出版社，2007：7-8.

② 殷旵主编. 尚书 [M]. 北京：当代世界出版社，2007：10.

图 3-4 出土于湖北随州的中国古代乐器——编钟

图 3-5 杨柳青木版年画《十不闲》，杨柳青年画博物馆藏

接受美育时重要的文化资源。

（2）乐教

在相辅相成的礼乐教化之外，乐教的独立性价值也值得我们注重。《礼记·经解》记载了孔子对乐教的界定："广博易良，乐教也"，并说"广博易良则不奢"是深于乐的表现[1]，可见乐教具有教化人民和培育人格修养的功能，倡导博学、通识、平易、良善，反对奢靡无禁。

《礼记·乐记》还对音乐和政治的关系有着系统的阐述："治世之音安以乐，其政和；乱世之音怨以怒，其政乖。亡国之音哀以思，其民困。声音之道与政通矣……是故审声以知音，审音以知乐，审乐以知政。[2]"古人认为，音乐反映人民的感情和心声，而人民的心情则反映着政治的得失，所以要通过音乐来观察政治的得失，这在中国古代很多艺术形式中都得到体现（图 3-5）。

正因为如此，古人认为乐教有移风易俗的作用，要从对人民教育的层面看待音乐的价值。如《礼记·乐记》所说，先王制乐目的不是让人们极口腹之欲，而是教育和引导人民"返人道

之正"，并提出音乐是区别人与禽兽、君子与小人的重要标准，所谓"知声而不知音者，禽兽是也；知音而不知，众庶是也。唯君子为能知乐"。[3]

这种把音乐价值提升到人禽之辨、君子与小人之别的高度看待，固然有其时代性因素，但其中贯穿的引导人向善、向美的价值不容小看。而且随着时代的发展，乐教也越来越从外部的教化内化为古代文人雅士内在的修养。在魏晋时代，以古琴为代表的音乐素养几乎成了名士的标配。一个极致的例子是陶渊明，据说他不解音律，家中却常备一架无弦琴，每当和朋友喝酒聚会到高兴处就作抚琴状，并且说："但识琴中趣，何劳弦上声。"魏晋名士、"竹林七贤"之一的嵇康，也是音乐素养极高之人，他在诗中写自己"目送归鸿，手挥五弦"[4] 的意态，很是潇洒。后来嵇康得罪了晋代统治者，临刑赴死之际，他神色不变，弹奏了一曲《广陵散》并感慨地说："广陵

① 殷旵主编. 礼记 [M]. 北京：当代世界出版社，2007：364.

② 殷旵主编. 礼记 [M]. 北京：当代世界出版社，2007：267.

③ 殷旵主编. 礼记 [M]. 北京：当代世界出版社，2007：278.

④ 张启成，等译注. 文选第三册 [M]. 北京：中华书局，2019：1582.

散于今绝矣”。[①] 这句话也极富象征意味，成为美好事物不再的隐喻。

总之，音乐修养成为古人君子修养的重要组成，琴往往代表着一个人高洁的情操，琴声雅韵也传递着一个人独特的心志。《列子 · 汤问》记载了伯牙和钟子期的故事：伯牙善于鼓琴，钟子期善于闻弦歌而知雅意。有一次伯牙弹了一曲，想表现的是高山，钟子期听了说：“善哉！峨峨兮若泰山”伯牙又弹了一曲，想表现的是流水，钟子期听了说：“善哉！洋洋兮若江河。”后世便以“高山流水有知音”来比喻朋友间有共同的爱好、修养和价值观。可见，在美育中，音乐是何等重要！

（3）诗教

中国是诗歌的国度，诗教也作用至巨，孔子是最有力的倡导者。《礼记 · 经解》篇中，孔子对诗教的总结是“温柔敦厚，诗教也”[②]，认为诗的教育有助于人们形成温柔宽厚、委婉含蓄的人格修养。关于诗教的价值，孔子在《论语 · 阳货》中有一段精彩的论述：“小子何莫学夫《诗》?《诗》，可以兴，可以观，可以群，可以怨。迩之事父，远之事君；多识于鸟兽草木之名。”[③] 这就是著名的“兴观群怨”之说，试析而论之。

所谓兴，即兴起、比喻，指诗歌通过所咏之物表达诗人的心志和情感。孔子认为，“不学诗，无以言”，学好诗是辞令表达的基础。在他生活的时代，诗歌已经成为“士”阶层的普及性教育，如果一个人所受的诗教不够，对诗歌之兴，即所言之志缺乏了解，在政治、外交等场合就会出问题。《左传 · 昭公十二年》就记载，鲁昭公十二年夏，宋国的大夫华定到鲁国修好，鲁国在欢迎宴会上演奏了一曲《蓼萧》，对两国关系表达美好祝愿，但华定不懂这首诗的意思，就没有赋诗回应。鲁昭公于是评价说：“这个人一定会失败，因为美好的祝词他不领会、崇信的光荣他不宣扬、美好的品德他不知道、共同的福分他不接受，这样的人凭什么窃居高位？”[④] 果然八年后，华定从宋国逃亡。

所谓观，即通过诗歌观察民情风俗与政治状态。这一点在中国古代也备受重视，并成为一种“采诗观风”的制度，《礼记 · 王制》就记载“天子五年一巡狩……命太师陈诗以观民风”[⑤]。《礼记 · 孔子闲居》还记载孔子在和学生子夏的对话中提出了“五至”的概念，认为“志之所志至，《诗》亦至焉；《诗》之所至，礼亦至焉；礼之所至，乐亦至焉；乐之所至，哀亦至焉，哀乐相生”[⑥]，将诗、礼、乐之间的关系说得很清楚。

所谓群，是士人之间借诗以沟通达到相互了解友好之意。“诗可以群”是很值得注意的传统，南朝梁昭明太子萧统编选《文选》，诗歌分甲乙丙丁戊己庚七部分，其中甲部的两类之一就是“公燕”“祖践”等文酒之会、送往迎来的应酬类诗歌。从唐代开始，饮宴酬唱等文人诗酒之会成为常态，诗歌成为文人之间社会交往的媒介，大

① 刘义庆 . 世说新语详解 [M]. 陈美锦，编译 . 北京：中国华侨出版社，2014：86.

② 殷旵主编 . 礼记 [M]. 北京：当代世界出版社，2007：364.

③ 思履主编 . 论语彩图全解详注 [M]. 北京：中国华侨出版社，2012：251.

④ 殷旵主编 . 春秋左传 [M]. 北京：当代世界出版社，2007：88.

⑤ 殷旵主编 . 礼记 [M]. 北京：当代世界出版社，2007：581.

⑥ 殷旵主编 . 礼记 [M]. 北京：当代世界出版社，2007：378.

量应酬诗也成为反映中国古代文人群体社会和精神面貌的一面镜子。①

所谓怨，是借助诗歌怨刺不平，揭露现实中存在的一些问题，对统治阶层提出一定批评和劝诫。在中国历史上，很多诗人在这方面留下了名篇佳作。如诗圣杜甫的"三吏三别"，分别为《新安吏》《石壕吏》《潼关吏》《新婚别》《无家别》《垂老别》，写出了民间疾苦，揭露了战争给人民带来的困苦。再如白居易的《长恨歌》描写了唐玄宗和杨贵妃的爱情，对由此导致的荒政乱国和安史之乱也有所讽喻。

中国是诗歌的国度，从《诗经》《楚辞》到后世蔚为壮观的唐诗、宋词、元曲，都属于广义的诗的范畴。顾随认为中国学问的最高境界是"士君子"，士君子的标准是"温柔敦厚""发而皆中节"，有着情感与理智调和的情操，而这正是中国古典诗教的作用和价值所在。②叶嘉莹也认为，中国古典诗词凝聚了"中华文化的理念、志趣、气度、神韵，是我们民族的血脉、中华儿女的精神家园"，我们学习诗词、诵读诗词就是要"体会一颗颗诗心，与古人生命、情感发生碰撞，进而提升自己当下修为"③。足见，中国古典诗词曲赋在美育中具有独到的价值。而且中国文化注重诗情画意，如《诗经》等也是后世书法、绘画等艺术不断表现的内容，为我们留下了丰富的美育资源（图 3-6）。

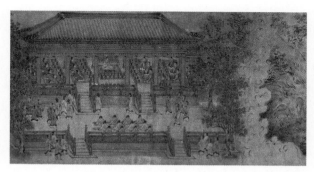

图 3-6 马和之《诗经图·鹿鸣之什》（局部），北京故宫博物院藏

综上，中国古代的礼乐教化、乐教、诗教等具有深厚的人文精神积淀，其中传递的中和之美、文质彬彬、情感与理智调和等理念仍是我们今天开展美育的重要传统。

2. 近代的美育倡导

我国近代学者蔡元培、王国维、梁启超、鲁迅等对美育的提倡，甚至如蔡元培提出"以美育代宗教"，正是一方面看到了中国本土教育传统中积淀深厚的礼乐教化、乐教、诗教等人文传统；另一方面，认识到来自西方的现代美育思想的价值。这一方面的介绍前面已很充分，此处不再赘述。

应该看到，近代对美育的提倡虽然反响一时，中间因各种因素而未能继续，其思考理论却为我们今天推进中西美育的合流提供了基础和契机。

3. 当代的新文科建设

大学美育在当下的发展，还面临着国家新文科建设的历史性契机。近一百年来，我国的高等教育体系移植的是欧美、苏联的高等教育模式，注重学科和专业细分，这在历史上推动了高等教育的快速发展，也为支持我国不同时期的经济社会发展做出了巨大贡献，培养了学有专精的各类人才。

---

① 龚鹏程. 文人阶层史话 [M]. 北京：商务印书馆，2023：419-433.
② 顾随. 中国经典原境界 [M]. 叶嘉莹，笔记. 顾之京，高献红，整理. 北京：北京大学出版社，2023：11.
③ 程千帆. 唐诗的历程 [M]. 张伯伟，编选，导读. 北京：生活·读书·新知三联书店，2021：1-2.

当下，中国特色社会主义进入新时代，迎来近代以来最好的发展时期，中华民族正迎来伟大复兴。新时代也为高等教育提出了新要求。习近平总书记指出："高等教育发展水平是一个国家发展水平和发展潜力的重要标志。""我们对高等教育的需要比以往任何时候都更加迫切，对科学知识和卓越人才的渴求比以往任何时候都更加强烈。"①

习近平总书记在哲学社会科学工作座谈会上指出："哲学社会科学是人们认识世界、改造世界的重要工具，是推动历史发展和社会进步的重要力量，其发展水平反映了一个民族的思维能力、精神品格、文明素质，体现了一个国家的综合国力和国际竞争力。"②

为落实习近平总书记的指示精神，教育部提出大力发展新文科，构建以育人育才为中心的哲学社会科学发展新格局，加快培养新时代文科人才，全面提升国家文化软实力。③新文科建设被置于国家提升综合国力、坚定文化自信、培养时代新人、建设高等教育强国的高度进行整体规划和布局，这也为大学美育的开展提供了前所未有的时代机遇。大学美育也将作为德智体美劳五育之一，在人才培养模式的创新中发挥更大作用。

---

① 吴晶，胡浩．习近平在全国高校思想政治工作会议上强调 把思想政治工作贯穿教育教学全过程开创我国高等教育事业发展新局面 [J].2016（24）：5-7.

② 习近平．在哲学社会科学工作座谈会上的讲话（全文）[N]．人民网，2016-5-18，http://politics.people.com.cn/n1/2016/0518/c1024-28361421.html.

③ 全国新文科教育研究中心．新文科建设年度发展报告（2020）[M]．济南：山东大学出版社，2021.

3.3　人——诗意的栖居

在古希腊神话中，有一个有名的谜语："什么动物早上用四条腿走路，中午用两条腿走路，晚上用三条腿走路？"答案是人。这个谜语揭示了人一生的秘密：人生是一个变动不安的过程，在不同的生理阶段有不同的特征，也有不同的人生追求。那么，人的一生该如何度过呢？这是无数人在现实中思考的问题，也是无数文学家、艺术家在作品中追问的命题。

自古以来，一代代的人们都在追求人生的终极意义。作为儒家美学的倡导者和实践者，孔子和他的学生们给出了自己的回答。首先在关于物质和精神的追求上，孔子认为"素富贵行乎富贵，素贫贱行乎贫贱"，富贵和贫贱不是问题的关键，关键在于能够以一种超越的精神来对待人生，才能保持内心的平和与幸福。在人生价值取向的追求上，《论语·先进》篇记载了孔子和学生们的一次有名的对话。

孔子让子路、曾皙、冉有和公西华各言其志。子路、冉有和公西华都是从事功的角度说的，孔子对他们的说法各有评论。最后发言的是曾皙，别人说时，他一直在鼓瑟。等到孔子问他"点，尔何如"时，他才好整以暇地放慢了鼓瑟的节奏，最后还很潇洒地"铿尔"一下来了个重音，说："我和他们三人不一样。"孔子说，不过各言其志罢了，但说无妨。曾皙于是说："莫春者，春服既成，冠者五六人，童子六七人，浴乎沂，风乎舞雩，咏而归。"（暮春三月，换上春装，和五六位成年人，再带着六七个孩子，到沂河里洗个澡，在舞雩台上吹吹风，然后一起唱着歌回来。）孔子听了后长叹一声："吾与点也。"（我赞同你的主张。）①

很显然，孔子和曾皙这种人生理想，是从个体自身的生命体验出发，既关注自己的感性愉悦，又注重情感的艺术表达，还强调审美与人生的圆融汇通。这是一种"诗化生存"的理想，也是一种以审美态度观照生活、将日常生活审美化的道路。孔子和他的学生在日常生活中有很多这样的对话，正是在日常生活中，他们才探讨人生的意义和价值。这可以说是最有意义也有意思的美育形式了。对孔子师徒这种弦歌论道，后世的人们充满向往，并通过艺术创作不断予以表现（图 3-7）。

和儒家注重现实人生相比，道家文化更注重对生命终极意义的思考。庄子在其《逍遥游》中，就提出了一种"无己""无功""无名"的人生追求，人生意义无待于外，全凭自己把握。在《逍遥游》中庄子的朋友惠子说，他有一棵大树，树的主干臃肿而不中绳墨，树的小枝卷曲而不中规矩，把它立到路边，匠人们看了都不屑一顾。庄子于是发了一通高论："今子有大树，患其无用，何不树之于无何有之乡，广莫之野，彷徨乎无为其侧，逍遥乎寝卧其下。不夭斤斧，物无害者，无所可用，安所困苦哉。"②在庄子看来，"无用"方为"大用"，一个人应该注重内在的生命

图 3-7　仇远《孔子圣迹图》之一，中国国家博物馆藏

价值，巧用"无用之用"来实现自我价值，才能达到一种逍遥游的自由境界。

在中国历史上，文人墨客也大多像孔子、庄子一样，超越于物质层面的追求，追求一种审美的人生。这种审美的心态并不排斥功利，因为物质始终都是社会生活的基础，人们对生活中物质的追求往往也可是审美的，显示出一种超越的精神。例如，晋代诗人陶渊明，不为五斗米折腰，选择了弃官归隐，过着躬耕自给的贫苦生活，这是一种对精神自由的自我选择！正如他在《归去来兮辞》中所言："归去来兮，田园将芜胡不归？既自以心为形役，奚惆怅而独悲？悟已往之不谏，知来者之可追。实迷途其未远，觉今是而昨非。舟遥遥以轻飏，风飘飘而吹衣。问征夫以前路，恨晨光之熹微。"③

① 思履主编．论语彩图全解详注 [M]．北京：中国华侨出版社，2012：176.

② 任思源主编．庄子彩图全解详注 [M]．北京：中国华侨出版社，2012：12.

③ 张启成，等译注．文选．第五册 [M]．北京：中华书局，2019：3172.

陶渊明式的"归去来兮"，正是中国传统文人的一种生活境界和精神追求。即使物质生活并不丰富，他们对于美的感悟和追求，却并不会因为生活的困顿而降低。陶渊明树立的这种人格典范和人生趣向，为后世中国文人所广泛接受，并通过诗歌、书法、绘画等形式不断予以书写和表现（图3-8）。

大诗人杜甫一生蹉跎贫困、漂泊不定，诗集中却不乏像"吴楚东南坼，乾坤日夜浮"这种大气磅礴的壮美，也不乏像"留连戏蝶时时舞，自在娇莺恰恰啼"这种对于眼前美景的生动捕捉。唐代大诗人李白一生壮游天下，有着"千金散尽还复来"的豪放，他的诗歌书写的是一种旷达的胸怀："夫天地者，万物之逆旅也；光阴者，百代之过客也。而浮生若梦，为欢几何？古人秉烛夜游，良有以也。况阳春召我以烟景，大块假我以文章。"李白、杜甫等大诗人诗意生存的人生

态度深远影响后世，带给人们以无尽的启迪和思考（图3-9）。

这种审美的人生态度，往往让人超越现实的苦难，实现精神的自由和人生境界的升华。苏轼一生仕途坎坷，数遭贬谪，甚至流放到当时荒蛮的岭南等地。然而，当我们读到他在贬谪之所写出的"日啖荔枝三百颗，不辞长作岭南人"这样的豪放诗词，看到他泛舟赤壁之下（图3-10）、神游九天之外这样的旷达态度，怎么不会为这样的人生境界、这种一路诗情的审美人生态度而由衷敬佩呢？

人生充满了各种挑战甚至劳苦，但一旦选择诗意地栖居，就会超越物质和功利的局限，实现人生境界的提升和个人身心的安顿。当然，每个人的人生追求不一样，其审美体验也千差万别，有人选择柔美，有人选择优美，也有不少人选择英雄式的壮美。三国时代的文学家、政治家曹操

图3-8　李公麟《渊明归隐图》（局部），华盛顿弗利尔美术馆藏

在其吞吐日月的诗篇中，就表达了这样的追求："山不厌高，海不厌深。周公吐哺，天下归心"[①]，充满着建功立业的豪情壮志。

苏联作家奥斯特洛夫斯基一生奉献给革命事业，最后双目失明仍不改其志。他在《钢铁是怎样炼成的》中这样写道，"人最宝贵的是生命，生命于每个人只有一次，人的一生应该这样度过：当回忆往事的时候，他不会因为虚度年华而悔恨，也不会因为碌碌无为而羞愧；在临死的时候，他能够说：'我的整个生命和全部精力，都已经献给了世界上最壮丽的事业——为人的解放而斗争。'"

无论选择优美还是壮美，都是对人生意义的超越性思考和选择，向我们诠释了这种追真求善的人生是何其壮丽，何等美不胜收。

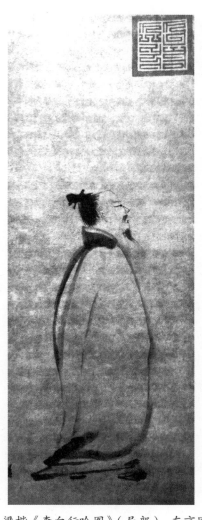

图 3-9　梁楷《李白行吟图》（局部），东京国立博物馆藏

---

① 张启成，等译注. 文选. 第三册 [M]. 北京：中华书局，2019：1839.

图 3-10　赵孟頫《赤壁赋》（局部），台北故宫博物院藏

本章小结

关于美育的探讨，本身指向的是人，是为了培养和形成人的完美人格。这一点，在一些重要哲学家、美学家、美育家那里有着权威的论述。

美学之父鲍姆嘉通认为美育并非一种知识教育，而是一种感性教育。它并非美学家和艺术家少数人之事，而是与我们每个人相关。

美育之父席勒把美育定为情感教育，并将其目标指向人性的自由解放与发展。这一理念昭示我们，每个人都配得上优美、崇高、自由和幸福，追求人的审美化生存，始终是人类悬鹄在前的目标。

马克思提出"人也按照美的规律来建造"的著名论断，其实质就是对人的审美教育。而人的教育的最终目标，在马克思看来是"实现人的自由全面发展"。

源自西方的现代美育，本身缘起于批判和扬弃资本主义对人的异化，而张扬感性的、情感的、人的教育。西方美学的这种美育转向，不仅在西方社会形成了人本主义的美育潮流，也与中国固有的以人为本的美育传统形成合流之势，为我们今天熔铸古今中西的美育传统提供了可能性。

自古以来，一代代人都在追求人生的终极意义，超越于物质层面的追求，追求一种审美的人生。无论选择优美还是壮美，都是对人生意义的超越性思考和选择，向我们诠释了这种追真求善的人生是何其壮丽和美好。

本章参考文献与深度阅读

1. 叶朗 . 美学原理 [M]. 北京：北京大学出版社，2009.

2. 曾繁仁 . 美育十五讲 [M]. 北京：北京大学出版社，2012.

3. 凌继尧 . 美学十五讲 [M]. 北京：北京大学出版社，2021.

思考题

1. 席勒的美育观是什么？

2. 马克思的美育观是什么？

3. 中西美育传统有何不同？

4. 结合个人体会，谈谈如何实现"诗意的栖居"。

【拓展阅读一】

《青春》

[德] 塞缪尔·厄尔曼

青春不是年华，而是心境；青春不是桃面、丹唇、柔膝，而是深沉的意志、恢宏的想象、炽热的感情；青春是生命的深泉涌流。

青春气贯长虹，勇锐盖过怯弱，进取压倒苟安。如此锐气，二十后生有之，六旬男子则更多见。年岁有加，并非垂老；理想丢弃，方堕暮年。

岁月悠悠，衰微只及肌肤；热忱抛却，颓唐必致灵魂。忧烦、惶恐、丧失自信，定使心灵扭曲，意气如灰。

无论年届花甲，抑或二八芳龄，心中皆有生命之欢乐，奇迹之诱惑，孩童般天真久盛不衰。人的心灵应如浩渺瀚海，只有不断接纳美好、希望、欢乐、勇气和力量的百川，才能青春永驻、风华长存。

一旦心海枯竭，锐气便被冰雪覆盖，玩世不恭、自暴自弃油然而生，即使年方二十，实已垂垂老矣；然则只要虚怀若谷，让喜悦、达观、仁爱充盈其间，你就有望在八十高龄告别尘寰时仍觉年轻。

【拓展阅读二】

青春（节选）

李大钊

"……青年锐进之子，尘尘刹刹，立于旋转簸扬循环无端之大洪流中，宜有江流不转之精神，屹然独立之气魄，冲荡其潮流，抵拒其势力，以其不变应其变，以其同操其异，以其周执其易，以其无持其有，以其绝对统其相对，以其空驭其色，以其平等律其差别，故能以宇宙之生涯为自我之生涯，以宇宙之青春为自我之青春。宇宙无尽，即青春无尽，即自我无尽。此之精神，即生死肉骨，回天再造之精神也。此之气魄，即慷慨悲壮、拔山盖世之气魄也。惟真知爱青春者，乃能识宇宙有无尽之青春。惟真能识宇宙有无尽之青春者，乃能具此种精神与气魄。惟真有此种精神与气魄者，乃能永享宇宙无尽之青春……"

"青年之自觉，一在冲决过去历史之网罗，破坏陈腐学说之囹圄，勿令僵尸枯骨，束缚现在活泼泼地之我，进而纵现在青春之我，扑杀过去青春之我，促今日青春之我，禅让明日青春之我。一在脱绝浮世虚伪之机械生活，以特立独行之我，立于行健不息之大机轴。"

"青年循蹈乎此，本其理性，加以努力，进前而勿顾后，背黑暗而向光明，为世界进文明，为人类造幸福，以青春之我，创建青春之家庭，青春之国家，青春之民族，青春之人类，青春之地球，青春之宇宙，资以乐其无涯之生……"

中　编

以美化人——大学美育的多维路径

第 4 章　自然中的美育

当你让自己的生活变得简单，宇宙的法则也会变得简单。生命并没有价值，除非你选择并赋予它价值。没有哪个地方有幸福，除非你为自己带来幸福。人的灵魂所必需的东西，不是用钱买来的。我们身体中的生命，就像河里的水。抛弃我们的偏见，是永远不会来不及的。

——梭罗

◎学习目标

通过本章学习，让学生了解和掌握以下内容：

1. 自然美。

2. 自然美育的方式。

3. 通过自然美育实现身心安顿。

人是社会性动物，却同样离不开大自然。自然是人类赖以繁衍生息的所在，如何面对自然并从自然中汲取美学要素，一直是美学研讨的重要议题，也是开展美育的重要途径。美学中的自然美概念，是见于自然之物而"呈于吾心"的审美意象。① 借助大自然开展美育就要研究自然、生态、环境中的美，并直面和反思现代文明发展所招致的诸多环境和社会问题。

美学意义上的自然美，泛指日月山川、鸟兽虫鱼等自然事物中蕴含的美。人类最早来自于大自然，大自然给了人类最早的美学经验，因此自然美是美学的最基础形式，甚至在一定程度上我们可以说：美学从自然中孕育而生。

4.1　到自然中去寻找美

在古希腊时期，哲学家们穷究的是美的本质问题，自然美还没有成为一种美学范畴。毕达哥拉斯学派以艺术品为主要研究对象，提出美是形体、声音、线条、色彩的和谐、对称和比例整齐，自然在艺术面前扮演着不起眼的角色。赫拉克利特（Heraclitus，约前 544—前 483 年）等哲学家讨论自然时认为万物有灵，也没有将自然进行审美对象化。在德国古典哲学时代，康德提出美与概念无涉，世间万物唯有自然物才是真正的无功利、无目的，而人工物都是有目的制造出来的产品，因此自然美较之艺术美具有优势。康德的名言："位我上者，灿烂星空；道德律令，在我心中"，在一定意义上就是这种思想的反映。

① 叶朗.美学原理[M].北京：北京大学出版社，2009：181.

与康德相反，黑格尔认为艺术美高于自然，"只有心灵才是真实的……自然美只是属于心灵的那种美的反映。"①这种将自然对象化于人类的观念，使人类有理由居高临下地对待自然、攫取自然，今日面临的"涸泽而渔"式的环境危机，与这样的观念不无关系。

相比西方而言，中国古人秉持"天人合一"的哲学观念，对自然给予了更多尊重。道家庄子认为"天地有大美而不言"②，将自然放到道的本体位置。儒家自孔子开始，将自然与人之道德修养建立关系："智者乐水，仁者乐山；智者动，仁者静；智者乐，仁者寿（《论语·雍也》）"③，这种将美与善相联系的看法影响深远，中国古人普遍强调人要学会欣赏自然美，并将自然作为艺术书写和赞美的对象。《文心雕龙·物色》中说："山林皋壤，实文思之奥府"。魏晋时期的艺术家投身自然之中，列坐咏诗，作歌相和，天地日月、山川神灵给酒兴、诗兴正浓的诗人、画家、书法家们以素材与想象。王羲之即兴而作《兰亭集序》："仰观宇宙之大，俯察品类之盛，所以游目骋怀，足以极视听之娱，信可乐也"，书文俱妙，空前绝后（图 4-1）。文人墨客寄情自然山水，既开拓了艺术的新天地，也从多个方面展示了自然美的无穷魅力。

图 4-1　赵孟頫临独孤本定武《兰亭序》（残本），东京国立博物馆藏

4.1.1　天时节气之美

《易经·贲卦》："观乎天文，以察时变"④，中国古人对宇宙人生的思考，是基于他们"仰则观象于天，俯则观法于地"的观察所得。在观察天地万物的过程中，他们通过对一年四季、风雨阴晴、晦朔明暗诸般变化的观察，形成了独特的时间美学。这种时间美学，就集中体现在四时之美、节气之美和节日之美上。

1. 四时之美

如《礼记·孔子闲居》所说："天有四时，春秋冬夏，风雨霜露，无非教也。"⑤一年三百六十五天，分为春、夏、秋、冬四季。四季轮转，本属于自然现象，但古人认为其中诸般变化都是天地带给人们的无言之教。

中国古人认为，人应该效法天地日月的法则，遵从春、夏、秋、冬四季的变化，与时偕行，才能成为一个大人君子。正如《易经·文言传》所说："夫大人者，与天地合其德，与日月

① ［德］黑格尔.美学（第 1 卷）[M].朱光潜，译.北京：商务印书馆，1997：5.

② 思履主编.论语彩图全解详注 [M].北京：中国华侨出版社，2012：95.

③ 任思源主编.庄子彩图全解详注 [M].北京：中国华侨出版社，2012：260.

④ 殷旵主编.易经 [M].北京：当代世界出版社，2007：52.

⑤ 殷旵主编.礼记 [M].北京：当代世界出版社，2007：380.

合其明，与四时合其序，与鬼神合其吉凶。"① 整部易经，从无极到太极、从太极到两仪、从两仪到四象、从四象到八卦、从八卦到六十四卦，直到具体的三百八十四爻，都在述说这种"与时偕行"的观念和现象，可以说是中国人独特的时间智慧、时间美学，其中贯穿的思想正是效法天地、道法自然。

这种四时之美在中国古代诗歌中有着集中的体现。钟嵘《诗品序》说："若乃春风春鸟，秋月秋蝉，夏云暑雨，冬月祁寒，斯四候之感诸诗者也。"古人对四时的变化特别敏感，并把自己的感动写成诗歌、形诸舞咏，形成了积淀深厚的"四季歌"。南朝乐府民歌《子夜四时歌》存诗 75 首，其中春歌 20 首、夏歌 18 首、秋歌 18 首、冬歌 17 首。春歌如"春林花多媚，春鸟意多哀。春风复多情，吹我罗裳开。"夏歌如"暑盛静无风，夏云薄暮起。携手密叶下，浮瓜沈朱李。"秋歌如"秋夜凉风起，天高星月明。兰房竞妆饰，绮帐待双情。"冬歌如"冬林叶落尽，逢春已复曜。葵藿生谷底，倾心不蒙照。"写四季之景如写意之画，状当季之物也当行本色，而托物起兴所抒发的情感则尽显人情之美。

后世诗人对《子夜四时歌》不乏仿写，如唐代大诗人李白就写有《子夜吴歌》四首，分写春夏秋冬，其中秋歌尤为脍炙人口："长安一片月，万户捣衣声。秋风吹不尽，总是玉关情。何日平胡虏，良人罢远征。"陶渊明也写有《四时》诗："春水满四泽，夏云多奇峰。秋月扬明晖，冬岭秀孤松。"春水、夏云、秋月、冬松，如同一幅四联屏的剪影画。

中国大部分地方四季分明，所以从古至今，

---

① 殷旵主编. 易经 [M]. 北京：当代世界出版社，2007：7-8.

中国人对四时之变化特别敏感，也形成了独特的四时之美。这种独特的四时之美，也让中国人的生活充满了诗情画意，如南宋僧人慧开的诗歌所言："春有百花秋有月，夏有凉风冬有雪。若无闲事挂心头，便是人间好时节。"

2. 节气之美

在四季之下，中国人又将一年分为从立春到大寒共二十四节气，节气之下每五天为一候又分为七十二节候。二十四节气是中华民族贡献给世界的文化遗产，它是中华民族几千年农耕文明的智慧结晶，里面有历法、有农事、有民俗、有丰富的人文内涵。中国是诗歌的国度，古人对一年四季、二十四节气的变化特别注重观察，也把自己的所见、所闻、所感、所悟写成诗歌，留下了美不胜收的名篇佳作。

如立春节气，古人认为这是正月节气，"于此而春木之气始至"，并伴随着"初候东风解冻，二候蛰虫始振，三候鱼陟负冰"等现象。古人咏立春的诗句众多，如唐代诗人罗隐的"一二三四五六七，万木生芽是今日"，唐代诗人白居易的"立春后五日，春态纷婀娜"，宋代词人朱淑真的"从此对花并对景，尽拘风月入诗怀"，宋代诗人白玉蟾的"从此阳春应有脚，百花富贵草精神"等，都刻画入微，写出了生机盎然的早春消息。古人绘画也留意于此，如北宋郭熙的《早春图》（图 4-2）。

如惊蛰节气，古人认为"万物出乎震，震为雷，故名惊蛰"，并伴随着"初候桃始华，二候仓庚鸣，三候鹰化为鸠"等万物生长的现象。古人咏惊蛰的诗句有：东晋诗人陶潜的"众蛰各潜骇，草木纵横舒"，唐代诗人韦应物的"微雨众卉新，一雷惊蛰始"，宋代诗人慧开的"青天白日一声雷，大地群生眼豁开"，清代诗人张维屏

图 4-2 郭熙《早春图》，台北故宫博物院藏

的"千红万紫安排著，只待新雷第一声"，都写出了这一声惊雷带来的节气变化。

如清明节气，古人认为"物至此时，皆以洁齐而清明矣"，并伴随着"初候桐始华，二候田鼠化为鴽，三候虹始见"等节候现象。古人咏清明的名句也有很多，如唐代诗人杜牧的"清明时节雨纷纷，路上行人欲断魂"，唐代诗人韩翃的"春城无处不飞花，寒食东风御柳斜"，宋代词人苏轼的"日出西山雨，无晴又有晴，乱山深处过清明"，宋代词人辛弃疾的"春事到清明，十分花柳，唤得笙歌劝君酒"，都写出了清明时节独特的天象、民俗和风物。

如谷雨节气，古人认为"盖谷以此时播种，自上而下也"，并伴随着"初候萍始生，二候鸣鸠拂其羽，三候戴胜降于桑"的物象变化。古人

咏谷雨的名篇佳作也有很多，如唐代诗人齐己的"春山谷雨前，并手摘芳烟"，唐代诗人王建的"妇姑相唤浴蚕去，闲着中庭栀子花"，宋代诗人范成大的"江国多寒农事晚，村北村南，谷雨才耕遍"，明代诗人唐寅的"谷雨花枝号鼠姑，戏拈彤管画成图"，清代诗人郑燮的"正好清明连谷雨，一杯香茗坐其间"，都写出了谷雨时节特色的农事、物产和人情之美。

3. 节日之美

除了四季和二十四节气外，中国还有很多富有文化内涵和民俗特质的节日。其中，最具代表性的自然是中国人阖家团圆的节日——春节。"爆竹声中一岁除，春风送暖入屠苏。千门万户曈曈日，总把新桃换旧符"，宋代诗人王安石的这首诗写出了春节放爆竹、贴年画、贴春联等习俗。此外，春节还有守岁、拜年、祭祖、走亲访友等一系列民俗事象。同类的节日还有中秋节、元宵节、重阳节等，每个节日都有着亲情团圆的内涵，传递着深厚的人情之美，同时也有鲜明的自然美内涵。像九月九日的重阳节，在亲情团圆之外还有登高习俗，唐代诗人王维写在重阳日的诗歌《九月九日忆山东兄弟》："独在异乡为异客，每逢佳节倍思亲。遥知兄弟登高处，遍插茱萸少一人"，就写出了远在异乡的游子思乡念亲的情感，千载之下读来依然让人为之感动。

还有些节日更与人们对自然的热爱相关，有着更多自然美的内涵。如花朝节，也叫花神节，俗称百花生日。这个节日由来已久，春秋时期的典籍已有记载，唐代时盛行全国，宋代确定每年农历二月十二日为节日。花朝吉日有祝神庙会、游春扑蝶、种花挑菜、晒种祈丰、制作花糕等民俗事象，文人雅士、年轻仕女往往邀三五知己，赏花踏青，饮酒作乐，并以诗文互相唱和。清代

剧作家孔尚任有竹枝词写花朝踏青："千里仙乡变醉乡，参差城阙掩斜阳。雕鞍绣辔争门入，带得红尘扑鼻香。"

与花朝节寻春踏青相类似的节日还有很多，如三月初三上巳日的"曲水流觞"，人们举行袚禊仪式之后，坐在河渠两旁，在上流放置酒杯，酒杯顺流而下，停在谁的面前，谁就取杯饮酒，以此攘除各种灾祸和不吉。著名的书法作品《兰亭序》，就是东晋书法家王羲之和朋友们举行"曲水流觞"活动时的即兴之作。

年复一年，四季轮转，四时、节气、节日在文人墨客的笔墨加持下，留下了生生不息的时光印记，也积淀了中国人独特的时间美学。岁时节日和节气中有着丰富的民俗仪式和文化内涵，这些文化内涵和民俗仪式都是中国古人时间美学的智慧结晶，需要我们在恢复和重构"我们的节日"时进行传承、扬弃和光大，以更好地建构和维系有秩序、有意义的文化共同体，推动中华民族走向伟大复兴。

4.1.2 地缘万物之美

中国人始终"天地人三才"并称，说完了"天之时"，我们再来看"地之气"。《礼记·孔子闲居》有讲："地载神气，神气风霆，风霆流行，庶物露生，无非教也"①，地之神气同样为古人所重视。古人天时、地气、人事并举，在二十四节气的阐述中就包含了这三方面的内容。如白露节气，古人认为这时的天时是"阴气渐重，露凝而白也"，并观察地气变化"初候鸿雁来，二候元鸟归，三候群鸟养羞"，而人当此时此地，便不由得如唐代诗人杜甫有"露从今夜白，月是故乡

---

① 殷旵主编.礼记[M].北京：当代世界出版社，2007：380-381.

明"的感慨了。

1. 花卉草木之美

古人认为，天行有常，刚健不息；地厚载物，德合无疆。除了在品德上效法天地外，古人也特别注重对物的欣赏，最典型的自然是花卉草木。

中国最早的诗歌总集《诗经》就有大量的篇什借花草树木抒情表意，如《小雅·东山》："昔我往矣，杨柳依依；今我来思，雨雪霏霏"，以杨柳、雨雪抒写离情别绪。如《秦风·蒹葭》："蒹葭苍苍，白露为霜。所谓伊人，在水一方"，以蒹葭、白露起兴，抒发对心仪女子的爱赏。

另一部诗歌集《楚辞》在《离骚》等篇什中也借"香草美人"之喻，来表达对君子美德的追求，如"渺渺兮予怀，望美人兮天一方""惟草木之零落兮，恐美人之迟暮"，都是借香草、美人来比喻自己高洁的情怀（图4-3）。

图4-3 米芾《离骚经》（局部），台北故宫博物院藏

古人经常以草木来喻人。孔子早就说过："岁寒，然后知松柏之后凋也"，开启了后世以松柏比喻人的坚贞品德的先河。古人爱赏的花卉草木有很多，其中最有名的当然是"花中四君子"——梅、兰、竹、菊，其中蕴含的是对君子之美的象征。梅花象征高洁志士，兰花象征世上贤达，竹子象征谦谦君子，菊花象征世外隐士。围绕这些花，古人也留下大量名篇佳作，如元代诗人王冕的《墨梅》，"我家洗砚池头树，朵朵花开淡墨痕。不要人夸好颜色，只留清气满乾坤"，正是借助对梅花的咏叹表达自己孤高傲世的情操。

中空且有竹节的竹子，也为文人墨客所爱赏，清代诗人、画家郑板桥就是画竹、写竹的高手。他的画作《竹石图》，细瘦的竹叶倚石而立，挺拔秀劲，一身傲骨，具有鲜明的人格化特征（图 4-4）。郑板桥写竹的诗也颇多名篇、名句，如"咬定青山不放松，立根原在破岩中。千磨万击还坚劲，任尔东西南北风"，也是借写竹表达人格之美。

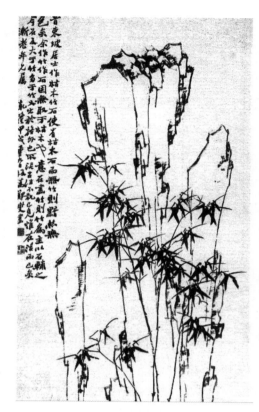

图 4-4　郑燮《竹石图》，上海博物馆藏

花开时，爱花、惜花；花落时，护花、葬花，这怕是爱花到极致了。《红楼梦》里的林黛玉，就是这样的一个爱花人。"侬今葬花人笑痴，他年葬侬知是谁？试看春残花渐落，便是红颜老死时。一朝春尽红颜老，花落人亡两不知"[①]，黛玉在《葬花吟》里咏叹的是自己不幸的身世命运，是"质本洁来还洁去"的追求。"黛玉葬花"也成为文艺作品不断表现的内容，其中也包括天津泥人张的泥人作品（图 4-5）。实际上，这种惜花、护花的心态不止存在于虚构的小说中，南宋词人吴文英在其《风入松》词中说，"听风听

———————
① 曹雪芹，高鹗.红楼梦 [M].北京：商务印书馆，2016：219.

图 4-5　泥人张《黛玉葬花之一》，天津博物馆藏

雨过清明，愁草瘗花铭"，明代唐伯虎以锦囊收藏落花并作《落花诗》以葬之，明末才女叶小鸾曾在诗中自言"戏捐粉盒葬花魂"，可见都是这样的护花人。"落红不是无情物，化作春泥更护花"①，古人对花的爱惜、爱护，真是一往情深！

2. 飞禽走兽之美

除了花草树木外，各种动物也是人们欣赏的审美对象。无论是现实中的飞禽走兽，还是传说中的龙凤瑞兽，古人都给予了审美观照。认为"天地有大美而不言"的庄子，最能言天地之间的万物之美。在他汪洋恣肆的笔下，大有大的美，"北冥有鱼，其名为鲲。鲲之大，不知其几千里也。化而为鸟，其名为鹏。鹏之背，不知其几千里也。怒而飞，其翼若垂天之云（《庄子·逍遥游》）"②，鲲、鹏的审美意象真是惊世骇俗，奇幻而瑰丽。小有小的美，庄子在濠梁之上散步时，看到小小的鱼儿"出游从容"，于是体会到只能意会难以言传的"鱼之乐"。

就像美学家宗白华先生所说，庄子"好像整天都在田野里散步，观看着鹏鸟、小虫、蝴蝶、游鱼，又在人间世里凝视一些奇形怪状的人：驼背、跛脚、四肢不全、心灵不正常的人"③。他徜徉于自然之中，感受和欣赏自然之美，也以自然美的视角来审视世间万物。所以，庄子是最能超越一般审美观念的人，甚至"以丑为美"。在他看来，那些别人看似不完美的人或物，如身体畸形的人、枝干畸侧的树或者曳尾涂中的乌龟，反而因为出自自然而保全了天性，所以才是真正的

————————
① 龚自珍.龚自珍全集[M].王佩净，校.上海：上海古籍出版社，1999：509.
② 任思源主编.庄子彩图全解详注[M].北京：中国华侨出版社，2012：2.
③ 宗白华.宗白华讲美学[M].成都：四川美术出版社，2020：1.

美。看来，庄子正是自然美的倡导者。

自然界的万事万物，都可以成为审美的对象。在唐诗中，关于蝉的吟咏特别多，但因诗人各自遭遇、身份、情感不同，表达出完全不同的审美意象。

唐初大书法家虞世南也是政治家，作为文士入选唐太宗的凌烟阁，他的咏蝉诗雍容不迫："垂绥饮清露，流响出疏桐。居高声自远，非是藉秋风"，表达的是自己清高耿介的个性追求，所以后人说是"清华人语"。

唐初诗人骆宾王的《在狱咏蝉》写于狱中："西陆蝉声唱，南冠客思侵。哪堪玄鬓影，来对白头吟。露重飞难进，风多响易沉。无人信高洁，谁为表予心？"不仅书写洁身自好的高贵品质，还表达了"怀才不遇"的孤愤之气，所以后人说是"患难人语"。

晚唐诗人李商隐的咏蝉诗是自伤身世："本以高难饱，徒劳恨费声。五更疏欲断，一树碧无情。薄宦梗犹泛，故园芜已平。烦君最相警，我亦举家清"，字里行间透露出几丝怀才不遇的意味，所以后人评此诗是"牢骚人语"。

还有一些诗作，以蝉之鸣叫，表达时光易逝或在外思乡之情。如白居易听到蝉声，写给刘禹锡的诗："蝉发一声时，槐花带两枝。只应催我老，兼遣报君知。"及刘禹锡回复白居易的诗："蝉声未发前，已自感流年。一入凄凉耳，如闻断续弦。"可见，同一自然物象，在审美意象上会有百般不同，这也是自然之美的魅力所在。

3. 城市乡村之美

神州大地不同的地方有不同的物产、不同的景观，往往成为人们心之所向的流连之地、记忆之薮。无论城市还是乡村，都作为人类聚居之地，自然与人文相互焕发，而成为文明衍生、人

文荟萃的审美空间。

早在先秦时期，各诸侯国的都城就已经初具规模。战国时齐国都城临淄，已经成为"衣履冠带天下"的时尚之城，"车毂击，人肩摩，连衽成帷，举袂成幕，挥汗成雨"①，好不热闹。汉代大城崛起，不仅长安、洛阳两京并峙，首都长安城市规模比当时欧洲的罗马还大三倍多，全国还涌现了二十多个新兴城市。班固的《两都赋》、张衡的《两京赋》、左思的《三都赋》等汉赋作品，都摹写了当时的盛况。如班固在《两都赋》里写长安城"街衢洞达，闾阎且千，九市开场，货别隧分"②，四通八达，里弄过千，各地物产汇集于此，一片冠盖如云、红尘滚滚的繁荣景象。

盛唐时期的长安，更是繁华的国际大都市，人口一度超过百万。整个城市分为 108 个坊，无数排布整齐的街道，形成"百千家似围棋局，十二街如种菜畦"的格局。整个城市至少有 53 个人工湖，其中最有名的是曲江池，虽是皇家园林，但定期向全民开放。从唐玄宗时期开始，每年的正月晦日、三月上巳日、九月重阳日三大节日，皇帝、百官、百姓同游曲江，宴饮欢聚，尽显大唐气象。③

唐宋时期，整个中国的城市化水平已经超过20%，当时有名的城市不仅限于都城。京杭大运河开通后，唐代最有代表性的城市是扬州，"腰缠十万贯，骑鹤上扬州"和"烟花三月下扬州"

等诗句足见扬州的繁华。而成都、明州、杭州等城市也各有千秋，"江南列郡，余杭为大"，杭州更成为东南重镇。在这样的时代背景下，文人墨客的城市记忆托起了一些历史文化名城。

"江南忆，最忆是杭州"，任过杭州刺史并修葺命名"西湖"的白居易，一生写有二百多首吟咏西湖的诗作，最能道"日出江花红胜火，春来江水绿如蓝"的杭州之美。

被贬谪到当时的蛮荒之地——海南的苏轼，却用诗歌道尽"罗浮山下四时春，卢橘杨梅次第新"的惠州之美，心心念念"不辞长作岭南人"。

一生没到过济南的黄庭坚，却神游泉城，写下"山光扫黛水挼蓝""济南萧洒似江南"的诗句，写出了这座城市的气质之美。

乡村田园同样成为很多文人的诗意栖息之地。最有名的是东晋大诗人陶渊明，他的名作《桃花源记》《归园田居》等，给后人留下关于乡村田园的美文诗篇。"结庐在人境，而无车马喧。问君何能尔？心远地自偏。""种豆南山下，草盛豆苗稀。晨兴理荒秽，带月荷锄归"，这些富有诗情画意的诗作，打开了一个让人心向往之的"世外桃源"。

元代书法家、画家赵孟頫曾经在济南为官，对济南的优美风光一直赞不绝口，勾起了祖籍济南的文学家周密的思乡之情，于是赵孟頫把济南风光画出来赠与友人，留下了传颂后世的《鹊华秋色图》（图 4-6）。元代画家黄公望晚年隐居富春山，朝夕观摩，心摹手追，用七年时间画成《富春山居图》，传递出隐居山林而相忘于江湖的美学追求。自然之美让文人墨客流连忘返，也让他们的诗、书、画作"得江山之助"，成为千古流传的传世之作。

---

①　司马迁.史记 [M].郑州：中州古籍出版社，1994：669.

②　萧衍.文选 [M].张启成，等，译注.北京：中华书局，2019：24.

③　师永涛.唐人时代：一部富有烟火气息的唐代生活史 [M].北京：中央编译出版社，2019：260.

图 4-6　赵孟頫《鹊华秋色图》（局部），台北故宫博物院藏

4.1.3　山水悠游之美

天时、地利之美，需要人的参与、人文的辉映，才会彰显真正的魅力。古代交通不如今天发达，正如木心的诗所说，"从前的日色变得慢，车、马、邮件都慢"，这样的慢生活给古人的悠游山水提供了独特的时空环境。

先秦的孔子能体会这样的悠游之美。他带着学生用十年时间，周游了当时的宋国、陈国、蔡国、楚国、齐国、卫国、曹国、郑国、杞国等地。他虽然四处碰壁，政治理想未能得到施展，却最能体会山水之美、悠游之乐。"仁者乐山，知者乐水"，他一语道尽了山和水的精神气质。他站在奔腾不息的大河岸边，感叹"逝者如斯夫，不舍昼夜"，让我们体会到时间的河流是怎样生生不息。

汉代的司马迁能体会这样的悠游之美。为了寻幽探古、考察风俗、采集传说，他二十岁便南游江、淮，北涉汶、泗，足迹遍及大江南北。后来，他又奉命西征巴、蜀以南，南略邛、筰、昆明，可以说"足迹殆遍宇内"。"读万卷书，行万里路"的功夫和阅历，让他写出了"史家之绝唱，无韵之离骚"的《史记》，成为千古史学著作的典范。

北魏的郦道元能体会这样的悠游之美。他从少年时就爱好旅游，一生足迹遍及今河北、河南、山东、山西、安徽、江苏、内蒙古等地。每到一处，他悉心勘察水流地势，仔细了解古今水道变迁，最终以《水经》为蓝本，撰写了长达四十卷的《水经注》。这本书不仅是历史地理学的经典著作，也是山水游记的美文名篇。

明代的徐霞客能体会这样的悠游之美。他一生专心从事旅行，三十多年时间里，游历了十六个省，东到普陀山，西到腾冲，南到南宁，北至蓟县盘山，都留下了他的足迹。他将观察所得按日记载，最后撰成 60 万字的《徐霞客游记》，开辟了地理学上系统观察自然、描述自然的新方向，成为闻名天下的"游圣"。

还有很多文人墨客，像李白、杜甫、沈括、苏轼等，都是中国历史上有名的悠游者，他们足迹所至，"登山则情满于山，观海则意溢于海（《文心雕龙·神似》）"，将个人之才华与天地风云并驱、自然风物与人文精神辉映，让山川万物之美得到焕发，留下了众多书写中华大地山水形胜自然美的名篇佳作和美好画卷（图 4-7）。

图 4-7 陈洪绶《泛舟图》，华盛顿弗利尔美术馆藏

4.2 以美的眼光发现自然

正如庄子所说："天地有大美而不言（《庄子·天下》）"，大自然之美不会自己言说，要靠人去体会、去发现、去言说，这就是柳宗元所说的"美不自美，因人而彰"。中国古人尊重自然、欣赏自然、融入自然的文化传统，为自然美的欣赏、体验、言说提供了无限天地。借助诗歌、绘画和手工技艺，自然被美彰显得多姿多彩。

4.2.1 中国诗中的自然美

中国是诗歌的国度，从最早的诗歌总集《诗经》开始，就关注自然、表现自然、彰显自然之美。

首先是写山。诗经中"山"字出现了六十余次，加上与山有关的如丘、陵、岩、谷、山巘、冈等，竟有一百余次之多。"崧高维岳，骏极于天""节彼南山，维石岩岩""秩秩斯干，幽幽南山"等名句写出了山的巍峨雄奇。

其次是写水。"水"字也在《诗经》中出现 30 余次，与水有关的词汇如隰、川、海、河、流、濊、泉、涧、池、沼、滨、泽、渊、泮、浒、涘、渚、洲、潦、汤汤、滔滔、泱泱等更有近乎三百之多。"旱既大甚，涤涤山川""淇水汤汤，渐车帷裳""泾以渭浊，湜湜其沚"等名句写出了水的多姿多彩。

最后是写鸟兽草木。据统计《诗经》中的鸟兽草木多达二百五十余种，堪称一部博物志。"昔我往矣，杨柳依依""蒹葭苍苍，白露为霜"等诗句更是脍炙人口。

与《诗经》并称"诗骚"的《离骚》，更是突破了《诗经》中既有的比兴手法，开辟了以"香草美人"比喻人的美好品德的典范。在屈原笔下，花鸟虫兽、日月山水、仙灵神鬼、历史传说、神话故事，都成了诗人展示内心世界的意象。"鸟次兮屋上，水周兮堂下""袅袅兮秋风，洞庭波兮木叶下"等名言佳句，更是比比皆是。

山水田园诗是中国诗歌中一大宗，诗人众多，名篇不可胜数。从谢灵运的"池塘生春草，园柳变鸣禽"，到王之涣的"白日依山尽，黄河入海流"，再到王维的"明月松间照，清泉石上流"，自然之美因中国诗歌而焕发无穷光彩，诗人墨客也得江山之助，下笔如有神。"五岳归来不看山"，诗圣杜甫的《望岳》写尽了泰山的雄奇气象："岱宗夫如何？齐鲁青未了。造化钟神秀，阴阳割昏晓。荡胸生曾云，决眦入归鸟。会当凌绝顶，一览众山小。"

以诗词曲赋状写自然之美，写出了山川风物的千姿百态，也写出了诗人词客心中的丘壑万千。宋代大文豪苏东坡的前后《赤壁赋》，将自然之美上升到了哲理高度："惟江上之清风，与山间之明月，耳得之而为声，目遇之而成色，取之无禁，用之不竭。是造物者之无尽藏也，而吾与子之所共适。"[①] 的确像苏轼所说，自然界的清风、明月取之不尽、用之不竭，是我们今天提高自己美学素养、安顿身心的无尽宝藏。

4.2.2　中国画里的自然美

自魏晋南北朝以来，山水画逐渐成为中国画的最主要画种之一，而且在此后很长一段时间里获得了长足发展。山水画既可以描绘和再现画家的生存环境，也能表达他们对美好人生境界的追求，充分体现着中国人尊崇自然、追求自在的精神追求。就像评论家所说，中国画家笔下的自然，并非纯粹的外在自然，而是画家人生哲学、态度的体现。山水、人物、鸟、兽、舟、桥，"想象所能及的所有东西都被安排进他的风景"[②]，中国山水画也由此创造了"尺幅千里"的独特景观和审美意象。

唐代著名诗人王维，是南宗山水画风的开创者。他最著名的作品是一幅山水长卷和一卷诗，均以他隐居之地"辋川"命名。画作《辋川图》由二十景图组成，以叙事性的连景处理法，呈现了庄园主人和朋友们的休闲生活，开创了山水画新形式。画中人物个个儒冠羽衣、意态萧然、弈棋饮酒、投壶流觞，很是自在（图 4-8）。如苏东坡所说，王维"诗中有画""画中有诗"，他的山水诗如"明月松间照，清泉石上流"如同一幅山水画，而他的山水画则像一首诗。这种诗意表达正是中国山水画的一大特点，它让"观者能从中观察到人生世相的清新脱俗，恰如人们在诗歌中所能找寻到的感觉"[③]。显而易见，画家笔下的自然山水，也是他们心灵的山水，诗和画都是诗人、画家诗意栖居的审美体验。

花、鸟、鱼、虫及动物类绘画，也是中国画表现自然的重要内容。这类绘画最早可追溯到史前石器时代彩陶上的纹饰，作为一种图腾符号传达着祥瑞观念。到唐代时，以工笔形态为主的花鸟画走向成熟，与人物画、山水画三足鼎立，出现了顾恺之、曹霸、韩干等大画家。花鸟画的立

① 姚鼐. 古文辞类纂 [M]. 胡士明，李祚唐，标校. 上海：上海古籍出版社，1998：772.

② [美] 福开森. 中国艺术讲演录 [M]. 张郁乎，译. 北京：北京大学出版社，2015：178.

③ [美] 高居翰. 溪山清远：中国古代早期绘画史 [M]. 张坚，等，译. 北京：北京大学出版社，2023：Ⅶ.

图 4-8　王维《辋川图》（局部），长崎圣福寺藏

意既和诗歌一样具有"多识于鸟兽草木之名"的
作用，又具有美与善等精神观念的寄托，同样是
通过艺术创作表达人们的志趣情操。在宋代，花
鸟画备受文人士大夫的青睐，不仅让院体工笔花
鸟画发展至高峰，而且开启了文人写意花鸟画的
新纪元。北宋皇帝画家、宋徽宗赵佶的画作《芙
蓉锦鸡图》中，五彩锦鸡神态雍容，转头注视翩
翩起舞的蝴蝶，富有勃勃生机。画上的题诗："秋
劲拒霜盛，峨冠锦羽鸡。已知全五德，安逸胜凫
鹥"，传递着和谐、祥瑞的美学观念（图 4-9）。

4.2.3　造物艺术中的自然美

中国源远流长、博大精深的造物艺术是人类
顺应自然、取法自然、与自然和谐共生过程中的
产物，是古人生产、生活方式的载体，同样也是
自然美的重要内容。造物，是取材于自然、施之
以人工而服务人类生活的过程[①]，在这一过程中充
分体现了人们对自然美的理解、取舍和运用。

中国最早的造物设计著作《考工记》说：

图 4-9　赵佶《芙蓉锦鸡图》，北京故宫博物院藏

"天有时，地有气，材有美，工有巧，合此四者
然后可以为良。"[②] 在这四者之中，天之时、地之
气、材之美，均来自于自然。天之时，代表时
间维度，是气候、时机等因素；地之气，代表地
缘维度，是地理、人文、习俗等地域因素；材之
美，大多为物产层面的因素，也有一定地方性特
征，大多是就地取材。因此，造物艺术就是取之
于自然、服务于生活的过程，是古人改造自然、
顺应自然、取法自然、运用自然的智慧结晶。正
是基于道法自然，加上人工之巧，前人方能制造
出既有实用功能又有艺术价值的各类生活器物。

中国古代造物艺术包含造物、造型两大系

---

① 邵琦，等.中国古代设计思想史略 [M].上海：上海
书店出版社，2020：2.

② 邵琦，等.中国古代设计思想史略 [M].上海：上海
书店出版社，2020：61.

统，每一件造物背后都有其工艺、艺术和文化。我们看中国先民的造物，其纹样、纹饰、图像、花样多来自于自然界的风、云、雷、电、花、鸟、禽、兽之变形。可见，包容万有的大自然，正是人类灵感的源泉。

手工造物在中国有着几千年历史，也一直是农工社会重要的生产、生活方式。近代以来，在西方列强的坚船利炮和工业化潮流冲击下，中国几千年的农业和手工业社会濒临崩溃，很多手工技艺也成为濒临灭绝的非物质文化遗产。但时至今日，我们越来越看到，中国和很多欧美国家相比，手工艺传统是传统优势，也是历史文脉。与我们毗邻的日本也面临类似的情况，日本学者也对"坚守手工艺传统"提出了反思，认为手工艺传承着"传统美学"，反思其优点并将之发扬光大是当代人的使命。①

作为手工艺大国，中国在手工造物方面更有着悠久且深厚的历史文脉。如何坚守传统美学，将手工技艺传承下去，并在新时代语境中进一步发扬光大，是一个时代命题。尤其在后现代社会的今天，发扬手工艺、非遗中的自然美因素，推进优秀传统文化的创造性转化、创新性发展，让传统造物美学焕发出新的光彩，正是我们今天应该寻求的突破。

综合来看，中国造物艺术中的自然美，在发展上经历了致用、比德和畅神三个阶段。原始人类以"羊大为美"，处于致用阶段。孔子以道德论美，处于比德阶段。畅神的艺术实践始于魏晋，南朝宗炳的《画山水序》揭示了古典自然美的法则："夫圣人以神法道，而贤者通；山水以形媚道，而仁者乐。"但这三个阶段的思想也是

交互为用的，中国源远流长的园林艺术，就是儒道互补自然观的体现，也是自然美致用、比德、畅神三方面价值的综合作用（图4-10）。

图4-10　苏州拙政园

4.3　自然美育的三重进路

自然，可以让人身心安顿。自然中的美育，往往能让人如刘勰在《文心雕龙》中所说："登山则情满于山，观海则意溢于海"，在身心沉浸中物我两忘，实现精神的内在升华。在这方面，道家庄子发乎天性、自然而然的自然观尤其值得注意。

《庄子·齐物论》中就讲了一个"庄周梦蝶"的寓言故事："昔者庄周梦为蝴蝶，栩栩然蝴蝶也，自喻适志与，不知周也。俄然觉，则蘧蘧然周也。不知周之梦为蝴蝶与？蝴蝶之梦为周与？周与蝴蝶，则必有分矣。此之谓物化。"②庄子于梦中浑然忘我，不知蝴蝶进入我的梦，还是我进入蝴蝶的梦，达到物我两忘的美感境界。这是一种由人类走向自然的进路，符合后现代生态思维，有助于我们采取内部视角重新审视自己所生

① ［日］柳宗悦.日本手工艺［M］.金晶，译.北京：北京联合出版公司，2019：4-5.

② 任思源主编.庄子彩图全解详注［M］.北京：中国华侨出版社，2012：36.

活的世界，疗愈工业化、现代化带给人类和自然的焦虑与危机。

西方同样重视以自然的美学意义，来对治现代化的危机。19 世纪的浪漫主义诗人将自然景物大量引入诗歌主题，苏格兰诗人罗伯特·彭斯（Robert Burns，1759—1796）就是一位热爱并歌颂自然的诗人。彭斯是描绘农村习俗和田园生活的行家里手，他的诗歌呈现出质朴、生动的荒野气息。他的短诗名作《我的心儿在高原》《友谊地久天长》都浅易直白，有民歌原生态的美。彭斯以自己的经历提醒同行："没有诗客能寻到缪斯女神，除非他学会独自一人，徘徊在潺潺的流水之滨，但又不推敲太多。（《致威廉·辛卜苏》，王佐良译）"

彭斯的提醒启迪了威廉·华兹华斯（William Wordsworth，1770—1850）。他反对启蒙运动以来西方文化对理性的过度强调，诗中更多取材于来自大自然的美好事物。他感慨，只有在林中才能听见"融谐的千万声音"。

自然文学是 20 世纪美国文学的一个重要流派，其先驱是 19 世纪的拉尔夫·瓦尔多·爱默生（Ralph Waldo Emerson，1803—1882）和亨利·大卫·梭罗（Henry David Thoreau，1817—1862）。爱默生曾以极其动人的笔触写道："若是一个人希望独处，那就让他去看天上的星……这些美的使者每个晚上都会出现，用它们那带有告诫意味的微笑照耀整个大地。"

梭罗在瓦尔登湖畔搭建小木屋，并独自生活了近两年时间。他能一整天一动不动地在湖边观察牛蛙，也会在清风徐来的清晨漫步湖畔。他的代表作《瓦尔登湖》正是来自对大自然的独特体验。和爱默生心中的自然理念不同，梭罗的自然更平易近人："梭罗崇尚的自然，却是一种近乎野性的自然，一种令人身心放松、与任何道德行为的说教毫无关系的自然。在自然中，他寻求的是一种孩童般、牧歌式的愉悦，一种无拘无束的自由，一种有利于身心健康的灵丹妙药，一种外在简朴、内心富有的生活方式。"[①]

中西哲人、文学艺术家的自然观带给我们以启迪，美不胜收的大自然的确蕴含着丰富的美学和美育资源。人们徜徉于自然中，会带来身心的沉浸、体验和享受。通过自然美育提高我们自身的美学素养，我们有必要借助现代美学的环境美学、景观美学和生态美学等理论视角，在三个维度上深入展开。

1. 景观美育

景观最初只是指人文地理学意义上的自然风景，后来范围扩大了，既指自然风光、地面形态，也指风景画面。从美学意义上讲，景观是指环境中具有审美属性和价值的景色或景物。同自然的最大区别是，景观作为外在于人类的一种观赏对象，可以包括自然景观，也可以包括人文景观。例如，我们走到乡村中去，吸引我们的既有接近自然的田野、河流、花草、虫鸟，也有具有地方特色的庭院、祠堂、手工作坊等人文景观，它们综合作用，带给我们一种乡愁记忆。

景观存在于我们生活的一切环境之中，而且审美景观是自然和人文知识的综合体。因此，景观带给我们的美育价值，不仅体现为促进学生的审美体验，而且兼具环境教育、文化教育等多重价值。换句话说，景观美育不仅能够培养自然景观和人文景观的欣赏者，而且还可以培养热爱自然、保护生态环境、进行审美设计的建设者。因此，景观美育作为一种美育的形态，应该引起我

① 程虹 . 寻归荒野 [M]. 北京：生活·读书·新知三联书店，2001：108.

们的高度重视。尤其是在注重可持续发展和生态环境意识的今天，景观美育有着其他美育形态所没有的特殊意义。

2. 环境美育

环境，是人们生活、生产所依赖的客观自然条件，它为我们的生命活动提供了物质前提。近代以来，工业化和城市化进程的高速前进，为人类生存的环境带来诸多危机。环境美学的兴起，在很大程度上正是源于对环境问题的反思。环境这一词汇本身包含有外界之意，也即人之外界。它启示我们，人处于环境的中心位置，自然万物和人工景物都环绕在人类周围，成为人类生活的背景。人不是消极地依附和适应于环境，而是能积极地创造和美化环境，以满足人的物质和精神生活需要。

作为一种美育方式，环境美育需要我们走进自然环境，直观地去接受自然环境的熏陶，身临其境地去体验自然环境之美。因此，与其他美育方式相比，环境美育彰显出自身独特的优势与效用。

一是环境美育可以弥补传统审美教育的短板。传统的审美教育以学习或欣赏某种具体门类艺术为主，往往容易流于一种知识或技能教育。而环境美育需要人深入自己身处的外部自然或人文环境中去，用自己的身心去感知、去体验周围的环境、事物，能较好地做到知识传授（理性）与审美体验（感性）的平衡与协调。

二是环境美育能促进人与自然的和谐共生。当我们全身心地投入周围的环境之中，就会改变过去对周围环境漠然甚至对立的态度，真正认识到古人所讲的"宇宙与我并生，万物与我为一"的天人合一境界，不仅能做到自我身心的疗愈，而且能产生对自然的依恋、热爱和尊重，树立一种"大环境"观念。

3. 生态美育

20 世纪 80 年代以后，生态美学在后现代思想背景下应运而生，致力于探索人类与自然的审美关系，呼唤绿色人生以改变人类危机重重的生存状态。在全球能源危机、环境危机日益紧迫的时代，我们更提倡从生态视角和进路去认识和对待我们所处的自然环境，去发现和发扬生态之美。

在当代，美丽中国概念的提出，更为生态美学、生态美育的开展提供了空前的契机。生态一词本身便将人包含于自然之中，人与万物在自然生态中和谐共生，消解了主客二分，也符合我国传统哲学中天人合一的根本精神。生态美育是一方广阔天地，前进之路不应只限于书斋里的探讨，而应在全球经济一体化和生态环保主义的时代潮流中，走向自然与生活本身，去开创更美好的未来。

生态美育的思想来源是东方文化中的有机整体世界观。中国的"天人合一"、印度的"梵我同一"都是人与自然相协调和统一的学说。在道家经典《庄子·应帝王》中讲了一个寓言故事：倏、忽二帝给中央之帝混沌日凿一窍，结果七日后，七窍开而混沌死。这生动说明了人类应尊重自然生态的本真状态，因为自然美存在的前提是自然的存在，如果自然遭到了破坏，美又向何处寻呢？

生态美学视角更能帮助人们辩证地看待自然生存的重要性。在发展生态美学、开展生态美育过程中，如何坚持这种有机整体观并更好地推进人与自然和谐共生，或许是中国天人合一智慧可以贡献给世界的一剂良方。

本章小结

人是社会性动物，也离不开大自然。自然是人类赖以繁衍生息的所在，如何面对自然并从自然中汲取美学要素，一直是美学研讨的重要议题，也是开展美育的重要途径。借助大自然开展美育，就要研究自然、环境、生态中的美，并直面和反思现代文明发展所招致的诸多环境和社会问题。

美学意义上的"自然美"，泛指日月山川、鸟兽虫鱼等自然事物中蕴含的美。人类最早来自于大自然，大自然也赋予了人类最早的美学经验，因此自然美是美学最基础的形式之一，或者说美学从自然中孕育而生。

德国古典哲学奠基人康德认为，美与概念无涉，是无功利、无目的的。世间万物唯有自然物才是真正的无功利、无目的，而人工物都是有目的制造出来的产品。因而康德认为，自然美较之艺术美具有优势。黑格尔与康德态度相反，他否认自然相较于艺术的优势，认为艺术美高于自然。这种将自然对象化于人类的观念，使人类居高临下地对待自然、攫取自然。

中国古人秉持天人合一的哲学观念，对自然给予了更多的尊重。中国自然美的发展史，经历了致用、比德和畅神三个阶段。

在开展自然美育方面，我们有景观美育、环境美育、生态美育三种进度。生态美育的重要思想来源是东方文化中的有机整体世界观，以中国古人的"天人合一"为代表。坚持这种有机整体观并更好地推进人与自然和谐共生，或许是中国智慧贡献给世界的一剂良方。

思考题

1. 什么是自然美？

2. 如何看待自然美育？

3. 如何理解生态美育观？

4. 结合个人体会，谈谈如何实现人与自然和谐共生。

本章参考文献与深度阅读

1. 宗白华. 宗白华讲美学 [M]. 成都：四川美术出版社，2020.

2. [美] 高居翰. 溪山清远　中国古代早期绘画史：先秦至宋 [M]. 张坚，等，译. 北京：北京大学出版社，2023.

3. [日] 柳宗悦. 日本手工艺 [M]. 金晶，译. 北京：北京联合出版公司，2019.

4. [美] 亨利. 梭罗. 瓦尔登湖 [M]. 长春：吉林人民出版社，1999.

【拓展阅读】

瓦尔登湖（摘抄）

[美] 亨利·大卫·梭罗

1. 我愿意深深地扎入生活，吮尽生活的骨髓，过得扎实，简单，把一切不属于生活的内容剔除得干净利落，把生活逼到绝处，用最基本的形式，简单，简单，再简单。

2. 时间决定你会在生命中遇见谁，你的心决定你想要谁出现在你的生命里，而你的行为决定最后谁能留下。

3. 知道自己知道什么，也知道自己不知道什么，这就是真正的知识。

4. 我看到那些岁月如何奔驰，挨过了冬季，便迎来了春天。

5. 所谓的听天由命，是一种得到证实的绝望。唯有我们觉醒之际，天才会破晓。破晓的，不只是黎明。太阳只不过是一颗晨星。

6. 一个人越是有许多事情能够放得下，他越是富有。我步入丛林，因为我希望生活得有意义，我希望活得深刻，并汲取生命中所有的精华。然后从中学习，以免让我在生命终结时，却发现自己从来没有活过。

7. 为什么一桶水放时间长了会变臭，而水冻成冰以后就能永远保持甘美呢？哲人说，这就如同情感和理智的区别。

8. 大部分时间内，我觉得寂寞是有益于健康的。有了伴儿，即使是最好的伴儿，不久也要厌倦，弄得很糟糕。我爱孤独。我没有碰到比寂寞更好的同伴了。

9. 一个人若能自信地向他梦想的方向行进，努力经营他所向往的生活，他是可以获得通常还意想不到的成功的。花了一个人的生命中最宝贵的一部分来赚钱，为了在最不宝贵的一部分时间里享受一点可疑的自由。

10. 每一个早晨都是一个愉快的邀请，使我的生活跟大自然同样地简单，也许我可以说，同样地纯洁无瑕。

11. 景色中最丰富的元素，就是一点天真无邪的阳光。

12. 倒不是我比别人残忍，而是我感觉不到自己有什么恻隐之心。如果一个人充满自信地在他的梦想的方向上前进，并努力过着他所想象到的那种生活，那么他就会遇见在普通时刻里意料不到的成功。

13. 如果你欢快地迎来了白天和黑夜，生活像鲜花和香草一样芳香，而且更有弹性，更如繁星，更加不朽，那就是你的成功。

14. 万事万物没有变，是我们在变。文明人就是一种更有经验和更聪明的野蛮人。一个人如果活得真诚，就一定是活在一个遥远的国度。

15. 我们天性中最优美的品格，好比果实上的粉霜一样，是只能轻手轻脚，才得保全的。

第 5 章　学校中的美育

> 大学之道，在明明德，在亲民，在止于至善。
>
> ——《大学》

◎学习目标

通过本章学习，让学生了解和掌握以下内容：

1. 学校审美文化建设的内容。
2. 大学生审美意识与心理。
3. 教师的美育素养与美育功能。
4. 美的大学精神。

5.1　学校审美文化建设

中共中央办公厅、国务院办公厅印发的《关于全面加强和改进新时代学校美育工作的意见》中明确提出各类学校美育课程的目标，"学前教育阶段培养幼儿拥有美好、善良心灵和懂得珍惜美好事物。义务教育阶段注重激发学生艺术兴趣和创新意识，培养学生健康向上的审美趣味、审美格调，帮助学生掌握 1～2 项艺术特长。高中阶段丰富审美体验，开阔人文视野，引导学生树立正确的审美观、文化观。职业教育强化艺术实践，培养具有审美修养的高素质技术技能人才，引导学生完善人格修养，增强文化创新意识。高等教育阶段强化学生文化主体意识，培养具有崇高审美追求、高尚人格修养的高素质人才。"①

为了完成相应目标，"学校美育课程以艺术课程为主体，主要包括音乐、美术、书法、舞蹈、戏剧、戏曲、影视等课程。学前教育阶段开展适合幼儿身心特点的艺术游戏活动。义务教育阶段丰富艺术课程内容，在开好音乐、美术、书法课程的基础上，逐步开设舞蹈、戏剧、影视等艺术课程。高中阶段开设多样化艺术课程，增加艺术课程的可选择性。职业教育将艺术课程与专业课程有机结合，强化实践，开设体现职业教育特点的拓展性艺术课程。高等教育阶段开设以审美和人文素养培养为核心、以创新能力培育为重点、以中华优秀传统文化传承发展和艺术经典教育为主要内容的公共艺术课程。"②

由此可见，学校美育是以美育课程为核心的育人活动，但是仅仅依靠课程很明显是无法完成

---

① 中共中央办公厅、国务院办公厅印发《关于全面加强和改进新时代学校美育工作的意见》，2020.10.
② 中共中央办公厅、国务院办公厅印发《关于全面加强和改进新时代学校美育工作的意见》，2020.10.

美育任务的，所以学校的审美文化活动应该包括开设艺术课程、开展艺术活动、构建审美自然环境和人文景观等多个方面，使学校成为学生健康成长的乐园。

5.1.1 学校审美文化的范畴

学校教育是现代人成长过程中必然经历的文化环境，学校教育的基本文化功能是促进人的全面发展，与单纯的技能训练和知识灌输有所区分，学校教育使学生成为有文化的人。学校审美文化不单单指校园文化，而是更广阔意义上的学校整体文化，渗透到学校的各个方面，通过其人文特性，协调学生与学生之间、师生之间、师生与校园之间，以及学生身心矛盾的关系，始终保持促进学生全面发展的同步性。

在学校里，借用杜卫在《美育学》中的观点，审美文化可以分为五个层次："艺术课、非艺术课程的审美要素、课外艺术活动、人际审美关系和审美环境。"[①]

1. 艺术课

艺术课是学校审美文化的集中体现，具有重要的美育功能，对学校审美文化的形成具有主导作用。高等教育以"中华优秀传统文化传承发展和艺术经典教育为主要内容"，通过公共艺术课堂教学传播文化艺术，培养学生欣赏和创造艺术的能力，帮助大学生构建立体知识框架，培养大学生综合素质能力；高校美育课程可以促进校园文化环境的提升，使学生不再局限于网络游戏等娱乐性活动，而是更高层次发展自己的课余爱好，在这样多层次的校园文化背景下，创造力得到更大的激发；高校美育课程有助于推动社会和

谐发展，大学美育课程通过中华传统文化和艺术经典赏析等课程的开设，把传统文化与新文化相结合，增强学生的文化归属感与认同感，为社会和谐、校园稳定提供支持。

2. 非艺术课程的审美要素

非艺术课程的审美要素是指其他学科中的审美要素，例如历史、数学、物理、化学等课程，不只是知识和技能的罗列，而是启发学生发现包含其中的潜在的审美要素。

3. 课外艺术活动

课外艺术活动是学校审美文化的重要层面，它是艺术类课程的必要补充，既是艺术类课程的延伸，也是社会审美要素的融入。在大学生活中，课外艺术活动组织形式较为灵活，如艺术社团、艺术节、歌唱比赛、舞蹈比赛等，集中体现了高校审美文化的开放性和灵活性。

4. 人际审美关系

人际审美关系是指在校园生活个体之间心灵的沟通与情感的交融。卡冈曾指出："它在根本上不是教训人，不是灌输什么东西，而是在整个精神上造就人，以个性的意识同自我意识、他对别人的关系同对自己的关系、他的世界观同心理气质、他的知识同理想的统一教育作为主体的人、作为自由和完整的个性的人。"[②]学校里的人际关系综合培养学生的完整人格，潜移默化影响学生理解及与他人沟通的能力。

5. 审美环境

审美环境是指校园的审美氛围，即校园物质景观，如教学楼、学校广场、学校美术馆等景观。优美的校园环境可以帮助学生放松心情、提高审美感受力，引导良性的审美秩序。

① 杜卫. 美育学 [M]. 北京：人民出版社，2022：389.

② ［苏］卡冈. 美学和系统方法 [M]. 凌继尧，译. 北京：中国文联出版公司，1985：255.

5.1.2 学校审美文化的建设

1. 完善艺术类课程体系构建

艺术教育是学校美育的主要途径，艺术是审美最集中的形态。在普通高校教育中，美育应作为通识教育而非专业教育，不以提高专业技能为目标，而是以情感教育和人格教育为特色，通过培养学生的想象力、情感力、记忆力和知觉力等，综合孕育对现实世界的多层次认知及对人类命运的关怀，最终追求和实现个体人格的完善。

我国的大多数高校未开设系统的美育课程，课程体系有待完善。第一，无论是人文社科类专业还是自然科学类专业，都应开设美育必修课。大学美育以"促美感文化与品位，美善人事物的赏析、建构与分享"为目标，所以大学应当开设针对艺术赏析和经典作品欣赏为主的课程内容，如开设《艺术概论》《艺术史》《戏曲欣赏》《音乐欣赏》等艺术通识课程。第二，美育课程作为必修课程要有相应的学分，学分是对学生积极学习的一种肯定，学分肯定了美育课程在必修课中的地位。第三，开设大量美育选修课，丰富课程的多样性，满足不同层次学生的需要。开设课程应注重艺术欣赏层次的多样性，如可以将艺术史细分为《中国美术史欣赏》《外国美术史欣赏》《国别艺术史欣赏》等。第四，美育课程需要走出教室，走向大自然、社区、博物馆、美术馆，增强情景教学的沉浸感。

2. 建立对话关系

在高校环境中，个体之间希望通过美育实现独立审美且互相欣赏的美美与共，即"展开平等而公正的对话于交流"[①]，建立对话关系包括以下几种方式。

[①] 王一川 . 艺术公赏力 [M]. 北京：北京大学出版社，2016.

（1）建立师生之间的关系

师生之间良性的关系是双向交流关系，即朋友式的对话关系，教师传道授业并主动关心学生，学生尊师重教并学有所得。师生之间的教育审美需要师生共同创造，教师内化自己的审美素养，并通过真诚的表现和交流传播给学生，这样才能使教学活动充满人文意味，从内到外充满感染力和表现力。

（2）建立学生之间的关系

情感丰富是大学生审美的特点，进入大学之后，随着大学生自主性增强及高校业余生活的丰富多彩，大学生的审美情感较之以往更为丰富，带有明显的情感波动，这种不稳定性难免会引起学生之间相处的矛盾。学生之间的良好关系是提升学生完善自我、提升境界意识，建立彼此欣赏的互动关系的有力保证。

（3）建立学生与学校之间的关系

除了前面提到的艺术课程，高校艺术生活还包括艺术社团活动和艺术节等。艺术社团活动是根据学生兴趣特长组织起来的，如书画社、戏曲社、话剧社、文学社等。这种艺术组织往往是和谐的团体，能使学生的艺术潜能得到进一步开发，学生的社会交往能力和意识都得到提高。艺术节是学校定期举行的大规模艺术活动，如歌手比赛、红歌赛等，内容丰富，参与学生数量多，凝聚了集体力量，展示了审美文化，也是学生融入校园生活的重要艺术途径。

3. 挖掘公共艺术资源

学校艺术资源是有限的，充分利用公共艺术教育资源对学生进行美育，是丰富学生艺术生活的重要途径。教育部办公厅印发的《高等学校公共艺术课程指导纲要》中提到："建好满足高等学校公共艺术教育教学和实践活动需求的场馆设施、专用教室，配好教学所需器材设备和教学资源，建立器材补充机制，鼓励高等学校公共艺术教育与当地中小学形成辐射带动。鼓励高等学校与地方共建共享剧院、音乐厅、美术馆、书法馆、博物馆等。"[①]

美术馆、图书馆、博物馆、纪念馆、电影院等公共文化艺术设施蕴含了巨大的艺术资源和知识财富，这些文化场所为学校艺术教育提供了良好的外部条件。例如，学生可以在美术馆中通过画展参观、聆听艺术讲座、临摹原作等形式，近距离欣赏原作，为艺术史的学习提供形象例证。

民间艺术也是公共艺术资源的组成部分。除了为学生介绍古今中外艺术名家名作外，也应该关注本土艺术的独特艺术价值，精心选择民间美术、民间工艺、地方戏曲等喜闻乐见的艺术形式，让非遗体验进校园，让传统文化触手可及。

5.2 大学生审美意识与心理

5.2.1 大学生一般心理特征

大学时期是一个人生理机能成熟、接受高层次知识、思维能力增强、心理发展迅猛的成熟青年阶段。他们比少年时期更关心自我和社会，兴趣性格逐步成型，自我意识和审美意识逐渐稳定，心理特征可以概括为以下四个方面。

1. 自我意识逐渐成熟

青年时期，大学生的自我意识进一步发展，独立性、自尊、自信心和竞争力不断增强。他们从外在世界转向内在世界，致力于自我认识、自我体验、自我评价、自我监督和自我约束。他们可以加强自我反省，注重内心的分析和体验，进而了解自己的情绪和心理，注重别人对自己的评价，渴望被尊重和理解；注重自己的形象，规划出理想的自我模式，而真正的自我和理想的自我开始偏离。他们经常把自己和别人比较。在比较的过程中，要了解自己，提高自己的积极性，纠正自己的消极性。

2. 情绪丰富，情绪波动大

进入大学后，大学生的活动不断扩大，生活更加丰富多彩。多样性的需要和体验使他们产生丰富而复杂的情感，包括学习科学知识过程中形成的理性意识，集体生活中形成的道德意识，人际交往中形成的友谊和爱情，文化娱乐中形成的审美生活，以及在政治生活中形成的荣誉感和责任感。大学生的情绪尚未达到稳定状态，情绪波动较大，呈现两极性。比如，在从兴奋到抑郁，或从冷漠到狂热的短暂时间内，这种不稳定的情绪状态往往使一些大学生陷入理性与情感的冲突。

3. 偶像崇拜心理

偶像崇拜是指在"光环效应"下形成的强烈的心理倾向，将偶像完美化，视为心目中的完美人物，由此而形成的高度认同，并伴有情绪反应的行为。大学生在进入大学后，距离上离开了父母，随着思考能力的提升和人格的独立，逐渐从崇拜父母和老师中走出来，开始寻找精神支柱来获得归属感，缓解进入新环境后的压力。

4. 逆反心理

大学生自我意识逐步增强，渴望在现实生活中寻求自己的位置，希望得到尊重和承认，好奇、好胜、好动、好变是大学生的心理年龄特征。从思想上看，大学生思维敏捷，勤于思考，

[①] 教育部办公厅印发《高等学校公共艺术课程指导纲要》，2022.11.

敢于怀疑，有一定见解，但看问题容易偏激甚至强词夺理，得不到认同就产生逆反心理。从情绪上看，大学生的情绪波动大，会为一件小事而兴高采烈，也会为一件小事而忧伤沮丧，情感大起大落，容易产生抵触情绪。从需要看，青年大学生的需要千变万化，如果得不到适当的满足，容易产生逆反心理。①

5.2.2　大学生审美心理特征

1. 审美对象更加直观和前沿

审美离不开审美对象，这一代大学生成长于网络时代，新媒体时代提供了海量的文字、图片和视频资讯，这些资讯因为形象简单、音乐直白等特点被广泛传播，具体内容也都是现代、时尚的内容。大学生更喜欢当下快节奏的审美方式，不愿意主动接触需要沉心静气阅读的具有文化厚重感的历史经典作品。

2. 审美对象的特殊性

大学生往往对新事物抱有强大的好奇心，对未知事物带有憧憬，对独特的事物极其偏爱。不喜欢随波逐流，对统一化、标准化的事物往往表现出极强的排斥心理。偏爱标新立异、与众不同的事物，并将少数人的言行奉为圭臬，以此作为审美的"标杆"，彰显个性，获取关注与认可。

3. 审美想象力的丰富性

审美活动中的想象有初级形式与高级形式之分，所谓初级形式是指简单的联想，包括接近联想、类似联想、对比联想等；高级形式则主要包括创造性联想和创造性想象。大学阶段是人一生中极富想象力的时期，想象在大学生身上有着十分丰富的表现。就想象的高级形式而言，大学生不仅创造性联想丰富，而且具有很高的水平。他们既可以根据他人提供的形象描述自己在意识中建立新的形象，形成许多见所未见、闻所未闻的形象，也可以无须假借他人的描述把自己记忆中储存的表象重新综合，创造出新颖、独特的形象。大学生的想象所形成的新形象不仅能反映主体的需要和愿望，抒发主体的情感，而且能够概括事物间的某些关系，进而加深主体对审美对象的理解和认识。丰富的想象力使大学生的审美视野得到极大丰富，审美潜力得到深入挖掘。

5.3　教师的美育素养与美育功能

5.3.1　大学美育教师的核心能力

《意见》中提出："配齐配好美育教师。各地要加大中小学美育教师补充力度，未配齐的地区应每年划出一定比例用于招聘美育教师。有条件的地区可以通过购买服务方式，与相关专业机构等社会力量合作，向中小学提供美育教育教学服务，缓解美育师资不足问题。鼓励优秀文艺工作者等人士到学校兼任美育教师。推动实施艺术教育专业大学生支教计划。全面提高美育教师思想政治素质、教学素质、育人能力和职业道德水平。优化美育教师岗位结构，畅通美育教师职业发展通道。将美育教师承担学校安排的艺术社团指导，课外活动、课后服务等第二课堂指导和走教任务计入工作量。在教学成果奖等评选表彰中，保证美育教师占有一定比例。"② 具体明确了美育教师师资比例的问题，为了完成"到 2035

---

① 杜晓莉. 论大学生逆反心理的表现、成因与对策 [J]. 青年探索，2002(2)：23.

② 中共中央办公厅、国务院办公厅印发《关于全面加强和改进新时代学校美育工作的意见》，2020.10.

年，基本形成全覆盖、多样化、高质量的具有中国特色的现代化学校美育体系"①的目标，我们需要在未来十多年内完成数量巨大的美育教师的培养。艺术教育作为最直接可行的实施美育的方式，需要懂美育、具有艺术品位、具备专业能力的美育教师参与教学工作。

结合杜卫《美育学》中对教师核心素养的描述，以及实际教学实践需要，大学美育教师应具备的能力和素养可以概括为以下三个方面②。

一是掌握大学美育理论知识，理解大学美育课程目标，确立正确的大学美育观念。大学美育教师需要深刻理解艺术课程提高学生"审美和人文素养"的目标，用心探索服务于美育教学的课程及教学方法，选择品位高雅、气质优良，经过历史检验的经典艺术作品作为美育课程的素材。

二是系统掌握一门艺术的知识，理解并阐释该艺术中经典作品的人文内涵。大学生需要具备鉴赏并分享艺术感悟的能力，这就需要引导大学生进入艺术世界的教师具备艺术理论和艺术史的全面知识。艺术理论涉及艺术的特点、性质和价值，是对艺术的全方位认知；艺术史则描绘了一门艺术诞生以来的发展过程，有助于用历史和文化的视角来看艺术，提高对艺术的审美和分析能力。

三是掌握符合大学生心理的教学方法。美育不仅能够使学生获得审美知识和技能，更应该让学生在生动的情感体验中，把人类优秀文化内化于心，用情来潜移默化地感化学生们躁动的心灵。这就要求美育教师具备教学设计的能力，把

---

① 中共中央办公厅、国务院办公厅印发《关于全面加强和改进新时代学校美育工作的意见》，2020.10.
② 杜卫.美育学[M].北京：人民出版社，2022：443–454.

学习内容转化为动态过程，让学生和老师都能参与其中。

培养具备美育理论、艺术实践和教育理论等多重知识体系的大学美育教师，提高教师体系对艺术的审美和人文理解、分析和评判能力，提升教师对新时代大学美育教育方针的认识。

5.3.2 教师角色的美育功能

第一，美好健康的形象示范功能。教师是活的形象，其语言、表情、体态、行为等都体现着丰富生动的审美因素，对学生来说每时每刻都是一种直观的示范。例如，教师的着装会影响学生的时尚观念，教师乐观积极的精神风貌能促使学生精神焕发，教师的艺术趣味会影响学生的艺术偏好，教师的语言修养和语言表现能给学生提供母语审美的样板和规范。

第二，言传身教的心灵化育功能。在外在的形象示范基础上教师更要塑造学生的人格。这种塑造是整体性的，不仅包括教学内容和教学手段，更包括教师的言行举止、道德情操、人格涵养、理想追求。正如苏霍姆林斯基（SukhomLinskii）所言："教育者应当自身成为一个真正大写的人——正确地去生活、热爱人们、高度保持自己的爱国者、公民、劳动者的品德。"当然，教师角色的心灵化育功能比较复杂，它对学生人格的培养也不像直接的德育那样起作用，而是主要体现在情感上。

第三，春风化雨的情感滋养功能。处于成长期的青少年情绪敏感，格外渴求情感的理解和沟通。如果他们的情感世界能得到爱的关怀和感情的滋润，就会长出枝叶伸展的大树，在漫长的一生中稳固地支撑他们的人生，使他们成为富有爱心的健全的人。而这不能依靠道德说教和生硬灌

输，只能以情激情，以爱生爱。

第四，启迪认识的求知激发功能。在情绪濡染之外，教师的主要任务是通过教学活动促进学生学习能力的发展。教师要根据青少年的身心发展特点，运用高超的教学艺术唤起学生求知的热情，启迪学生积极主动地学习和探索，生动活泼地、创造性地获取知识，并且掌握经验和方法，体验到追求知识的喜悦和满足。

本章小结

"大学之道，在明明德，在亲民，在止于至善。"这是经典著作《大学》中的一段论述，指出了"大学"的根本要义是"明明德""亲民""止于至善"。"中国古代圣贤对大学目标的追求不是为了获得一种理论知识，而是为了践行自己的道德理想。他们虽然承认有真正学问存在，但认为学问的根本在于践行，目的是达到至善。也可以说，学问本质就是一种道德完善过程或完成德行的过程。"① 大学的根本目标是追求至善，不仅仅为社会发展培养人才，更重要的是为社会的文明发展播撒生命的种子，追求学问和人生达到一致的境界，这与探求真理为志向的西方大学有截然不同的差别。

"大学没有精神，就不能称其为大学。"② 蔡元培认为的大学是"大学者，高深学问者也"，梅贻琦解释的大学是"大学非大楼之谓也，大师之谓也"，陈寅恪在纪念王国维时提出"独立之精神，自由之思想"，这些都是中国传统对大学

① 王洪才. 论大学之道与大学精神 [J]. 大学（学术版），2013（10）：48.
② 韩延明. 大学理念论纲 [M]. 北京：人民教育出版社，2004：18-19.

精神的阐释。而在西方的认知中，大学首先是指一种学术共同体，是由学者行会组织演变而来，进而演变成一个探求真理的机构，鼓励个体发掘探求真理的能力。

现代中国的大学精神既继承传统对"大学之道"的认知，也吸收了西方大学精神中追求纯粹知识的理念。人一旦进入大学，就应该追求美的德行和美的知识，一方面从道德起步践行美德、崇尚圣德，并以"博施于人，而能济众"的至善为最高诉求；另一方面，如饥似渴地吸收知识，丰富自己的知识储备，注重学习逻辑表达和构建自己开放的学术结构。最终，使自己真正成为有能力、有责任、有担当的时代新人。

作为一个独立的个体，大学不仅是接受教育的场所，更是自我教育的圣地。自我教育是人类教育的最高形式，在大学校园里，老师是导航者，引导学生从专业出发汇聚古往今来人类科学、知识、思想、创造和想象力的浩瀚学海，而大学提供的精神氛围，会促进每一位其中的参与者自我激励、自我改进、自我发展、自我提升、自我探求。而这种对生活和学习的自我绝对把握，也是大学精神带来的关于美的体验。

思考题

1. 学校审美文化的范畴包含哪几个层面？
2. 学校审美文化建设的具体路径有哪些？
3. 大学生具有怎样的审美心理特征？
4. 大学美育教师应具备怎样的能力和素养？
5. 结合个人体会，谈一谈何为美的大学精神。

本章参考文献

1. 韩延明. 大学理念论纲 [M]. 北京：人民教育出版社，2004.

2. 杜卫. 美育学 [M]. 北京：人民出版社，2022.

3. 王一川. 艺术公赏力 [M]. 北京：北京大学出版社，2016.

【拓展阅读】

《大学》朱熹版（节选）

大学之道，在明明德，在亲民，在止于至善。知止而后有定，定而后能静，静而后能安，安而后能虑，虑而后能得。物有本末，事有终始。知所先后，则近道矣。

古之欲明明德于天下者，先治其国。欲治其国者，先齐其家。欲齐其家者，先修其身。欲修其身者，先正其心。欲正其心者，先诚其意。欲诚其意者，先致其知。致知在格物。物格而后知至，知至而后意诚，意诚而后心正，心正而后身修，身修而后家齐，家齐而后国治，国治而后天下平。

自天子以至于庶人，一是皆以修身为本。其本乱而末治者，否矣。其所厚者薄，而其所薄者厚，未之有也。此谓知本，此谓知之至也。

《康诰》曰："克明德。"《大甲》曰："顾諟天之明命。"《帝典》曰："克明峻德。"皆自明也。汤之《盘铭》曰："苟日新，日日新，又日新。"《康诰》曰："作新民。"《诗》曰："周虽旧邦，其命维新。"是故君子无所不用其极。《诗》云："邦畿千里，维民所止。"《诗》云："缗蛮黄鸟，止于丘隅。"子曰："于止，知其所止，可以人而不如鸟乎？"《诗》云："穆穆文王，于缉熙敬止！"为人君，止于仁；为人臣，止于敬；为人子，止于孝；为人父，止于慈；与国人交，止于信。

第 6 章　艺术中的美育

美是艺术的最高原理，同时也是最高的目的。

——歌德

◎**学习目标**

通过本章学习，让学生了解和掌握以下内容：

1. 艺术批评的方法。
2. 艺术门类美育。

6.1　艺术的馈赠

6.1.1　培养敏感的审美感受和想象力

美是哲学概念，汉字"美"是由"羊"和"大"所组成的，由此而延伸出其他美的含义。但是各个时代或者民族对于美的定义是不同的。在甲骨文中，"美"形同戴羽毛头饰的妇女，与"每"同源，都表示漂亮、好看的意思。美可以描述为一种特征，若某人感知到有此特征的客体，此人会因此而愉悦。美和艺术、品位一样，都是美学主要探讨的主题。美是正面的美学价值，和真、善一样，都是人类认知中的基本概念。

要理解美，有一个困难之处：美既是客观的，也是主观的，美是一个客体所有的特质，但也会受到观赏者情绪反应的影响。因为美有主观的成分，所以英文谚语中有："Beauty is in the eye of the beholder"（情人眼里出西施）。有研究指出，感知及评断美的能力是可以被训练的，而且长期来看，和专家的评断是一致的。因此有关评断美的标准是共识主观的，也就是会依一群人的判断而定，不是完全主观或是完全客观的。美的概念试图要找到所有美的客体当中的关键特质。

古典概念定义的优美是事物整体和各部分之间的关系：各部分之间要维持适当的比例，因此可以形成一个和谐的整体。如果一件艺术作品各部分看起来似乎恰当，那么这个东西就该被称作是美的，它能带给我们审美的喜悦。例如，列奥纳多·达·芬奇的《蒙娜丽莎》（Mona Lisa，图 6-1）是世界杰作，无论是普通观众还是专业评论家都络绎不绝瞻仰这位面带微笑的神秘女人，大家讨论着对她的观感，享受着美带来的喜悦，而这就是审美带来的幸福感。

崇高美与优美具有的和谐形式不同，往往呈现为一种矛盾的审美形态，崇高的本质在于人的本质力量与客体之间处于尖锐对立与严峻冲突的状态。客体企图以巨大的气势和力量压倒主体，

图 6-1　达·芬奇《蒙娜丽莎》，1503—1517 年，油画，77 厘米 ×53 厘米，巴黎卢浮宫藏

图 6-2　卡斯帕·大卫·弗里德里希《云海上的流浪者》，1818 年，油画，94.8 厘米 ×74.8 厘米，汉堡艺术馆藏

主体在严峻冲突中更加激发了自身的本质力量与之抗争，最终战胜与征服客体，使人的本质力量得到比在优美事物中更加充分的显现。崇高美的对象往往是无序和残缺的，如奇绝高耸的山峰、无边无际的大海、奔腾入海的大江大河等。例如，德国浪漫主义风景画家卡斯帕·大卫·弗里德里希的《云海上的流浪者》（*Wanderer Above a Sea of Clouds*，图 6-2）是一幅将孤独感和崇高感融合在一起的作品，一个孤寂的背影伫立在山岩之上，远处的岩石山峰在云海中若隐若现，男子的深色轮廓与山间弥漫着的白色云雾以及天空的色调形成了强烈的对比。此时此景，正如画家本人的自白："我必须形孤影单，而且我必须知道我是独自一人，以便全面地观察与感受自然；我必须沉溺于我周围的一切，必须同我的云块和岩石融为一体……"

悲剧作为一种审美形态，不是指可悲或者不幸的戏剧，而是崇高的高阶形式。悲剧的主体总能在与各种界限的斗争中，甚至肉体的死亡中获得充分成长和表现。悲剧人物虽然献出自己的自然生命，但是他的伟大精神生命存活在人类的思想文化中，从而获得永恒。《俄狄浦斯王》是古希腊悲剧，剧中的俄狄浦斯被神预言将会弑父娶母，他勇于向命运挑战，踏上离开的征程，坚持不懈地寻求着真理和正义，然而在他的不断追寻中，他发现自己是忒拜的国王拉伊俄斯和王后约卡斯塔的儿子，而自己导致拉伊俄斯自杀，约卡斯塔被俄狄浦斯刺瞎双眼，自己也在百般痛苦中自杀。他从始至终都在与命运对抗，然而依旧没有摆脱命运的捉弄。悲剧艺术从来都是对人生意义的探求，悲剧的痛苦使人崇高，悲剧的美是引人看到不可解除苦难之后的光明以及精神的提升。

喜剧与悲剧一样，也是一种审美形态。如果说悲剧来源于人的本质力量与特定生存界限之间不可调和的对立冲突，那么喜剧则来源于它们之间实质上虚假的矛盾冲突。就像工业文明下，人往往会按照某种死板的规定和程式做事情，失去了灵活应对的能力，就陷入了可笑的喜剧矛盾之中。然而，喜剧艺术往往善于通过机械的、荒诞的方式展示真、善、美。例如中国戏曲中的丑角，他们的装扮往往丑陋，言行举止往往怪异，反而表现出小人物的机智与幽默，通过引人发笑的方式缓解观众的压力，帮助观众深度思考。

审美感受力的敏感性虽然有先天的因素，但同时从审美活动中可以逐渐培养起来。审美感受力是指对光、色、音量等细微差异的判断，使之与律动的多彩世界保持紧密。审美感受力不是培养对名家名作意义的辨析能力。缺乏用真诚的感觉获得感觉印象，无异于鹦鹉学舌。经过一定审美经验的积累之后，在丰富的审美记忆表象基础上，审美想象力才能被激发。在美育过程中，有意识地保障和引发审美想象是培养审美想象力的关键。

6.1.2　能对艺术感受进行批判性表达

人们在面对艺术作品时，会有不同的接受层次，如：关注作品真伪、确切年代等知识性问题；以审美愉悦为目的的欣赏；以品评作品为趣味的批评鉴赏等。鼓励大学生将对电影、绘画、音乐、建筑、雕塑等进行评论的冲动表达出来，但是这种评论的表达需要有专业技能的加持，学习一些有关批评的原则以及如何对其加以运用，可以帮助学生获得深刻的参与性体验。

1. 从艺术欣赏到艺术批评

很多人会抵触成为艺术专业批评家，因为欣赏仅仅需要普通人的感受力，这种感受是愉悦且没有统一标准的，充满了联想和想象，同时饱含感情。而批评需要具备与艺术门类相关的学术训练，也会影响参与所带来的乐趣。作为有知识积累和基本人文素养的大学生，有机会获得艺术批评带来的更深层次的感知力。

例如，很多好的电影值得被反复观看，第一次看电影的时候，优秀的电影导演可以让我们在短时间内轻而易举地进入到电影营造的氛围中，当观影者被艺术作品感染，与电影中的人物共命运，思其所思，爱其所爱时，这种现象就是艺术欣赏中的共鸣。艺术欣赏所带来的乐趣既微妙又复杂，这种单纯的愉悦感会随着时间的推移而消失。但是，如果掌握了批评方法和技巧，明智地反思第一次体验，对艺术形式和内容的理解更为精确，我们就会发现对任何杰出的艺术作品的第二次体验都会更为强烈，而这种参与感也会更加深刻。

所以，大学生接触艺术批评是必要的。艺术批评从一定艺术立场和观点出发，重建欣赏作品内部与外部之间的联系，并创造性地阐释作品的意义和价值。当面对一件公认的杰作时，如果不能陶醉其中，其原因或许并非因为作品不成功，而是我们不能深入其中理解和感知全部内容。批评方法的学习或许可以帮大学生获得更强的沉浸式体验感，增强大学生感知艺术作品形式的敏锐性，加深对艺术作品的理解。

2. 批评的类型

（1）描述性批评

描述性批评侧重艺术作品的形式分析，是分析、阐释甚至评价艺术作品的基础。描述的立场是客观和中立的，这样可以帮助没有机会接触艺术原作的人了解艺术品的基本面貌。描述性批评的语言往往是优美的，文字本身也为艺术作品的灵韵增添光彩。以下是美国著名艺术史家和批评家列奥·施坦伯格（Leo Steinberg）一篇评论毕加索《沉思》（图6-3）的短文。①

毕加索一幅蓝色时期的水彩画，画下了23岁的艺术家本人。他没有画艺术家们在通常的自画像中会画的东西。他没有探索自己的镜像，也没有带着鄙夷的神情望着观众，更没有眼睁睁地盯着模特儿。他似乎既不在工作，也不在休息，而是深深地陷入了一种无为之中：看一个熟睡的姑娘。姑娘躺在弥漫的光里，一条抬起的手臂枕着她的脑袋。她近在咫尺，却几乎要悄悄溜走，她背后那糊了墙纸的角落也融化在午睡的暖流里。正是画家的形象传达了对这一情景令人忧郁的关注。微暗的蓝色墨水弄平了他的杯子与头发。他那冰冷的阴影与她的明亮恰成对比；他坐着的样子则与她平躺着的姿势形成呼应；他那硬朗的身躯又与她敏感的肌肤构成强烈的对照。他们之间的对比是全方位的。正如她的光辉暗示了身体的极大欢悦，他不知所措的意识则成了一种被放逐的状态。

毫无疑问，这篇描述性的批评不是直白的铺叙，而是通过富有启发性的写作引发观众的暗示和联想。

（2）分析性批评

从19世纪摄影技术发明以来，它逐渐取代了艺术批评的描述功能，但是分析方法无法被替代。分析的内容可以针对形式关系、空间关系、

———————————

① [美]列奥·施坦伯格.另类准则：直面20世纪艺术[M].沈语冰，等，译.南京：江苏凤凰美术出版社，2011：116.

图6-3 毕加索《沉思》，1904年，水彩，36.8厘米×27厘米，纽约现代艺术博物馆藏

图文关系、艺术家与观众关系等，分析不分繁复还是简约，优秀的分析总能帮助艺术创作者重新发现自我，意识到自己创作中无意识的内容。

20世纪英国著名艺术批评家罗杰·弗莱（Roger Fry）对塞尚（Cézanne）作品的批评是形式分析的杰作。

对纯粹的印象派画家来说，轮廓线的问题并不十分紧迫。他们感兴趣的是视觉织体的连续性，轮廓线对他们而言并无特殊意义；它多多少少——经常是笼统的——被定义为色调暗示的概括。但是，对塞尚而言，由于他知性超强，对生动的分节和坚实的结构具有不可遏止的激情，轮廓线的问题就成了一种困扰。我们可以看到这种痕迹贯穿于他的这幅静物画中（图6-4）。他实际上是用画笔，一般以蓝灰色，勾勒轮廓线。这

一线条的曲率自然与其平行的影线形成鲜明对比，并且吸引了太多的目光。然后他不断以重复的影线回到它上面，渐渐使轮廓圆浑起来，直到变得非常厚实。这道轮廓线因此不断地失而复得。他想要解决轮廓的坚定与看上去的后缩之间的矛盾，那种顽固和急切，实在令人动容。

图 6-4　保罗·塞尚《水果盘》，1879 年，油画，46 厘米 ×55 厘米，纽约现代艺术博物馆藏

这自然导致了某种厚重，甚至是笨拙感，但是，它却以赋予诸形体一种我们业已注意到的那种令人难忘的坚实性和庄严感而告终。事实上，我们不得不承认，安宁实现了。乍一看，体积和轮廓都粗暴地要夺人眼目。它们都有着令人惊讶的简洁明快，而且被清晰地加以把握。然而，你看得愈久，它们就愈想躲避任何精确的界定。轮廓看上去的那种连续性其实却是错觉，因为贯穿于每一种长度的轮廓线的质地在不断发生变化。在对最短小的曲线的追踪中都不存在一致性。由于不断确认和冲突，相似的结果却来自相当不同的条件。我们于是立刻就获得了总体效果上异常单纯，任何一个局部却无限多样的概念。正是绘画质地的这种不断变化着的品质效果，传达出动而不板、活泼迎人的生命感。尽管形状是如此庄严，一切却都在震颤和运动。①

这一段描述，将塞尚的感性与知性进行平衡，同时将画面中平面和三维错觉张力的矛盾进行了详细分析，是形式分析的典范之作。

（3）阐释性批评

阐释性批评是指对艺术作品的内容进行意义的阐释。意义问题其实是一个集合，包括从作者角度出发、从作品角度出发、从观众角度出发的含义阐释。法裔美国女艺术家路易斯·布尔茹瓦（Louise Bourgeois）的作品《母亲》（图 6-5）被认为是她的巅峰之作。这是一座被命名为母亲的巨型蜘蛛雕塑，母亲与蜘蛛之间完成了布尔茹瓦潜意识里的意识指认。为什么会有"蜘蛛—母亲"这样的意义阐释呢？可以从艺术家的童年经历开启阐释，布尔茹瓦生在一个诡异的家庭格局里，母亲、父亲和父亲的情人常年共处一室。母亲像是蜘蛛一样勤劳纺织布匹填补家用，用尽全力苦心钩织生活之网弥合支离破碎的家庭关系。蜘蛛是布尔茹瓦关于母亲的记忆，蜘蛛作品腿部都膨胀成了强健的柱状，变成了房子空间的骨架，为布尔茹瓦撑起了家。布尔茹瓦曾说，"我最好的朋友是我的母亲，她像蜘蛛一样聪明、伶俐、有耐心、很宽容、通情达理、纤细、敏感、无可替代。她也同时保护着我和她自己，拒绝回答一些'愚蠢的'、刨根问底、令人尴尬的私人问题。"② 这是一种符合艺术家意图的阐释，然而，阐释越来越强调多重意义的可能性。优秀的阐释者会在阐明题材后，探寻和揭示所展现题材的意义，并能掌握艺术作品的复杂和微妙之处。

① ［英］罗杰·弗莱塞尚及其画风的发展 [M]. 沈语冰，译. 桂林：广西师范大学出版社，2009：94.

② Bernadac，Obrist.Destruction of the father，Reconstruction of the father[M].London：Violette Editions，1998：326.

图 6-5 路易斯·布尔茹瓦《母亲》，2001 年，青铜、大理石及不锈钢，895 厘米 ×980 厘米 ×1160 厘米，毕尔巴鄂古根海姆博物馆藏

（4）评价性批评

评价性批评是对一部艺术作品优劣的评判。这种评判标准会让人很自然地质疑。首先，每个艺术作品都具有个性，优秀的标准是什么？其次，这种评价批评的目标是什么？最后，这种评价有何裨益？如果没有长期沉浸艺术现场的经验和艺术史学习的经历，很难对艺术作品作精准的坐标定位，也就很难对艺术作品作评价性的批评。

但是，也正是评价性批评的高阶段位，让非专业评论家对评论这件事情望而却步。其实，纵观艺术史上的批评家，基本也是一部错误批评史，他们嘲笑过库尔贝、讽刺过莫奈、接受不了野兽派等，然而这些被当时批评家批判过的艺术家，反倒经过了时间的检验，在艺术史上熠熠生辉。所以，作为一个非职业评论家，作为一名

有学识、有涵养的大学生，在面对一件艺术作品时，不要畏惧于表达自己的观点，无论它使你感到愉悦还是困惑，最值得信赖的做法就是忠实地、不要含糊其词地表达自己的感受。

综上，大学生应该享受审美带来的敏感洞察力和想象力，并且在学习专业批评的基础上，诚实地表达自己对艺术的感悟。就艺术而言，没有任何固定的答案，掌握一切答案者并非真正理解艺术的人，善于提问和思考比获得答案重要。

6.2 艺术门类美育

大学美育中开展艺术门类美育，需要以优秀的艺术作品为依据，优秀的艺术作品既包括在历史长河中积淀的传统艺术作品，也包括乘新媒体东风而出的新兴艺术作品。以艺术形态的创造方式为依据，可以分为造型艺术、表演艺术、语言艺术和综合艺术。各种艺术门类虽相互区别且独立，但是从根本上讲，都属于满足人审美需求的精神产物。它们之间互相吸收和借鉴、互相配合、互相结合，特别是社会的进步为新的艺术形式产生带来可能性，科学技术也带来批量化、复制化的工业生产模式，使艺术在传播过程中兼具了更强的生命力和影响力。

6.2.1 造型艺术美育

造型艺术是以自然符号为媒介创造具有空间实体和可视直观的艺术形象的艺术。它一般包括绘画、书法、雕塑、摄影、工艺美术等门类，通称美术。造型艺术是在二维或三维空间塑造直观的平面或立体的静态艺术形象，因此也被称为空

间艺术或静态艺术。造型艺术具有凝固不变的静态形象，可以反复观赏，并且流传久远，是时代变迁的文化见证。

1. 绘画艺术

绘画艺术通过色彩、线条、构图、明暗构建二维的静态艺术，通过展示个性的图像来表达对生活的审美感受，进而反映生活和人生。绘画赏析的意义不仅在于从中获得审美感受、思想启示，还在于能获得道德感召和精神鼓励。以被后世尊称为"百代画圣"的唐代宗教画家吴道子为例，他的作品《八十七神仙卷》冠绝于世（图6-6）。吴道子善于从复杂的物体形态中总结线的规律，用状如兰叶之纹表现风吹服饰之势，人称"吴带当风"。如今，此画辗转多次，被徐悲鸿收藏，画中八十七位神仙如从天而降，姿态风韵优美，线条流动如音乐韵律，观画时可感受到吴道子创作时的呼吸韵律，呼吸着作者的呼吸，获得穿越千年的同频和共鸣。这是绘画欣赏的魅力。

2. 书法艺术

书法艺术的书写主要由章法布局、线条的构字结构和墨色韵律这三个要素构成，欣赏书法的美即是感受章法的浑融和谐，体悟线条的力度、质感与节奏，在墨色的浓淡变化中体会书法的生命力。以《祭侄文稿》（图6-7）为例，《祭侄文稿》是颜真卿追祭从侄颜季明的草稿，追叙了常山太守颜杲卿父子一门在安禄山叛乱时，其侄挺身而出，坚决抵抗，取义成仁之事。因是在极度悲愤的情绪下书写的，全篇不顾笔墨之工拙，通篇纵笔豪放，字体外紧内松、笔锋内含，跌宕情绪跃然纸上。

3. 雕塑艺术

雕塑艺术中的"雕"是指"用减除材料的方法来做出造型"，"塑"是指"把材料固定成某种形状来做出造型"，两者合一，利用高、宽、深呈现出三维造型艺术的立体美感。以古希腊《萨莫色雷斯岛的胜利女神》雕像为例（图6-8），雕像表现的是古希腊神话中的胜利女神，因协助宙斯赢得泰坦之战而获封"胜利女神"称号。她张开双翅拥抱大海，衣褶流畅飘逸，呈现了生命的活力和力量。

4. 摄影艺术

摄影艺术是借助照相机、感光材料，运用光

图6-6 （传）吴道子《八十七神仙卷》，绢本线描，30厘米×292厘米，北京徐悲鸿纪念馆藏

图6-7 颜真卿《祭侄文稿》，纸本行书，28.2厘米×75.5厘米，台北故宫博物院藏

图6-8 《萨莫色雷斯岛的胜利女神》，大理石，公元前200—前190年，高275厘米，巴黎卢浮宫藏

线、构图等造型手段呈现美的一种艺术形式。创作过程体现了瞬间性、纪实性、造型性的，欣赏摄影艺术可以获得记忆之美、定格之美、创意之美。以郎静山的摄影为例，他的摄影作品模仿传统中国绘画，以黑、白、灰为基础影调，成功运用留白这一概念扩展画面空间，似画非画、似影非影，意境犹如诗篇、淡远空明。

5. 工艺美术

工艺美术是指以日常生活用品或装饰品为媒介的美术。工艺美术作品兼具审美价值和实用价值，包括陶器、瓷器、玉器、首饰、灯具、家具等。欣赏工艺美术之美即是通过观物，体会天工开物的精神内涵，具体包括"自然美学""人工美学""生活美学"等美学特质。以河北省博物馆藏河北满城中山靖王刘胜妻窦绾墓出土的青铜长信宫灯为例，长信宫灯呈宫娥跪坐之姿，姿态优美、神情端宁，宫娥左手擎灯盘，灯盘上可放蜡烛，宽大飘逸的袖管垂覆在灯室顶部，形成灯罩。灯座上安装两瓣可滑动的半柱形遮光片，用以调节亮度。宫女的右袖管自然成了蜡烛的烟囱，可将所有烟雾导入手臂。精巧的造型配合精妙的装置，这盏灯融合了审美价值和实用价值。

总而言之，大学生可以在造型艺术中获得审美敏感。造型艺术作为一种视觉艺术，有别于语言系统的意义解读，不同题材、不同主题的造型艺术会给人不同的视觉印象，而用心欣赏之后，进而会感悟画中深意，从而收获审美体验和道德启示，这是造型艺术独有的传意体系。大学生还可以在造型艺术中获得精神享受。古今中外艺术家都会在自己的作品中呈现志趣、抱负、理想和情怀。跨越时空限制，造型艺术不仅传递了艺术家创作之初的历史文化语境，更映照了作者的人格和心灵。此外，对造型艺术的学习和观察，有助于学生更懂得关注细节，拓展生命体验的感知力，从而更积极去追求优质生活。

6.2.2　表演艺术美育

表演艺术是指通过流动的乐音和人体动作，最直接、最强烈、最细腻、最充分地表现人的内心情感和情绪变化的过程。表演艺术这一名词第一次出现于 1711 年的英文词汇中，它包含时间、空间、表演者的身体以及表演者与观众之间的互动四个基本的要素。不同于雕塑艺术或造型艺术家使用泥土、金属或颜料作为创作的媒介，表演艺术所运用的媒介是艺术家的身体、表情、语言与本身的技术能力等。另外，他们的表演形式为现场表演，与观众有面对面的接触。其包含的种类主要有戏剧、音乐、歌剧和舞蹈，在较为广义的定义之中，也包含了杂耍、笑剧、哑剧、魔术、演讲与辩论等，它们的共同之处是皆在观众面前表演，然而不同的种类有着不同的表演形式。

1. 音乐

音乐是以人工符号中有规律、有组织的乐音构成的艺术符号体系，基本表现要素为旋律、节奏、和声和音色。以周杰伦为例，周杰伦是华语乐坛上具有革命性的原创歌手，他的音乐独特之处在于将中国风音乐和 R&B（Rhythm and Blues，意如节奏蓝调）音乐相结合，并将文学美和意境美注入音乐语境中。他的歌曲《兰亭序》，由作词人方文山填词，灵感来源是东晋书法家王羲之的书法作品《兰亭序》。歌词韵味悠长，能够拿"兰亭临帖，行书如行云流水"的摹本拓字典故，来与"雨打蕉叶，又潇潇了几夜，我等春雷来提醒你爱谁"之心事加以密缝结合，已然是词作的一绝。再加上周杰伦以京剧小旦吊嗓子的方式演唱副歌部分，更增添了《兰亭序》的古典美。《最伟大的作品》则以一曲钢琴曲弹奏，化身时空旅人，用音乐穿越的形式，与超现实主义艺术家玛格丽特和达利、印象派画家莫奈、诗人徐志摩、画家常玉、钢琴家郎朗等不期而遇。《最伟大的作品》依旧是周杰伦式的多元曲风，将嘻哈、饶舌、古典融为一体，也依旧是周杰伦式的艺术狂想，音乐、绘画、文学纵横交织。周杰伦用自己的作品传递着数字时代综合的、融合的美育姿态。

2. 舞蹈

舞蹈则是将身体和动作作为主要表现手段，它以连续流动的舞姿完成情感表达和时空塑造。表演艺术兼具乐音和舞姿的艺术符号塑造形象，使艺术形象直接作用于欣赏者的感官。因此，表演艺术又被称为"时间 / 时空艺术""动态艺术""表现艺术"。以唐诗逸为例，她是中国歌舞剧院首席舞者，在《一生一事》这部舞蹈秀中，唐诗逸用兼具柔美和力量的古典舞蹈展示了修复师与文物《女史箴图》之间千丝万缕的联系，用新中式造型、宫廷华服、破碎衣衫三个装造蝶变推动剧情发展，讲述了文物修复师与文物产生的悲欢共鸣，展示了文物修复者终其一生完成一事的决心。

总而言之，表演艺术可以触及情感、升华人格。无论是音乐还是舞蹈，欣赏者首先会在情绪上受到感染，情感体验是欣赏表演艺术的重要一环，在欣赏艺术表演中，大学生陶冶情操，凭借情感沟通，获得传统文化和现代文化的滋养。表演艺术可以协调身心、净化心灵。欣赏表演艺术可以使大学生在深受艺术感染的同时，稳定心绪，宣泄压抑情绪，维持心理平衡，陶冶性情。表演艺术可以培养大学生丰富的想象力和联想力。表演艺术所塑造的形象和意境往往比较抽象，欣赏者需要通过丰富的联想力才能链接表演艺术中深刻的意涵。好的表演艺术配合观众的丰富想象才可以触及心灵，引发观众的强烈情感体验和共鸣。

6.2.3 语言艺术美育

语言艺术主要指文学。"文学"二字拆解开来，就是文字的学问。语言艺术就是以语言符号为媒介创造富有审美意蕴的艺术形象的艺术。语言艺术又称想象的艺术，其间接为读者提供了充分想象和再创造的空间。语言艺术主要包括诗歌、小说、散文等，文学之美是从美学的角度对文学进行欣赏。

1. 诗歌

诗歌是一种有节奏和韵律，表达凝练、结构多样、用于反映生活和表达情感的文学体裁。[①]因为诗歌初兴时期会被吟唱，常和音乐、舞蹈结合在一起，所以得"诗歌"之名。诗歌的美感体现在运用排比、对仗、叠词、叠句等技巧丰富语言的层次性。无论是中国传统的古典诗歌，还是受到西方诗歌影响的现代诗、自由诗，诗常透过特

---

① 刘甫田，徐景熙，张德礼，等. 文学概论 [M]. 北京：高等教育出版社，2011：78–84.

定的形象和技巧，让字词除了表面意义之外，还富含自由阐释的空间，以唤起读者情感共鸣。以一直被流传传唱的《幽兰操》为例，相传孔子擅长鼓琴，春秋末年，王室衰微，礼崩乐坏，孔子周游列国，报国无门，返乡途中，见众草荒芜中兰花独自开放，深感自己生不逢时，遂作古琴曲《碣石调·幽兰》歌词。

碣石调·幽兰

孔子

习习谷风，以阴以雨。

之子于归，远送于野。

何彼苍天，不得其所。

逍遥九州，无所定处。

世人暗蔽，不知贤者。

年纪逝迈，一身将老。

伤不逢时，幽兰作操。

唐代诗人韩愈推崇孔子学说，也以"兰"为主题，遥空对唱《猗兰操》，讴歌孔子一生的同时，借兰之意象表达自己的君子操守。

猗兰操

韩愈

兰之猗猗，扬扬其香。

不采而佩，于兰何伤。

今天之旋，其曷为然。

我行四方，以日以年。

雪霜贸贸，荠麦之茂。

子如不伤，我不尔觏。

荠麦之茂，荠麦之有。

君子之伤，君子之守。

直到今日，韩愈《猗兰操》经赵季平先生改编谱曲，作为电影《孔子》主题曲，由歌手王菲

吟唱，既继承了古人传承千年想表达的意境，也符合现代人的音乐审美追求。

幽兰操（《孔子》电影主题曲）歌词

韩愈著，赵季平改编

兰之猗猗，扬扬其香。

众香拱之，幽幽其芳。

不采而佩，于兰何伤？

以日以年，我行四方。

文王梦熊，渭水泱泱。

采而佩之，奕奕清芳。

雪霜茂茂，蕾蕾于冬。

君子之守，子孙之昌。

无论是孔子的《幽兰操》还是韩愈的《猗兰操》，再或是现代歌曲演绎的《孔子》电影主题曲，无不透露着作者对时代和人生变迁的感慨，以及对万物的敬畏。而且这种情感可以跨越千年，不受特定时间和空间的限制，诗歌就是激发人类内心最深处情感和智慧的语言载体。

2. 小说、散文和戏剧

小说是一种以刻画人物形象为中心，通过完整的故事情节和环境描写来反映社会生活的文学体裁；散文是没有任何束缚及限制的文字梳理方式；戏剧剧本将整体情节高度集中在舞台范围内，受到时间、空间、人物、情景的限制。无论何种语言艺术形式，文学形象都作为诉诸想象才能被感知和领悟的间接形象，是作者把生活材料从"眼中之物"提炼成"胸中之物"的过程。阅读语言艺术，不仅能体会文学形象的具体生动，还能深入表现对象的精神世界，通过艺术形象和审美理想提升人的精神境界，获得心灵自由。这种获得感可以被称为文学的超越性，具体呈现为对人与自然、人与社会关系的超越，以及对自我的超越。

总而言之，语言艺术具有以下四个作用。第一，增强情感力和提高审美直觉。文学作品之所以带给人美感，是因为它不仅客观记录了生活，同时也是生活的审美反映，凝练概括了作家的审美理想，引发读者对美好事物的追求。第二，培养创造力。在阅读文学作品的同时，虽然读者阅读的是语言符号，但是脑海中会通过联想、想象和创造力，将作品形象发展为脑海中的形象。能动性会刺激文学形象的丰富性，这就是创作力培养的过程。第三，传承人文精神。语言艺术可以引导读者体会文学语言背后人类共通的智慧和情感，获得文化自信与文化认同。第四，提升人生境界。在感受到前三点的基础上，意识到个体生命的局限，才能立足世界范畴，净化心灵，观照人生，在自我超越中重新审视生命的意义和价值。

6.2.4　综合艺术美育

顾名思义，综合艺术作品最基本的审美特征便是综合性。综合艺术吸收了包括造型艺术、表演艺术、语言艺术等多种艺术的长处，综合多种手段和方式的艺术表现力，形成独特的审美特征。不同类型的艺术一旦作为综合艺术的组成部分，就会绽放自己崭新的生命力和意义，而这种融合的特点使综合艺术更加具有感染力。话剧、戏曲、电影、电视剧都是广泛意义上的综合艺术，戏剧性是此类综合艺术的主要特征。"所谓戏剧性，就是戏剧艺术通过演员扮演的角色之间的冲突来展开剧情、刻画人物，借以吸引观众，实现其艺术效果和审美作用的特性。"[①]

[①]　彭吉象. 艺术学概论 [M]. 北京：北京大学出版社，2006.

以《哈姆雷特》为例，它既是莎士比亚（William Shakespeare）的文学作品，也是莎士比亚最负盛名的剧本，同《麦克白》《李尔王》《奥赛罗》一起组成莎士比亚"四大悲剧"。《哈姆雷特》讲述了哈姆雷特的叔父谋篡王位、杀死国王并强娶国王遗孀，哈姆雷特在疯癫与悲愤中复仇的故事。而大家熟知的"一千个读者就有一千个哈姆雷特"的说法，既是不同读者心中的再创造，观众的再创造也可能源自同一文艺作品的不同演绎方式。

中国国家大剧院版《哈姆雷特》是莎翁书写的悲剧穿越时空在中国进行的重新演绎。戏剧开场，翻译家朱生豪和夫人宋清如出现，他们是连接中国读者与莎士比亚的桥梁。接着，由孙立石、杨淇饰演的国王克劳狄斯与王后乔特鲁德登上舞台中央的菱形平台。弑兄篡位的克劳狄斯正准备迎娶这位新寡的嫂子，哈姆雷特却身着丧服徐徐登场。午夜时分，老国王的灵魂出现，告诉儿子哈姆雷特自己被亲生兄弟毒杀的事实。哈姆雷特巧用戏中戏证实了叔父的罪恶。但是疯狂的哈姆雷特错杀了爱人奥菲利亚的父亲洛涅斯（董汶亮饰），这让纯洁美丽的奥菲利亚彻底失控，走向疯癫与死亡。作为奥菲利亚哥哥的雷欧提斯（王楠钧饰）得知父亲与妹妹的离世，愤而与哈姆雷特决斗。最后，雷欧提斯惨败，临终之际指认了哈姆雷特叔父的罪行，王室悲剧由此落幕。而在舞台正式落幕前，翻译家朱生豪命殒，他的妻子宋清如走上舞台，诉说着无限思念。

总结来说，戏剧是当下的戏剧，这里的当下是指在空荡荡的舞台上，演员富于想象力的表演和观众富于想象力的观赏，让每一次演出都变成一种全新的体验。而电影版的《哈姆雷特》也被多次重拍，在众多版本中，1948 年由劳伦斯·奥利维尔自导自演的《哈姆雷特》黑白电影别具一格。导演将《哈姆雷特》原版四个小时的内容压缩成两个小时，通过光影烘托、移动摄影等多重电影技术手段，将电影重点放在哈姆雷特的消极思考上，改编了原有戏剧逻辑链条，呈现出独特的个人风格。最终，这部电影成为首部获得奥斯卡最佳影片的英国电影。

总而言之，欣赏综合艺术具有以下作用。第一，可以获得综合的审美感受。综合艺术集中多种艺术门类形式，实现了美学上的高度融合，在欣赏过程中，观众需要耳目并用，彻底释放感通力。第二，可以获得层次丰富的哲思。综合艺术吸取了各门类艺术的长处，可以创造出极具艺术表现力的艺术形象，越综合的艺术作品往往思想内涵和人生哲理越丰富，意蕴越是多义。理解好一部电影或者话剧，实则可以享受更多层次的精神内涵。第三，可以拓宽视野，提升生活品位。现代影视作品作为大众艺术，其渗透力和包容性是其他艺术所不及的，欣赏影视艺术不仅提供了闲暇时光的娱乐方式，同时满足了视听享受和心理快感，潜移默化学习到知识，在广阔见识中提高生活品位。

6.3 生命与艺术之美

中国传统生死观以"未知生，焉知死"为主体，意在说"活着的事情还没明白，怎么能弄清楚死后的事情呢"，强调了生死的不可知性。与西方传统生命观对彼岸世界的追问不同，国内对待死亡的态度是避而不谈的，死亡意识的缺席无法让人们释放对死亡的恐惧感。死亡总能激发一些最为辉煌的艺术作品，包括绘画、音乐、文学喜剧等，本节要探索的问题就是对于生死的思考是如何影响艺术家的，他们的艺术作品如何在生死之间寻找生命的意义。

6.3.1 关于死亡的形象

中西方对待死亡不同的态度直接影响到对死亡形象的表现。西方文化中的赞美死亡以及对死亡刨根问底的精神造就了大量的直接的死亡文字和死亡图像。

"To be, or not to be, that is a question." 这是英国剧作家莎士比亚在《哈姆雷特》中的一句经典台词，译文为"生还是死，这是一个问题"。显然，莎士比亚对生死有着深入的思考。图像与生死的关系也是复杂的，不乏学者从死亡的角度介入，对图像产生思考。例如汉斯·贝尔廷（Hans Belting）认为图像创制的原始动机就在于对死亡的克服，可以解释为图像不仅是对死者身体的再现，更是赋予灵魂的死者图像的"具身化"。在雷吉斯·德布雷（Regis Debray）看来，"图像，始于雕塑，而后描绘而成，究其渊源和功能，是一种媒介，处于生者和死者、人和神之间，一个社群和一片宇宙之间，在可见者和驾驭它们的不可见力量的两个群体之间。因此，图像本身并非终极目的，而是一种占卜、防卫、迷惑、治疗、启蒙的手段。它把古代城邦纳入到自然的范畴，把个人吸收到宇宙的层次里，纳入到'世界之魂'或'宇宙和谐'之中。简而言之，图像是实实在在的生存手段。"[①] 在西方艺术史上，早期的死亡图像为了阐释和传播宗教教义存

---

① [法]雷吉斯·德布雷. 图像的生与死：西方图像观念史[M]. 黄迅余，黄建华，译. 上海：华东师范大学出版社，2015.

在，为宗教服务。经过文艺复兴和启蒙运动，死亡形象逐渐从宗教桎梏中脱离出来，走向世俗。

西方自古希腊以来就不避讳对死亡主题的正面描绘，《萨尔珀冬陶瓶》（图 6-9）是欧弗洛尼奥斯（Euphronios）创作的，并在瓶身留下了自己的名字，瓶身描绘了死神和睡神抬着萨尔珀冬遗体的图像。在《伊利亚特》中，萨尔珀冬之死是极为重要的一幕，代替阿喀琉斯出战的帕特洛克罗斯成功地击退了特洛伊人，并杀死了萨尔珀。最后，希腊人夺走了萨尔珀冬的铠甲，宙斯命令阿波罗救走了萨尔珀冬的尸体，最后再由睡眠之神和死亡之神将尸体送回萨尔珀冬的祖国吕底亚。画面中的萨尔珀冬被描绘成健硕的、没有胡须的年轻人，而非《伊利亚特》原著中抛妻弃子参战的中年人。战争死亡是悲剧，英年早逝的命运更是悲剧之极，欧弗洛尼奥斯通过精妙的改动传达了萨尔珀冬陶瓶瓶画背后对生命的感慨。

图 6-9 《萨尔珀冬陶瓶》，彩陶，公元前 515 年，高 46 厘米、直径 55 厘米，切尔韦泰里考古博物馆藏

萨尔珀冬的视觉图像一直延续着生命力，到了文艺复兴时期，艺术家们开始模仿古代希腊风格的热潮，《萨尔珀冬陶瓶》上的两位神灵搬运尸体的画面，被转化为这样一幅传播更深远的经

典图式：悲伤的人们搬运着一具从十字架上解救下来的耶稣，哀悼基督的场景"看起来像萨尔珀冬"。以拉斐尔的《下十字架》为例（图6-10），这幅作品本是阿塔兰塔·巴廖尼为追念被害的儿子而委托拉斐尔绘制的祭坛画，巴廖尼希望在圣母的脸上表现出自己丧子之痛。这幅作品结合了右侧的圣母哀伤和左侧抬走基督遗体两个场景，被抬起的基督身体朝上，手臂无力奄下，与"萨尔珀冬"异曲同工。在16世纪的基督教文化中，宗教中的死亡是永恒的主题，新的图式阐释了新的爱与死亡：基督因世人而受难，用死亡为世人救赎。

图6-10 拉斐尔《下十字架》，木板油画，1507年，184厘米×176厘米，罗马博尔盖塞美术馆藏

骷髅是更为直观的死亡意象。在《哈姆雷特》中，哈姆雷特向国王弄臣郁立克的"骷髅头"问道："现在你还会挖苦人吗？你还会蹦蹦跳跳，逗人发笑吗？你还会唱歌吗？你还会随口编造一些笑话，说得满座捧腹吗？你没有留下一个笑话，讥笑自己吗？这样垂头丧气了吗？"①《哈姆雷特》中还有这样一幕，哈姆雷特看着掘坟者玩弄着骸骨，设想骷髅生前是一个政客、律师、英雄、国王，或者仅仅一个普通人，他们最后都会死去，变成骷髅，生前的爱恨情仇都会消失，这就不得不让我们重新审视生死之间复仇的意义。

骷髅头的视觉形象也经常被表现于基督受难的画面中，《旧约·创世纪》中写道："你本是尘土，仍要归于尘土。"人终有一死，基督上十字架对人类进行救赎，信徒走向骷髅地进行赎罪和忏悔。在尼德兰画家杰拉德·大卫（Gerard David）的《基督被钉上十字架》（*Christ Nailed to the Cross*，图6-11）可以看到基督身旁的骷髅头，它象征着黑暗和死亡，作为救赎的象征，与十字架一同出现。此外，骷髅还会出现在其他宗教人物在场的场景中，17世纪拉图尔（Georges de La Tou）创作了一系列以"忏悔的抹大拉玛莉亚"（The Penitent Magdalene）为主题的油画作品，抹大拉玛利亚是耶稣的忠实门徒之一，原先是妓女，后来在基督的感召下痛改前非，见证了耶稣被钉上十字架，然后三天后复活的神迹。

在《烛光下的抹大拉玛利亚》（*Magdalene with the Smoking Flame*，图6-12）这幅油画中，抹大拉玛利亚整个画面处在一片漆黑的阴影中，她一只手支着下巴，一只手触摸着放在腿上的骷髅头。她神情沉思且虔诚，画面上的蜡烛照出唯一的光源，燃烧的灯火代表基督的灵光和温暖，而烛火的明暗之间似乎隐约浮现了生命的偶然和脆弱。光明引导着抹大拉玛利亚的自省和沉思，带她走出黑暗和混沌，走向温暖和光明。

① [英]莎士比亚著.哈姆雷特[M].朱生豪，译.北京：中华书局，2016：120-121.

图 6-11 杰拉德·大卫《基督被钉上十字架》，1481年，布面油画，48.4 厘米 ×93.3 厘米，伦敦国家美术馆藏

图 6-12 乔治·德·拉·图尔《烛光下的抹大拉玛利亚》，布面油画，1640 年，128 厘米 ×94 厘米，巴黎卢浮宫藏

骷髅群像的《死亡之舞》图像在 15 世纪广为流传，频繁出现在木刻版画、书籍和教堂中，这与欧洲 14 世纪爆发的黑死病有密不可分的关系，频繁来袭的瘟疫让人们无时无刻不处在死亡的威胁之中。《死亡之舞》图像将生命和死亡以一种审美的方式融合在一起，大家对死亡的态度逐渐从恐惧死亡转向对死亡的宁静和狂欢，最著名的是小荷尔拜因的"死亡之舞"系列图像。例

如在《死亡之舞—教皇》这幅作品中，后面的十字架代表灵魂的死亡，骷髅代表身体的死亡。图像中猛扑进来的极似天使的两个人物看起来十分邪恶，他们象征着教皇的堕落。"事实上，他允许两个死神的存在：其中一个伪装成主要人物站在人群之中，另外一个从王座后面偷看，对着教皇的脸露出了笑容。这暗指教皇的精神和肉体的死亡。"[1] 荷尔拜因为什么会将教皇塑造成一个灵魂和肉体都走向衰败的形象呢？"荷尔拜因本人在他的作品出版的那一时期，他服务于一个新教的英国国王。神父在他的作品中基本都是被批评的（只有主教、教区牧师、传教士被稍微温柔地对待），但是没有谁比教皇更被蔑视。"[2] 荷尔拜因通过骷髅之舞批评了社会的等级观念，揭露了教皇的伪善奸诈，宣扬了人文主义精神。

除了在宗教场景中出现，骷髅还会作为"劝世静物画"的主角，通过骷髅头与不同静物的排列组合，表达无生命的静物画背后所暗含的关于死亡的必然规律。例如，荷兰画家哈尔门·斯滕韦克（Harmen Steenwyck）在油画《一个生命虚无的寓言》（Still Life：An Allegory of the Vanities of Human Life，图 6-13）中描绘了骷髅头骨、华丽的刀、鲁特琴、手表、书籍、贝壳等，左侧有一束光穿过，整个画面平静安宁，但是每件静物都有着深刻的意涵，如骷髅象征死亡的必然，手表寓意时间的飞逝，贝壳、乐器和书籍代表对知识和娱乐的追求……劝世静物画警告观众不要过分重视生活中的财富和浮华，因为它们可能成为救赎之路上的障碍。

① Elina Gertsman.The Dance of Death in The Middle Ages：Image，text，Performance[M].Turnhout：Brepols 2011：172.
② Elina Gertsman.The Dance of Death in The Middle Ages：Image，text，Performance[M].Turnhout：Brepols 2011：172.

图 6-13 哈尔门·斯滕韦克《一个生命虚无的寓言》，油画，1640年，39.2厘米×50.7厘米，伦敦国家美术馆

中国古代艺术中很少出现骷髅的意象，由于中国古代儒家思想长期占据统治阶层的思想核心，更强调"入世"，艺术中鲜有直接对话死亡的绘画。南宋龚开的《中山出游图》、李嵩的《骷髅幻戏图》、清代罗聘的《鬼趣图》是为数不多出现骷髅形象的绘画作品。直面死亡的传统经典案例是庄子叹骷髅，该故事出自《庄子·至乐》篇。庄子之楚，见空骷髅，髐然有形。墩以马捶，因而问之。曰："夫子贪生失理而为此乎？将子有亡国之事、斧钺之诛而为此乎？将子有不善之行。愧遗父母妻子之丑而为此乎？将子有冻馁之患而为此乎？……髑髅深矉蹙额曰："吾安能弃南面王乐而复为人间之劳乎！"[①]

讲的庄子在去楚国的路上，看到了一个骷髅，骷髅干枯，庄子用马鞭抽了几下，然后就行了连环提问："你是因为生前贪生怕死，做了不合理的事情所以被杀死了吗？还是因为国家有难，所以被害死了？是因为你生前行为不好，怕连累自己的父母妻子的名誉，自杀的吗？还是因为你穷困潦倒，饥寒交迫死去的？还是因为你阳寿已尽，自然死亡的呢？"庄子说完这些之后便拾起骷髅，拿回去当枕头，枕着它睡觉。庄子坦然直面死亡的态度应该是特例，通过庄子与骷髅的灵魂提问，我们可以知道庄子认为死亡并非恐惧，而是幸福和解脱的开始。

6.3.2 服务死亡的艺术

与西方直面死亡不同的是，中国自古就不相信死亡是人生最后的结局，而是以魂魄的方式进行了生命的转化，灵魂在另一个世界继续存在并重新开始生活，仙人思想是灵魂不灭思想发展到较高阶段的产物，仙人世界则是死者灵魂最理想的归宿，一系列复杂墓葬仪式和墓葬艺术服务于灵魂的死后世界。特别到了汉代，在"厚葬""灵魂有知""媚祖邀福"等众多因素的影响下，汉代墓葬艺术留下了绚丽的瑰宝。

1. 仙人世界

春秋战国之际，神仙思想横空出世，代表了人民内心的希冀。《左传·昭公二十年》载齐景公曰："古而无死，其乐若何？"其对长生不死与快乐自由的渴求表露无遗，这种愿望与神仙思想已经非常接近，可以说是对神仙思想第一次但又朦胧不清的表述。[②]《礼记·礼运》中记载了庙祭的对象是"鬼神上帝"，宗庙建造的目的是"降上神与其先祖"，"上神"和"上帝"这个概念接近，"上帝"或"天"是不会直接出面的，是由他的代理"祖灵"出面，与"魂魄"等同。同时，招魂的"复礼"仪式也在文献中记录，至

① 陈鼓应注译.庄子今注今译[M].北京：中华书局，2001：453.

② 梅新林.仙话神人之间的魔幻世界[M].上海：三联书店上海分店，1992：23.

少在战国晚期仍然存在着灵魂升天的思想。①

长沙马王堆 1 号汉墓为西汉前期大型木椁墓，墓主人是长沙王丞相利苍夫人辛追。石棺四周装饰精美漆画，内棺上覆盖一幅 T 形帛画（图 6-14），画面线条刚劲，设色沉着。T 形帛画自下而上营造了地府、人间和天庭三个空间，通过双龙穿璧、人间祭享、仙人召唤、乘龙飞升等场景，展示了墓主人死后成仙的全过程。"帛画这一图像理路也得到文献印证，《淮南子·地形训》说进入昆仑并登上其首级凉风之上，就能达到不死的目的。再往上，登至悬圃，就能羽化成仙，并呼风唤雨。倘若登临绝顶，进入到太一的天庭，那么终将融入天神的行列，从而达到与天地同在、与日月同辉的终极境界。"② 这幅帛画揭示了引魂升天的主题，传达出永生的信仰。

古代的观念中，与"天"相匹配的便是"地"，同时在文献中"地"与"山川"又是联系在一起的，"地秉阴，窍于山川（《礼记》）"，另外还有"山岳则配天（《左传·庄公二十二年》）"。昆仑被视为神灵西王母的居所，西王母、东王公、伏羲、女娲等一系列神仙，大部分由上古神话时代的"神"直接转变为"仙"的，仙境主要集中在昆仑、蓬莱、日月星辰等。这些神仙境地在墓葬艺术中的都有体现。例如，汉代祠堂的三角形山尖部分会出现西王母形象，一般表示仙界，山东嘉祥县出土的祠堂西侧壁（图 6-15）呈现了早期表示仙界以西王母为中心的配置方式。西王母地位的提高跟汉武帝后人追求长生不老的目的有关，根据"羿求不死药与西

图 6-14　《长沙马王堆 1 号汉墓 T 形帛画》，长 205 厘米、上部宽 92 厘米、下部宽 47.7 厘米，湖南省博物馆藏

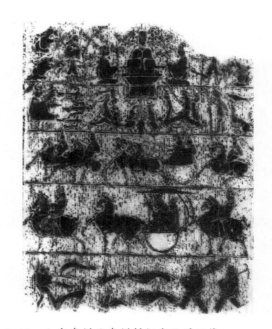

图 6-15　山东嘉祥县嘉祥村祠堂西壁画像

---

① 曾龙生. 礼仪中的观念——再论春秋战国时期普遍流行的灵魂观 [J]. 汉学研究，2015（4）：265-298.
② 《中国美术史》编写组. 中国美术史 [M]. 北京：高等教育出版社，2023：79-80.

王母"的故事，汉人对于西王母的崇拜，大多是相信可以从西王母那里获得长生不死之药。而正是由于西王母掌握着"不死"大权，刻画有西王母的仙境内容才会在整个汉代墓葬艺术中一直都占据着非常重要的地位。

2. 冥界生活

在"厚葬以明孝"和"媚祖邀福"观念的影响下，东汉时期的墓葬艺术大都体现了"厚资多藏，器用如生人"和"事死如事生"的思想，势必让死后的人依旧享用现世生活的物质资源，《宴饮图》《车马出行图》《百戏图》以及大量以生活物资为模型的明器成为墓葬艺术的主角，并且此时人们对死后世界的关注有一定功利目的，即希冀死后灵魂对后世子孙的赐福消灾意义。

自汉代开始，乐舞之风便在社会十分盛行，汉代宫廷还专设乐府，"今富者钟鼓五乐，歌儿数曹。中者鸣竽调瑟，郑舞赵讴"[①]，可见汉代乐舞在朝廷上下的喜爱及普及程度。

宴饮场景也很常见，如临沂白庄汉墓的《庖厨图》中就有两间厨房，一间是炊事间，两名厨师在烹饪，一间为储藏室，内置鸡、鱼、猪等肉类食品。汉画像《石庖厨图》中的庖厨人员所从事的活动，包括屠宰、汲水、炊煮、劈柴、杵臼、洗涤、切菜等。这些厨者大多头戴巾帻按分工各司其事。《诸城前凉台庖厨图》下部还有酿酒的场面，左边一人卷袖，双手压木架上的口袋，右边一人用手支撑一小袋，袋下有一缸，这是挤压酒汁的场面。这些庖厨图基本反映了汉代贵族和豪富家庭的厨事情况。宴饮是饮食文化的重要组成部分。

宴饮时，常有一些娱乐活动助兴，当时流行的有投壶、猜拳、下棋、弹琴、歌舞等。曲阜《"东安汉里"石椁画像石》上，一女挥袖起舞，一女拍掌作和，地上置一樽，左边两女跪坐观赏，上有樽、勺，右边亦有两女跪坐观赏，左上置有杯盘。滕州《马王林画像石》上，二人对饮，身后各一侍者，另有四人躬身站立。

六博是古代一种雅俗共赏、各种宴会中常见的酒令游戏。《嘉祥宋山画像石》上，右方二人饮酒交谈，中间放一酒樽，樽中有勺，樽旁放置两个耳杯。中部二人正在走六博棋，面前置六案和六博盘。邹城出土的《六博画像石》上，对弈者表情紧张，观看者神情肃然。临沂金雀山汉墓也曾出土六博棋盘。这与《战国策·齐策》中所言齐国民众无不"六博"相对应，反映了当时的宴饮状况。

在《中国汉画像石全集》中，约两千块画像石中的240多块画像石上均出现了车马出行图。汉代的车成为一种出行仪仗，是身份象征，只有官员才能乘坐马车，"贾人（商人）不得乘马车"。由此可根据画像石中各组车马出行图的情况，判定主人的大致身份，这也可能就是祠堂墓主人的身份。但因若干墓主的官位曾有升迁，有的祠堂或墓葬里车马出行图或不止一幅。有时为了表示主人生前曾参加过某次特殊活动，就专门增加了表现这种活动的出行图。见到这种情况，就要全面分析全部画像石乃至祠堂、墓葬的形式来确定哪一组出行图才是反映墓主人身份的。不过，多数祠堂或墓葬的画像石中只有一幅出行图，一般而言是表现主人生前最高身份的出行图。其表现内容大致可分作两类。一类是表现墓主生前的仕途经历，显示墓主人生前的为官历程、身份地位，展示各时期乘坐的车骑；另一类表现的是墓主前往祠堂接受祭祀的情形。如此大

---

① 桓宽. 盐铁论 [M]. 北京：华夏出版社，2000：5.

量出现车马出行图，与当时的经济、政治、生活方式及占主导地位的文化思想有很大关系。

画像石和画像砖虽然在墓葬中大量使用，但是反映的却是现实生活场景，衣食住行样样俱全，无非是希望墓主人在死后的冥界依旧可以过着衣食丰足的生活。

6.3.3　不同的生死观

生与死是一体两面，因为有了生命，死亡的价值才有依托，也因为有了死亡，生命才完整。"死亡具有深刻的生命意义：第一，死亡使人超越生活的日常性和庸俗，提出生命的意义问题；第二，死亡使生命高尚，赋予过去美与魅力，超越自然；第三，死亡的道德意义在于使人意识到个体生命随时都可能消失，死亡使生命的力量、紧张和丰满得以彰显，并在爱中显现。"[①] 我们不是单纯地聊生死，而是在生死之间探寻生命的意义：我们每个人都只是这个世界中短暂的过客，勇敢地面对现实，对人生心怀美好，对世界感恩祝福。

所谓生死观，是指人们对生与死的根本看法和态度。生死观所反映的往往是一种人生哲学，是人类的两个重大人生关怀，即：活在当下，如何安身立命？如何体现生命与死亡的价值与意义？因此，生死观有两个基本内容，即：我该怎样活？我应如何死？

对这几个问题的回答，反映了一个人的生死观念。而一般来说，人们对这些问题的回答往往会受到所处文化的深刻影响。就此而言，生死观所反映的，与其说是一种个人的人生观，不如说

_____
① ［俄］别尔嘉耶夫. 论人的使命——悖论伦理学体验[M]. 张百春，译. 上海：学林出版社，2000：229–230.

是一种深刻的社会文化观念。

例如，就中国传统儒家文化来说，其生死观可以作如下简要概括：入世乐生，敬畏天命，德性之上，重视丧祭，死得其所。中国道家文化则有不同，可简要概括为：生死齐一，顺乎自然，自然无为，崇尚个性等。这些生死观会在相当程度上对处于此文化中的个体产生影响，使其按照此种文化的生死观来安排个人生活。

生死观对于社会个体的重要意义在于，生死观往往源于某种对死亡的哲学认知，这使生死观可以帮助人们透视生命，理解死亡，从而深刻地领悟人生，获得心灵安顿。

对处于现代社会的中国人来说，由于传统文化失去权威，现代社会工业化过程中所暴露出的种种非人性化因素对人们的心灵产生剧烈冲击，市场经济社会中的各种社会思潮对人们的心灵也产生许多负面影响，许多人缺乏恰当的生死观。"我死之后，哪怕洪水滔天"路易十四式的生死观占据了许多人的心灵世界，这正是现代社会中许多人沉溺于灯红酒绿、醉生梦死状态而不能自拔的深刻原因。而这又实在是因为文化上的无知和精神世界的荒芜所导致的灵魂堕落，此种灵魂堕落阉割了那些社会个体的人生幸福。

这种人类生存状态显露了生死观教育的重要性。所谓生死观教育，即是通过生与死的连接，建立起生与死之间的内在张力，从而揭示死亡的本质与意义，确立生命与死亡的神圣性与生命的尊严，引导受教育者由死观生、向死而生，提高生命与死亡的品质，从而推动完美人格的形成。生死观教育是现代人反思生存状态的必然产物，其教育目标包括三个方面。其一，解除死亡的神秘性。生死观教育让大学生以科学的眼光去透视死亡，真正了解死亡的本质与意义，了解与死

亡相关的哲学、医学、历史、文化知识，坦然面对死亡，克服对死亡的恐惧，获得心理支持。其二，赋予生命神圣性。通过揭示生与死的必然联系，使人懂得关爱生命、珍惜生命、敬畏生命，并真正意识到人应该有尊严地活着并有尊严地死去。其三，培养学生关心人类命运的生命情怀以及服务社会的能力。追求生命价值并不断创造生命的意义，其终极关怀是使学生树立正确的生命观，正确地看待人生中的诸多问题，从而能珍惜生命、尊重生命、懂得生命的价值和意义以至能主动地追求生命价值并不断创造生命的意义。

生死观教育归根结底是一种文化教育，是一种通识教育。对于中国人来说，必须重视深入挖掘传统文化对人们生死观的影响，尤其是中国传统儒家文化、道家文化和佛教文化对人们生死观的影响。这些几千年来对中国人的生活一直产生深刻影响的生死观必定也能对当代中国人的生活起到深度观照作用，必定能够指引现代中国人理解死亡的本质，体悟生命价值，获得心灵安顿。

思考题

1. 什么是艺术美？

2. 艺术批评的具体方法有哪些？

3. 结合个人体会，谈谈何为生命的艺术之美。

本章参考文献

1. 陈鼓应注译. 庄子今注今译 [M]. 北京：中华书局，2001.

2. 彭吉象. 艺术学概论 [M]. 北京：北京大学出版社，2006.

3.《中国美术史》编写组. 中国美术史 [M].
北京：高等教育出版社，2023.

4. 徐复观. 中国艺术精神 [M]. 沈阳：辽宁人民出版社，2019.

【拓展阅读】

礼仪中的美术——马王堆再思（节选）

巫鸿[①]

1972 年发掘的马王堆 1 号汉墓，被认为是中国历史上最壮观的考古发现之一[②]。迄今为止，大量的论著集中讨论了该墓葬的年代、墓主身份、墓葬结构和各种随葬品，以及令人不可思议的保护完好的女尸和著名的帛画。不过，其中最有争议的问题却是那大概可以称为马王堆艺术的作品——特别是关于帛画的内涵和功用的问题。1983 年，谢柏轲（Jerome Silbergeld）在《早期中国》杂志著文，对过去十年有关帛画的热烈讨论发表评述，同时否定了几乎所有以前的解释。他对把帛画的内容和古文献联系起来的一般做法——此种方法在帛画的释读上造成了莫衷一是的局面——提出挑战："我们真能相信如此精工细作、天衣无缝的画面，是以如此散漫不一的文献材料为背景创作的吗？一个形象来自这个文献，另一个形象来自那个文献？"学术界关于帛画功能讨论的考察同样使他发出了悲观的感叹：除去收集和应用文献材料的努力以外，帛画在葬仪中的具体功用、画面的大部分内涵和意义、画面和它在葬仪中充当的功能之间的联系，甚至帛画的名称也还没有确定下来。

谢柏轲的论文已经发表十年了，然而，其

---

① [美] 巫鸿. 礼仪中的美术——巫鸿中国古代美术史文编 [M]. 郑岩、王睿编. 郑岩等，译. 北京：生活·读书·新知三联书店，2005：101–122.

② 对这一考古发掘最完整的报道，见湖南省博物馆、中国社会科学院考古研究所《长沙马王堆一号汉墓》。

间并没有新的研究回应他的挑战。结果是，虽然从一方面说马王堆帛画在中国美术史上的重要性从没有被怀疑过，另一方面说它在美术史中的位置仍是若明若暗。以前所做有关帛画的象征和功能方面的种种解释，尽管受到严肃的批评，却没有经过重大的修正，依然通行。本文的目的在于针对谢氏的挑战提出新的阐释，虽然来得迟了一些，但力求客观，因此也希望更能为人所接受。这一新的解释建立在两个简明的方法论假说之上：（1）帛画不是一件独立的"艺术品"，而是整个墓葬的一部分；（2）墓葬也不是现成的（ready-made）建筑，而是丧葬礼仪过程中的产物。根据这种方法论的考虑，本文的研究集中在随葬品（包括帛画）和墓葬结构以及仪式过程的内在联系上，而不准备对马王堆帛画中的形象重新逐一释读。我将依据墓葬各部分在仪式中使用的顺序，予以分组和分析，并进一步探讨每组或单件物品的存在基础。在此分析过程中，我将抛弃某些影响很深的理论。比如我们将会发现，马王堆帛画既不是用于给死者招魂，也非表现灵魂升天。再有，无论帛画还是整个墓葬都缺乏表现来世（afterlife）的一个明确一致的构思。墓葬的设计是"多中心的"（polycentric），死后世界被认为是诸多独立部分的集合体，而这些部分是由墓葬各单位中的随葬品和图像来象征的。了解这一特点，就会发现马王堆汉墓与它以前和以后的墓葬之不同，它所代表的是中国早期美术和宗教中的一个过渡阶段。

第 7 章　生活中的美育

圣人谈到生活，都是以亲身的阅历为中心；才子则只知道研究解释圣人的说话，而笨人则更是只知道将才子说话咬文嚼字地辩论。

——林语堂

◎学习目标

通过本章学习，让学生了解和掌握以下内容：

1. 从衣食住行等方面理解生活中的美。

2. 生活美育的方式和载体。

3. 通过生活美育成为生活美学推动者。

传统的看法，美学主要与艺术有关。在西方，从古希腊以来人们就将美的概念系于静默却气象万千的帕特农神庙，系于线条优美面貌恬静的维纳斯，系于西斯廷大教堂那恢宏细腻的壁画，系于贝多芬奋力扼住命运咽喉的交响曲。但这就是美吗？无疑，培养对美的感悟力从艺术入门是一条必由之路。可是，如果仅仅将美学与艺术联系在一起，贬低甚至忽视了生活之美则是一种巨大的缺失。在中国，从古至今对美的探讨从来不脱离"形而下"的人类生活而只做"形而上"的探讨，因此中华美学、美育具有强烈的实践性，表现为一种生活化的美学。无论在历史上，还是在当下，美早已经渗透到人们的衣、食、住、行、用等社会生活的方方面面。我们需要去仔细发掘生活中的美，挖掘从生活中来的美

育资源，在生活中历练我们对美的感受、欣赏和创造能力。

7.1　服饰礼仪之美

俗话说"佛靠金装，人靠衣装"，服装是我们每个人每天都要穿着的，服饰之美也是我们每个人孜孜以求的。因此，了解服饰里的美学内涵至关重要。

7.1.1　服饰里的文明之符

中国人注重服饰之美，有着悠久的历史和深厚的积淀。和西方从古希腊、罗马时代就注重人体之美不同，中国古人并不以人体为审美对象，而是重视衣裳的文化意义和审美价值，这是中国人独特的体相观和体气论。[①] 中国古人甚至认为

---

① 龚鹏程. 中国传统文化十五讲（第 2 版）[M]. 北京：北京大学出版社，2021：15.

赤身露体是一种非文化、无文化的样态，一个人如果赤身露体，不是羞辱自己就是羞辱别人。这方面不乏实例。羞辱自己的，如战国时赵国老将廉颇，因为觉得愧对蔺相如，于是左袒负荆去请罪，这时的赤身露体就是把自己当罪人。羞辱别人的，比较有名的是三国时的狂士祢衡，肉祖击鼓以羞辱曹操，衍生了后世戏剧舞台上有名的"击鼓骂曹"。相比之下，中国古人特别注重衣裳服饰的作用，认为"黄帝、尧、舜垂衣裳而天下治"①，衣裳不仅是用来遮蔽身体的，更与国家治理和个人品德息息相关，有着高度的文化价值和审美意义。

中国古称"华夏"，就是因衣冠华美而得名，《春秋左氏传》说："中国有礼仪之大，曰夏；有采章（冕服）之美，曰华"。衣冠服饰是华夏民族认为自居正统，并区别于其他未开化民族或部落的标志。孔子说过："微管仲，吾其被发左衽矣（《论语·宪问》）"②，认为如果没有管仲匡扶天下，他就有可能沦为夷狄，和少数民族一样装束，披散着头发，衣襟向左开。不过，中国古人的"严夷夏之防"并不怎么看重血缘、地缘等因素，而以衣冠所代表的文化为依据，所谓"夷狄而华夏者，则华夏之；华夏而夷狄者，则夷狄之"，认为即使是少数民族，如果遵信华夏衣冠文化，那就视同华夏族人。这种以文化而非血缘、地缘为标准的做法，对推动中华民族多民族文化共同体的形成作用至巨。战国时期的绢本墨绘《人物龙凤图》可见早期中国人着装风貌（图7-1）。

图 7-1 《人物龙凤图》，绢本墨绘，湖南省博物馆藏

正因为将服饰文化上升到国家治理、民族认同层面，所以历史上每一次王朝更迭，新王朝建立后的第一件事情就是"易服色"，确立以衣饰为代表的时代文化。大部分朝代更迭服色上对前朝都会有继承、有扬弃，最惨烈的是清朝，强制推行"剃发易服"政策，即所谓"留发不留头，留头不留发"。古代汉族人民素来崇信"身体发肤，受之父母，不敢毁伤，孝之始也（《孝经》）"，对此强烈抵制，清廷血腥镇压，酿下了"扬州十日""嘉定三屠"等历史惨剧。后来，清政府实行了所谓"十从十不从""男从女不从"的变通办法，但满族服饰文化仍占据主流地位。当然，从清代中期开始，满汉服饰进一步合流。

可见"衣冠重文物"，衣冠服饰不仅和民生日用相关，更是古代中国、华夏民族文化和文明

① 殷旵主编. 易经 [M]. 北京：当代世界出版社，2007：161.

② 思履主编. 论语彩图全解详注 [M]. 北京：中国华侨出版社，2012：213.

的表征。早在秦、汉时代，丝绸就成为中国最具代表性的造物并取得了"最令人振奋的成就"①。同时，丝绸也成为中西文化交流汇通的重要载体，在"丝绸之路"沿线国家的人们眼里，汉代中国是一个让人充满无限遐想的"丝绸国度"。古代中国往往以"上国衣冠"自居，唐代诗人王维的诗句"万国衣冠拜冕旒"就写出了这种文化的中心地位。中国的衣冠制度对周边国家和民族也有很大影响，日本历史上就多次派遣"遣唐使"到中国学习，其服饰、制度多效仿中国，甚至自称"衣冠唐制度，礼乐汉君臣"。

7.1.2 服饰里的礼仪之大

中国古代的"衣"包括头衣、上衣、下衣、足衣四部分，采取"上衣下裳"的体制。"裳"并不是今天的"裤"而是裙，古代男女都穿裙，《说文解字》对此有解释："裳，下裙也。"衣、裳连在一起叫深衣。此外，还有御寒的裘和袍之类，穿裘和穿袍有贫富贵贱之别，《论语·子罕》记载了孔子说过的一句话："衣敝缊袍，与衣狐貉者立，而不耻者，其由也与"②，穿着破旧的袍子，与穿着狐貉裘皮衣服的人站在一起而不觉得羞耻的，大概只有子路吧！当时，裘一般是狐、羊、犬等皮毛做成，袍一般由乱麻之类做成。不过历史也在发展，汉代以后有了皂纱袍、绛纱袍，袍上升为了朝服。③

服饰首先当然要有蔽体、御寒等实用功能，但古人更看重衣服的"文饰"之美和礼仪之大，认为服饰是一个人的德性、身份、地位的表征和体现。在等级有别的古代社会，衣服被当作分辨贵贱、等级的工具，是最直观的等级化符号载体。西汉今文礼学"大戴学"开创者戴德在《大戴礼记·劝学》中指出："（君子）不可以不饰物，不饰无貌，无貌不敬，不敬无礼，无礼不立"④，认为服饰不止有实用功能，更有于他人、于社会、于礼仪、于立身相关的丰富文化内涵。

1. 冠冕中的成人之礼

上古没有帽子的说法，直到秦汉时期，今天所谓的帽子都叫"元服"或"头衣"。古人认为头乃人之元，发乃元之首，因此如何打理头发非常重要，事关一个人的社会形象。冠是贵族所戴的头衣，也是他们区别于平民的标志。《晋语》"人之有冠，犹宫室之有墙屋也"，唐代杜甫的诗"冠盖满京华"，今天成语"冠冕堂皇"，都可见冠的重要性和阶层性。

中国在周代已经实行冠礼。《礼记》："冠者礼之始也"，又说"二十而冠，始学礼（《礼记·冠礼》)"⑤，冠礼即是男子的成人礼，成年男子从二十岁开始学习为人子、为人弟、为人臣、为人少者的一整套礼仪文化，以在社会上安身立命。据记载，行冠礼时要由来宾为男子加冠三次：第一次加缁布冠，代表从此有治人的特权；第二次加皮弁，代表从此要服兵役；第三次加爵弁，代表从此有权参加祭祀。男子二十岁结发加冠，女子十五岁结发加笄，就可以在头顶上盘成发髻（区别于童年的发式），代表着成年，就可

① 尚刚.极简中国工艺美术史[M].北京：人民美术出版社，2014：62.

② 王力主编.古代文化常识[M].北京：中华书局，2021：134.

③ 王力主编.古代文化常识[M].北京：中华书局，2021：204.

④ 郭廉夫，毛延亨.中国设计理论辑要（修订本）[M].南京：江苏凤凰美术出版社，2017：50.

⑤ 殷旵主编.礼记[M].北京：当代世界出版社，2007：464.

以结婚了。① 所以，冠所代表的成人之礼是很严肃的，里面大有讲究。

正因为冠冕很重要，所以古人特别注重。《左传·哀公十五年》记载卫国发生内乱，孔子的学生子路被人砍断了系冠的缨，他认为"君子死，冠不免"，于是停下战斗来"结缨"，结果被对方杀死了，在他看来，冠比生死更重要。② 这一点在汉代有增无减，《后汉书·马援传》记载，马援没做官时，"敬事寡嫂，不冠不入庐"，不戴冠不进家门，可见冠事关教养和体面。

2. 服饰里的阶层之别

在古代，服装如同一种等级符号，不同服饰代表不同的社会阶层，这就是礼的表现。《礼记》中对衣着等级作明文规定，如祭冕服："天子龙衮，诸侯黼，大夫黻，士玄衣纁裳；天子之朱绿藻十有二旒，诸侯九，上大夫七，下大夫五，士三。(《礼记·礼器》)"③

服装色彩也有礼制，如孔子曾说："恶紫之夺朱也(《论语·阳货》)"④，本来红色是周代诸侯服饰的正色，但春秋时鲁桓公和齐桓公开始穿紫色衣服，改变了社会风气。孔子认为"紫色之夺朱"和"郑声之乱雅乐""利口之覆邦家"一样，是混淆国家礼制、音乐和法制的行为，所以提出反对。在中国古代，最为尊贵的颜色要数黄色，因为五行之中，土居于中，中位最尊，土色为黄，故黄色成为皇室专用颜色。这种专色专

用自唐朝开始。以后，历朝天子的服色便基本呈黄色。

在中国古代服饰制度中，最能反映封建等级制度的是文武百官的补服。补服是一种饰有品级徽识的官服，或称补袍，与其他官服有所不同。主要区别是：其服饰的前胸后背，各缀有一块形式、内容及意义不同的补子。因此，只要一望补子上的纹样，便可知其人的官阶品位，这有点类似于现今军官的军衔。清代官服的补子直接绣在补褂上，一品至九品的官员可根据其对应的动物纹样区分。文官补服图案多为禽鸟，从一品到九品一般依次为鹤、锦鸡、孔雀、雁、白鹇、鹭鸶、鸂鶒、鹌鹑、练雀；武官补服图案多为兽类，从一品至九品依次为麒麟、狮、豹、虎、熊、彪、犀牛、鹌鹑(同文八品)、海马。

3. 服饰里的时节之序

衣冠里面有文化、有礼制，更有当时人的生活形态和民俗习惯。古人特别注重"天地合其德，与日月合其明，与四时合其序(《易经·乾卦》)"⑤，服装因季节而不同，即是这种思想的体现之一。在古代，每逢时令交替更换衣服是很有仪式感的事情，但贫寒之家往往做不到。清代诗人黄景仁在诗中悲叹"全家都在风声里，九月衣裳未剪裁"，就从一个侧面写出了这种服饰上的换季风俗。

7.1.3　服饰里的潮流之美

不同时代的服饰，自然会体现不同时代的特色，是当时社会潮流风尚的体现。我们今天说的"汉服"，就是汉代形成的服饰样态，以华丽多彩、独具特色的设计著称。汉代的曲裾深衣，不

① 王力主编. 古代文化常识 [M]. 北京：中华书局，2021：134.

② 殷旵主编. 春秋左传 [M]. 北京：当代世界出版社，2007：775.

③ 殷旵主编. 礼记 [M]. 北京：当代世界出版社，2007：177.

④ 思履主编. 论语彩图全解详注 [M]. 北京：中国华侨出版社，2012：102.

⑤ 殷旵主编. 易经 [M]. 北京：当代世界出版社，2007：7–8.

仅男子可穿，也是女服中最为常见的一种服装样式。汉代平民也开始穿着精织服饰，标志着社会的进步和文明的繁荣。

魏晋南北朝时期发生社会大变动，为民族大融合与文化趋同提供了可能性，也影响到服饰文化的演变与发展。北魏孝文帝迁都洛阳后，为维护统治，巩固经济发展，全面推行汉化政策，实行"革衣之制"，衣冠的改变就是要让鲜卑部酋变成中原士族。当鲜卑贵族向中原士族学习服饰文化的同时，鲜卑族的服饰也在汉族的劳动民众中普及开来，特别是具有较强实用性的裤装得到广泛推广。在头衣方面，这个时期流行以幅巾为雅，一方面，扎巾比冠弁要轻巧方便许多；另一方面，汉末以来的政治动乱和环境险恶，使当时士大夫阶层有了反名教心理，流行"越名教而任自然"的观念，以扎巾代替戴冠，与当时流行的宽大袍服更搭配，显示出放任自由的潇洒状态（图7-2）。

隋唐时期开启了科举制度，当时登科但还没被委任官职的士子大多身穿一袭白色圆领襕衫，头戴幞头或席帽，因为未来飞黄腾达的可能性很大，所以他们被尊称为"白衣公卿"或"一品白衫"。科举士人的穿衣习惯也引领了唐代时尚潮流，平民和一般官吏平时居家或宴客时也多穿白色圆领襕衫，所以唐代成为一个白衣飘飘的时代。

对于外来的衣冠服饰，唐朝政府采取兼收并蓄的态度，从而使唐代服饰尤其是妇女服饰之盛远超前代。受到胡文化影响，女着胡服、女扮男装现象越来越普遍。诗人元稹在诗中写道："胡音胡骑与胡妆，五十年来竞纷泊""女为胡妇学胡妆，伎进胡音务胡乐"，是女着胡服在唐代盛行的生动写照。当然唐代女装最引人注目的还是"袒胸装"，这种装束将女子胸部和颈部曲线裸露在外，类似今天的露肩深V礼服，来凸显女性的性感之美，在中国两千年封建社会中绝无仅有。在唐代周昉所绘的《内人双陆图》中，对弈下棋

图7-2 孙位《七贤图卷》（局部），上海博物馆藏

图 7-3　周昉《内人双陆图》，堪萨斯城纳尔逊－阿特金斯艺术博物馆藏

的贵族妇女浓丽丰肥之态和细腻柔嫩的肌肤特点都表露无遗，极具富贵之态，传递出唐代以皮肤白皙为美的审美观念（图 7-3）。

宋代文人士大夫阶层引领服饰潮流。士大夫流行戴帽之风，当时人往往自创新样，如司马光的温公帽、程颐的伊川帽、苏轼的东坡帽等。"出于外国"的笠帽在民间极为常见，在《清明上河图》中就可见戴笠帽的行人。头巾最初是"贱者不冠之服"，但因为方便，到北宋末年已经普及到社会各阶层，《宣和遗事》就说当时的王孙公子、才子佳人都戴头巾。文人士大夫的头巾称作儒巾，结带巾为士人常用，因后边缀有垂带而得名。此外，逍遥巾、纶巾、燕尾巾也很普及。逍遥巾因形制比冠帽便利，裹在头上安然闲适而得名。从宋徽宗所画的《听琴图》，可见当时士大夫阶层的着装风貌（图 7-4）。

图 7-4　赵佶《听琴图》（局部），北京故宫博物院藏

元代是少数民族入主中原的朝代，贵族服饰在很多方面继承了中原王朝的服制传统，特别是忽必烈即位后，用于祭祀、册封、朝会的皇帝冕服，与中原王朝传统的皇帝冕服基本相同。不过，从忽必烈到后来继承者很注意保持蒙古"本俗"，所以蒙古民族特色的服饰也很流行。"辫线袄"是元代统治者所穿的袍服，为交领右衽的窄袖袍，腰间打细褶，用红紫线横向缝纳固定，使腰间紧束，便于骑射，很像汉人的道服。"质孙服"是元代宫廷中最具特色的服装，其原形是蒙古汗国时期的戎服，服装款式为上衣连下裳，衣

式较紧窄且下裳较短，便于乘骑①。质孙服成为元代社会达官显贵的身份象征，有十数个等次之分，元代皇帝经常赏赐质孙服，表示对臣僚的恩宠。在《元世祖出猎图》中，元世祖忽必烈外穿蒙古皮裘，内着色彩鲜艳的锦缎，可见在服饰上的民族融合（图7-5）。

图7-5 《元世祖出猎图》（局部），台北故宫博物院藏

同样是少数民族建立的统一政权，清代的服饰制度体现出更强烈的政治色彩。清朝统治者认为"女真汉化"是金衰亡的主要原因，因此高度重视发展本民族文化，强行推广"剃发易服"的服饰制度。清初因有"男降女不降"的说法，汉族妇女的服装基本保留了明代样式，乾隆之后才逐渐吸收一些满族女装要素，但仍以宽大飘逸为特色。清代入关初期，旗女服饰继承前期女真族服饰简约而实用的特点，至清中叶趋于烦琐而精致，服饰样式也有很大变化，满、汉女装相互影响、相互借鉴，风格逐渐融为一体。流风所及，

当时的平民服饰也追求色彩绚丽，喜欢在服饰上镶嵌各种彩牙儿，普遍采用刺绣等工艺增加服饰美感。这种旗装，后来就演化为满、汉妇女均喜欢的旗袍，成为中华民族服饰创新史上的典范之作。

7.1.4 服饰要大方得体

综上可知，中国古人在着装方面很是讲究，一个人的服饰体现文明、彰显礼仪、传递美感、塑造形象，来不得半点马虎。今天我们在着装上没有古代那种壁垒分明的等级划分，穿衣着装成为个人的自由选择，但从礼仪的角度看，着装还应讲究大方得体。

今天我们追求服饰之美，要以"时间+地点+场合"为原则，根据不同的时间、地点、场合的需要，来选择穿着适当的服装，以恰如其分地体现自己的身份和形象。例如，在正式的商务会议或宴会活动上，适宜的衣着可能是西装、领带和正式衬衫。在休闲和娱乐场合，如户外活动或朋友聚会，可以选择更为轻松的休闲装。青年大学生朋友面临较多的求职、求学等面试场合，要选择契合个人身份和形象、能够增加自信度和舒适感的服装，将自己最好的一面展现给别人。

当然，衣着得体的底线，是无论是衣服还是鞋子都要整洁、干净，但并不要求千篇一律、整齐划一。"人心不同，各如其面"，每个人都有自己的个性，都有自己独到的审美眼光，衣着得体就是要在干净、整洁的基础上，追求与个人形象相符的特色，穿出自己独特的风格和个性。

① 郝学峰，刘佳. 元代蒙古族服饰的文化艺术特征 [J]. 轻纺工业与技术，2017，46(6)：80-81.

7.2 饮馔品味之美

说完了服饰，我们再来看饮食。"民以食为天"，中华民族在饮食上的发展成就、文化积淀和审美价值，在世界各个民族中罕有其匹。东汉许慎的《说文解字》解释美："美，甘也。从羊，从大。羊在六畜主给膳也。美与善同意。"这种"羊大为美"的阐释，说明中国人的审美文化，很大程度上正是来自对饮食之"味"的感受和感悟。

7.2.1 美食之物

中国很早就开始了农耕种植和牲畜饲养，在食材、食物、烹饪和饮食方式上可谓走在了世界最前列。从粮食作物来看，中国上古的粮食作物有五谷、六谷、百谷之说，其中最主要的是稷、黍、麦、菽、麻、稻等。稷就是小米，长期以来都是中国人最重要的粮食，所以古人以稷为谷神，与社神（土神）合称"社稷"，作为国家的代称。①

从家畜饲养来看，在新石器时代，中国古人已经畜养马、牛、羊、鸡、犬、豕作为食物。中国古人以牛、羊、豕为三牲，祭祀时三牲齐全叫"太牢"，只用羊、豕不用牛叫"少牢"。古代牛最珍贵，一般人吃不起。比较普及的肉食是羊肉，所以古人造字的时候以"羊大为美"，"美""羞""羹"等和美食相关的字儿都与羊有关。古人也吃狗肉，汉代开国将领樊哙早年就以屠狗为业。古人还吃干肉（脯、脩）、肉酱（醢）、肉汁（羹），孔子教学生有教无类："自行

束脩以上，吾未尝无诲焉（《论语·述而》）"②，只要象征性地交"束脩"作为拜师礼，孔子都来者不拒，这里说的"束脩"就是一束干肉。

随着时代的发展，汉族和其他少数民族不断融合，中国和世界其他国家经贸往来也日益密切，中国古人的餐桌也不断丰富。汉代之前，中国人的面食比较单一，以面条、米饭为主。张骞出使西域带回了面食制作技术，胡饼、馕、包子、饺子等成为人们日常饮食的重要组成。同时，苜蓿、菠菜、胡瓜、黄瓜、芸薹、胡豆、胡蒜、胡荽等蔬菜，西瓜、葡萄、核桃、石榴等干鲜水果和一些调味品也同时引进，丰富了古人的餐桌。

在食用方法上，古人很早就开始火食，并以此作为文明的标准。《礼记·王制》就记载："东方曰夷，被发文身，有不火食者矣。南方曰蛮，雕题交趾，有不火食者矣。西方曰戎，被发衣皮，有不粒食者矣。北方曰狄，衣羽毛穴居，有不粒食者矣"③，说东方的夷族、南方的蛮族不吃经过火的熟食，西方的戎族、北方的狄族只吃肉、不吃五谷杂粮。此外，《礼记·礼运》《淮南子·修务训》《白虎通》等古代著作也对一些少数民族"茹毛饮血"的饮食习惯有批评，并认为有"疾病毒伤之患"，可见以华夏族为主体的中华民族自古就以火食为"文明的征象"。④

中国古人善于用火，对食物的烹饪方式也有独到的发明。《礼记·礼运》记载，中古时期没有甑、甑之前，古人是"释米捋肉，加于烧石之

① 王力主编.古代文化常识 [M].北京：中华书局，2021：179.

② 思履主编.论语彩图全解详注 [M].北京：中国华侨出版社，2012：102.

③ 殷昌主编.礼记 [M].北京：当代世界出版社，2007：94.

④ 龚鹏程.中国传统文化十五讲（第 2 版）[M].北京：北京大学出版社，2021：32.

上而食之"①。发明甗、鼎后，古人能熟练用甗、鼎等器皿来烹煮食物。用甑烧水产生蒸汽来蒸熟食物，更是中国古人的一大发明，早在距今六千多年前的河姆渡时期中国人就熟谙此法。

在先秦时代，孔子已经讲究"食不厌精，脍不厌细"。到宋代发明炒菜的烹饪方法后，中式烹饪更是不断升级，到目前已经形成鲁菜、川菜、粤菜、苏菜、闽菜、浙菜、湘菜、徽菜等八大菜系，每一菜系之下又有地域性的差异，如同为鲁菜，山东境内就有胶东菜、运河菜、孔府菜之分。可见，饮食之道、饮馔之美在我国已经被推向了极致。

由此不难想象，中国能用全球不到7%的耕地养活全球22%的人口，除了经济方面的因素外，中国人对食材、食物、烹饪、饮馔方式的精益求精也功莫大焉。

7.2.2 美食之器

中国人把饮食上升到美学高度，不仅在于各类食物及烹饪方式的美轮美奂，更在于与之匹配的饮食器具和其背后的文化与审美价值。

1. 青铜器

在青铜器时代，最重要的器具是"鼎"。传说黄帝"鼎湖龙驭"，铸鼎于荆山之下，鼎铸成后驾着龙飞升天界。又传说"禹铸九鼎"，大禹铸造了九个鼎来安定九州。所以，"鼎"成为政权的象征，"问鼎天下"意味着对政权的角逐。鼎虽然如此尊贵，但最初还是用来煮东西用的饮食器具（图7-6）。类似的还有彝、尊、爵、盘、甗等，后来都成了具有象征意义的礼器。这引人深思，足见中国古人对饮食之道的重视。正如

① 殷昆主编. 礼记 [M]. 北京：当代世界出版社，2007：164.

《礼记·礼运》所说："夫礼初也，始于饮食"②，饮食活动是礼制的发端，中国先民正是用自己最得意的饮食等生活方式祭祀鬼神，表示对祖先和神灵的崇拜和祈祷。

图7-6 《兽面纹鼎》，天津博物馆藏

正因为如此看重饮食的文化意义，中国古人对美食美器也精益求精。以酒器为例，古代盛酒备饮的容器就有尊、壶、区、卮、皿、鉴、斛、觥、瓮、瓿、彝爵、斝、瓠、觯、角等，饮酒器有瓠、觯、角、爵、杯、舟等。不同身份的人，使用的饮酒器也有不同。《礼记·礼器》就说："宗庙之祭，贵者献以爵，贱者献以散；尊者举觯，卑者举角。"③足见，一饮一啄，都是学问，都有文化和审美内涵。

到了汉代，此前作为礼器的青铜器向着实用性方向发展，礼器减少了，日用器增加了，器物趋向轻便化，装饰也日趋简朴，素面朝天的器物逐渐成为时代主流。从品类上，过去奴隶主阶级用的高级青铜酒器如爵、斝、瓠、彝等逐步退出了历史舞台。生活用器则日渐丰富，如壶、鼎、盘、鉴、尊、匜、敦、豆、钫、钟等以更实用的

② 殷昆主编. 礼记 [M]. 北京：当代世界出版社，2007：163.

③ 殷昆主编. 礼记 [M]. 北京：当代世界出版社，2007：176.

形式、更轻便的造型，走进了人们的生活世界。

2. 漆器

漆器因为比青铜器、陶器更具实用和欣赏价值，在汉代获得长足发展，成为日用器具的主流。漆器的物种丰富，广泛应用于生活用器、大件家具、交通用具、乐器、兵器、丧葬用具等数十个品种，涵盖了生活的方方面面。在生活用具上，又分为鼎、盒、奁、盘、案、豆、耳杯、卮、羽、钟、钫等多种形态，给人们的生活带来极大方便。案的使用在汉代已经较为普遍，吃饭时，要将碗盘放在案上再上席。案有点像今天的托盘，一般为长方形或圆形，四足或三足，既小且矮，比较轻便。所以，《汉书·梁鸿传》记载梁鸿的妻子能够"举案齐眉"（图 7-7）。

图 7-7 《云纹漆案及杯盘》，长沙马王堆 1 号汉墓出土

3. 金银器

在唐代，人们对美食的追求与对美器的讲究相伴而行。唐代成为中国金银器最为昌盛的时代，杯、盘、碗、箸、勺等日用餐具彰显了大唐雍容华贵的时代氛围。白居易曾寄一柄银匕给侄子阿龟，并写诗说"银匙封寄汝，忆我即加餐"，可见金银饮食器具在当时的流行。唐代金银器制作工艺深受外来文明影响，萨珊王朝于公元 651 年被阿拉伯人灭国，其王子和族人流亡中国带来金银器的制作工艺，使杯、盘、壶等金银器深具波斯风格。[①]

4. 瓷器

唐、宋时代，饮茶、饮酒成为时代风尚，茶、酒器具成为饮食器具后来居上的品类。与饮茶相关，瓷器茶具制造在唐代获得长足进步。《陶录》认为"陶至唐而盛，始有窑名"，当时北方邢窑的白瓷、南方越窑的青瓷都很有名，造型清新，变化百出，产品涵盖餐具、茶具、酒具等。饮茶风行更让青瓷受世人青睐，陆羽《茶经》就将越窑茶碗列为首位。专家认为，现在可以确切地称真正的瓷器最早出现于唐代。[②]

与宋代全民饮茶习俗相适应，瓷器茶具的生产也成为宋代造物的重点，最具代表性的是建州的建盏。当时，人们认为能用于斗茶的最好茶盏就是建盏，其深色的质地最宜衬托茶汤的泡沫，较厚的胎体可以更好地隔热，口沿的瓷釉更适合品茶和把玩。宋代瓷器的"雅化"特征非常明显。不同以往时代，宋代宫廷趣味不沉迷于奢侈品和财富，更关心精致和高雅的文化艺术展示，足见宋代士大夫文人趣味的影响（图 7-8）。

图 7-8 《耀州窑青釉刻花菊瓣纹碗》，北京故宫博物院藏

———————

① 师永涛．唐人时代：一部富有烟火气息的唐代生活史 [M]．北京：中央编译出版社，2019：216-217.

② 杜朴，文以诚．中国艺术与文化 [M]．张欣，译．北京：世界图书出版公司，2011：189.

7.2.3 宴饮之乐

1. 饮酒之乐

中国古人不仅注重"食"，更注重"饮"。饮字造字之初，右边是一个人的形状，左上边是人伸着舌头，左下边是酒坛（酉），是专指人饮酒。后来饮字"从水今声"，饮的对象进一步扩大了。在周代的饮料就有了"六饮"的概念：水、浆（料汁所做清酒）、醴（曲少米多的甜酒）、凉（糗饭加冰水）、医（煮粥加酒酿制）、酏（比医更薄），以酒味厚薄区分，饮用的人也分等级。

商代是中国历史上酒风很盛的时代，这从商代留存青铜器里占比极高的酒具可见一斑，商代最后一代君主纣王"酒池肉林"的做法更成为后世统治者引以为戒的反面典型。周代就有鉴于商代的好酒奢靡之风，厉行过一段时间禁酒令。《尚书·周书》中的《酒诰》就是中国第一篇禁酒令，要求只有祭祀时才可以饮酒，饮酒之时要做到"德将无醉"，还要减少酿酒以爱护粮食，并严禁聚众饮酒，一旦抓到就要杀掉。①

在汉代，宴饮活动成为常态，并基本形成了流传至今的饮宴礼仪。第一，入席有座次，饮酒有规矩。汉代以东向、右方为尊，座次顺序很严格，要体现主宾关系和尊卑次序，如《史记》记载的"鸿门宴"中的座次："项王、项伯东向坐，亚父南向坐，沛公北向坐，张良西向侍"②。第二，要注重仪态和礼节。当时坐姿采取跪坐，以臀压足，两膝向外，向他人敬酒时要上身直立，他人为你倒酒时应该避席以示恭敬。第三，汉代饮宴实行分餐制。出土于睢宁县九女墩汉墓中的

宴饮图就表现了当时分餐而食的情景。此外，汉代贵族饮食沿袭了周朝"钟鸣鼎食"的习惯，有"以乐侑食"的风气，宴席间有乐舞演出助兴。这类娱乐助兴活动包括行酒令、射覆、投壶、射箭、六博等。

唐代是历史上的盛世，"宴饮"更成为常态，《唐会要》就记载："国家自天宝以后，风俗奢靡，宴处群饮，以喧哗沉湎为乐。"唐代的宴会活动丰富多彩，有围绕节气的，如唐代宫廷的寒食内宴，可谓最早的冷餐大会，配合寒食节令准备如干粥、醴酪、冬凌粥、子推饼、馓子等食物。有年度性的节庆性宴会，如唐德宗时定每年二月初一为中和节，举行"宜春宴"，皇帝在京城为在京官员赐宴，各地官员为下属官员设宴，村社等地也要酿制宜春酒，聚会宴饮，目的是祭勾芒神、祈祷丰年。

最著名的宴饮活动，还是为进士群体举行的曲江游宴，自公元 705 年开始，一直延续到公元 874 年，历时 170 余年。宴会于每年三月在曲江开展，新科进士们身穿盛装，骑着高头大马，很是春风得意。既是游宴，就少不了美味佳肴和游览娱乐活动，更少不了吟诗，有关曲江游宴的诗在《全唐诗》中留存不少，反映了当时的社会生活状况。

此外，从开元至天宝的 30 多年间，还流行过两种专门为仕女举行的野宴，即"探春宴"和"裙幄宴"。探春宴在每年正月十五后的立春、雨水两个节气间进行，参加者多为官宦及富豪之女，她们由家人用马车载着帐幕、餐具、酒器、食品等来到郊外，搭起帐幕，摆设酒肴，一面行令品酒，一面围绕"春"字进行猜谜、作诗、对联等娱乐活动，直至日暮方归。裙幄宴在每年三月初三的上巳节（又称女儿节）前后举办，游宴

---

① 殷旵主编. 尚书 [M]. 北京：当代世界出版社，2007：112-115.

② [汉] 司马迁. 史记 [M]. 郑州：中州古籍出版社，1995：62.

方式一是斗花，比谁戴的花漂亮，二是在草地上四面插下竹竿，将裙子连结起来挂在竹竿上，搭起临时饮宴幕帐，一起宴饮娱乐。从有关唐代饮宴活动的绘画作品可见，当时人们已经围桌而坐，不再像汉代一样跪坐了（图 7-9）。

图 7-9 《宫乐图》（局部），台北故宫博物院藏

所谓"桃李春风一杯酒"，酒席宴会活动虽然免不了喝酒，但在富有仪式感的文人聚会中，酒更多是一种媒介，如欧阳修所说："醉翁之意不在酒"，在乎山水之乐、在乎诗文交谊，具有丰富的文化内涵和社交意义。李白的《春夜宴桃李园序》正是由宴会上"开琼筵以坐花，飞羽觞而醉月"的赏心乐事发出的感慨。王勃的《滕王阁序》也是参加饮宴活动时的即席创作，留下了"落霞与孤鹜齐飞，秋水共长天一色"的千古名句。曹雪芹《红楼梦》第三十七回《秋爽斋偶结海棠社，蘅芜苑夜拟菊花题》，大观园中的才子佳人们结诗社，也要通过"宴集诗人""醉飞吟盏"等活动来进行，上演了一出赏桂花、吃螃蟹的精彩大戏。和西方由宫廷仪礼逐渐延伸到民间不同，中国的饮宴之礼是在汉魏时期从民间社会逐渐发展而成，并经文人社会阶层的影响，会餐有约、行酒有令，逐渐成为社会普遍遵守的礼仪。①

2. 饮茶之乐

所谓"千秋大业一壶茶"，饮茶同样具有高度的文化意义。唐代以前，喝茶更多的是药用。到了唐代，茶成为文人、百姓都普遍参与的赏心乐事，并经"茶圣"陆羽的提炼成为一种生活艺术。"茶者，南方之嘉木也……"陆羽在《茶经》中条分缕析了茶的起源、采茶工具、茶叶种类、烹茶器皿、煮茶手法、饮茶习俗、茶之掌故、茶道规矩和茶艺流程，指出饮茶不仅要讲究茶叶的色、香、味，同样要重视煮茶的方式和器具。饮茶生活方式在唐代的普及，从五代顾闳中的名画《韩熙载夜宴图》里可见一斑，画中主人和宾客一边饮茶一边听曲，几上茶壶、茶碗、茶点清晰可见（图 7-10）。

宋代的饮茶习俗更风行一时，茶和米盐一样成为"不可一日无"的全民饮品。饮茶，不仅成为全民参与的"国饮"，也成为宋徽宗《大观茶论》所说的"盛世之清尚"。在浓厚的饮茶氛围中，宋代的茶艺达到空前水平，吟诗、听琴、观画、赏花、闻香等都是茶艺活动的常见项目。作为茶道高手的宋徽宗赵佶，不仅有茶的专著，他的画作《文会图》更生动描绘了当时茶、酒、花、香、琴、画等元素相互融合的情景。流风所及，民间茶肆竞相仿效，纷纷插四时花，挂名人画，装点门面，并敲打响盏歌卖，烧香、点茶、挂画、插花成为四般闲事（图 7-11）。

茶文化与禅文化的融合，产生"禅茶一味"的生活美学观念，更是中国人对世界的文化贡献。唐末五代时期，河北赵州禅师以"吃茶去"的机锋接引弟子，无论对方回答"曾到"此间

① 龚鹏程 . 文人社会阶层史话 [M]. 北京：商务印书馆，2023：419-422.

图 7-10　顾闳中《韩熙载夜宴图》（局部），北京故宫博物院藏

图 7-11　唐寅《斗茶图》，台北故宫博物院藏

还是"不曾到"此间，都让对方"吃茶去"，留下了禅宗历史上著名的"赵州茶"公案。唐宋禅寺中专门设有"茶寮"以供僧人吃茶，每日在佛前、祖前、灵前供茶，新住持晋山升座仪式中有专门的点茶仪式，甚至还有专门以茶汤开筵的"茶汤会"。宋代著名禅师圆悟克勤，曾手书"茶禅一味"四字馈赠参学的日本弟子，这一观念也深远影响后世，中国人的茶艺和日本人的茶道，都是典型的东方生活美学。

从古至今，中国人的宴饮活动之丰富多彩和其背后的文化意义，在西方汉学家那里也受到了重视。美国人何天爵（Holcombe，1844—1912）在其《真正的中国佬》一书中就记载："中国人的饮食文化丰富多彩，每一道菜都各具特色，与西方的饮食习惯迥然不同。主人与客人之间的礼仪应答、推杯换盏等形式，也与西方的做法千差万别。"① 葡萄牙人曾德昭（Alvaro Semedo，1585—1658）在其《大中国志》中也说，"中国人为宴会花费了许多时间和金钱，因为他们几乎不断在举行宴会"。在他看来，中国人举行宴会的原因五花八门，像聚会、辞行、洗尘、亲友喜庆、哀伤事件、重要事务甚至修盖完房屋，都要举行宴会来表达一定感情。② 的确，从古至今，中国人的宴会具有"高度的社会意义与功能"，无论祭祀活动，还是人情往来，抑或社友聚餐会饮，都要办一桌酒席，既有强烈的仪式感，也有丰富的文化意义和社会内涵。③

7.2.4　味道之美

饮、食看似形而下之事，却蕴含着形而上的艺术和哲学。《中庸》说："人莫不饮食也，鲜能知味也"④，饮食为每个人日日所需，但又有几人真解其中味，并能上升到美学、哲学层面思考呢？

从今天生活美学的角度看，中国的古人很早就注重对"味"的探讨。像老子，认为"五味令人口爽"，提出"味无味"的哲理，把"味"上升到"道"的哲理层面思考。孔子用"三月不知肉味"来形容韶乐的美好，从一个侧面也看出

---

① ［美］何天爵. 真正的中国佬 [M]. 鞠方安，译. 北京：光明日报出版社，1998：97.

② ［葡］曾德昭. 大中国志 [M]. 何高齐，译. 上海：上海古籍出版社，1998：167.

③ 龚鹏程. 文人社会阶层史话 [M]. 北京：商务印书馆，2023：419-422.

④ 绍南文化编. 学庸·论语 [M]. 厦门：厦门大学出版社，2000：14.

对饮食之道的看重。受其影响，中国古人谈文论艺，最喜欢用"味"来形容。以味论诗始自南朝梁代的钟嵘，他在《诗品序》中说："五言居文词之要，是众作之有滋味者也"，他认为诗味的要素在于"指事造形，穷情写物"[①]。唐代的司空图进一步提出"韵味"概念，认为"辨于味，而后可以言诗"，并提出诗歌要追求"味外之旨""韵外之致"。[②] 清代主张"诗写性情"的袁枚（1716—1798）进一步形象化、具体化，以"言动心""色夺目""味适口""音悦耳"为标准，主张"诗能做作甘言，便作辣语、荒唐语亦复可爱"。[③] 这些以味论诗的表述，直白且浅近，极大开拓了诗歌的表现空间，为学诗者大开方便之门。

美食之味固然丰富了文学艺术的理论范畴，但味道毕竟还是更与美食相关。古往今来，从饮食层面探讨味道美学的也有不少。南宋时的林洪（1137—1162）在《山家清供》中，记载了福建等地的一些美食，提倡"清""雅"的味道美学。明末清初的李渔（1611—1680）在其《闲情偶寄》中的"饮馔部"，提倡饮食之道要切近自然。当然，美食之美，不仅和味道相关，还是一种色、香、味的综合艺术，袁枚在其《随园食单》中，对食物的色泽、香气、味道的配合进行了论述，认为"目与鼻，口之邻也，亦口之媒介也。佳肴到目、到鼻，色臭便有不同，或净若秋云，或艳如琥珀，其芬芳之气亦扑鼻而来，不必齿决

之、舌尝之，而后知其妙也"[④]，道出了美食对人的感官系统的综合作用。时至今日，色、香、味之美已经成为人们对美食的核心要求。

通过饮食接受美育，就要懂得味道之美，并从美食、美器、美的饮食礼仪等方面着眼，于一饮一啄间体会生活之美。

7.3　居室休憩之美

"安得广厦千万间，大庇天下寒士俱欢颜"，这是唐代诗人杜甫通过诗歌表达的美好愿望。实际上，对居住条件和环境的美好追求，也一直是历朝历代人们追求的目标。从居住的房屋、庭院的环境和日常的摆设，同样体现出人们对生活美学的孜孜以求。和西方古典建筑更多体现宗教色彩不同，中国的建筑体现出更多的人文色彩。

7.3.1　中和之美

从战国时代开始，"高台榭""美宫室"已成为各个诸侯国不约而同的做法，秦统一过程中更是每灭一个国家，就在咸阳城的北边仿建这个国家的宫室。秦统一六国之后，当时的咸阳城汇集各国建筑艺术之精华，成为"集珍式"的建筑群落。司马迁在《史记》中说，"渭河南北二百里内有宫观二百七十座"。其中最有名的是公元前212年开始兴建的阿房宫，前殿建在高台上，殿前有驰道直达南山，殿后加复道，跨过渭水与咸阳相连，整个格局跨度几十里，带山跨河，规模惊人。

---

① 钟嵘.诗品 [M].上海：上海古籍出版社，2020：12-18.

② 袁行霈，等.中国诗学史 [M].北京：人民文学出版社，2021：195.

③ 袁枚.袁枚全集（第三册）[M].王英志，主编.南京：江苏古籍出版社，1993：598.

④ 袁枚.袁枚全集（第五册随园食单）[M].王英志，主编.南京：江苏古籍出版社，1993：4.

汉代建筑"以大为美",未央宫面积相当于7个故宫大小。西汉建筑在汉武帝时达到高峰,除原有宫殿外,又建起建章宫、甘泉宫、上林苑等庞大的建筑群。其中,建章宫可谓中国最早的高层建筑,范围数十里,被称为"千门万户"。另据文献记载并参照出土的汉画像石,汉代在重要建筑入口前均设"阙",这是一种礼制性建筑,多在城门、宫殿、祠庙、陵墓前用以记官爵、表功绩,并表征神仙道教思想,是人神交流的物质空间,通常用石雕和木砌而成。

汉代以后,中国古代建筑的美学追求就很典型地体现出儒家的"中和之美"。这方面最典型的是故宫,即清代的紫禁城。整个宫殿建筑群占地面积72万平方米,南北长960米,东西长760米,呈长方形,是最符合《周礼·考工记》王城规划的宫殿建筑的实物典型。整个建筑群前门为端门,正门为午门,北门叫神武门(明代称玄武门),在这条长近千米的中轴线上,排列着一系列骨干建筑:外朝是太和殿、中和殿、保和殿,统称三大殿,即皇宫中的"金銮宝殿"。内廷乾清宫、交泰殿、坤宁宫等三宫,东西有格局相同的东、西六宫,即俗称的"三宫六院"。内廷北面直通御花园,园内正中有钦安殿。从前朝到内廷,故宫以多种屋顶形式组成多座宫殿院落,殿顶有庑殿顶、歇山顶、四角攒尖顶、悬山顶、收山顶、硬山顶、盝顶、卷棚顶,有六角式、八角式、十二角式以及多角迭出式,还有单檐、重檐、三层檐等多种形式,形成了一幅起伏有致、变化多姿的建筑群落布局,长达近千米的建筑群最终以巍峨的景山为屏障,形成了有力的总结。

中国古代的民居多遵循就地取材、因地制宜、经济适用、生活方便的原则,也特别相信《黄帝宅经》等风水原理和方位禁忌,整体风貌上有共性也有个性。流传到今天,北京最典型的是四合院,整体布局按照南北纵轴线对称来布置房屋和院落,同样体现出对"中和之美"的追求。南方最典型的是徽派建筑,都是典型的江南城镇庭院建筑,有面街的白灰粉刷的石墙或砖墙,内部多大量运用木雕,使其显得格外温馨、舒适。

中国古人的住宅建筑和居住风俗,也随着多民族的融合体现出多元化倾向。在唐代,崇尚外来物品的时代风气遍及朝野。在都城长安,就有一些都市中的毡帐居住者,大诗人白居易就是这样一位"都市露营者"。他在自家宅院空地上搭建起两顶青色的突厥帐篷,平日在里面款待宾客,并得意地向客人解释帐篷能让他免受冬季寒风之苦。其《青毡帐二十韵》写道:"有顶中央耸,无隅四向圆。傍通门豁尔,内密气温然。远别关山外,初安庭户前。影孤明月夜,价重苦寒年。"在"庭户前"就可以体验"关山外"的生活,在冬日里却依然温暖如春,可见他对这种青毡帐生活方式的热爱。

7.3.2 园林之趣

从春秋战国时期开始,中国已经注重园林建筑。汉代的上林苑是我国历史上规模最大的园林,始建于秦代,汉武帝时代扩建,据记载周长100余公里,内有离宫70所,有渭、泾、沣、涝、潏、滈、浐、灞八水出入其中,即后人所谓"八水绕长安"。上林苑的建章宫中有太液池,池中筑三岛模拟东海三山,开创了人为造山的先例,也奠定了我国古典人工园林"一池三山"的格局。

唐代是中国古典园林高度兴盛的时期,这一时期的园林建筑在汉代雄阔恢宏的基础上有了进一步发展，在空间布局和细部处理上均更加成熟。当时的皇家园林主要集中于长安、洛阳两京之地，又分两种：一种是都城内的皇宫御苑，如长安禁苑、西内苑、东内苑以及洛阳西苑。里边池沼遍布，还种植了梨园、葡萄园、桃园等果园，多为皇帝和群臣饮宴之地。唐人盛行打毬，在长安禁苑等地还兴建了毬场。另一种是都城外的离宫别苑，如著名的华清宫、九成宫等。华清宫位于今陕西省临潼区境内的骊山山麓，南枕骊山，北临渭水，整体宫殿建筑采取了对称布局，以温泉知名于世。华清宫的汤池计有 81 处，其中"御汤"和"海棠汤"分别是唐玄宗、杨贵妃所用。据记载，唐玄宗先后 36 次到华清宫过冬，这里甚至成了临时的皇宫。九成宫也是唐代著名离宫之一，位于陕西省宝鸡市麟游县新城区，始建于隋代，名仁寿宫。唐太宗李世民为了避暑养病，进一步修缮并改名为九成宫。唐亡后九成宫废弃，但留下了书法史上的千古名作《九成宫醴泉铭》，为"唐人楷法第一"的欧阳询所书（图 7-12）。

　　除了皇家园林外，私家园林也大规模发展。特别是在中唐之后，"壶中天地""纳须弥于芥子"的古典园林艺术追求更加趋于成熟。白居易的诗作《池上篇》就写他在洛阳的私家园林，"十亩之宅，五亩之园，有水一池，有竹千竿"，还间以岛、树、桥、道，就很典型地体现出"壶中天地"的特色。诗人王维的辋川别业也是一处有名的私家园林，有着众多诗情画意的山水景观，王维与裴迪等人"浮舟往来，弹琴赋诗，啸咏终日"，留下了不少名篇佳作，住宅园林化成为文人雅士悠游自足、恣情山水的栖息之地。

　　李泽厚先生认为，中国古代园林艺术的发达，体现了中国古人在生活方式上儒道互补的

图 7-12　欧阳询《九成宫醴泉铭》（局部），麟游县博物馆藏

美学追求。日常家居建筑更多受儒家思想影响，追求一种中和之美，在实用的基础上体现着一种秩序、规范。而园林和庭院环境更多体现着道家"道法自然"的美学理想。"天下名山僧占多"，外来的佛教艺术同样影响了园林建设。魏晋南北朝时期社会动荡不安，佛教广泛传播，佛教建筑备受推崇，逐渐形成具有本土特色的佛教寺庙园林。在选址方面，寺庙园林突破皇家园林和私家园林在分布上的局限性，开始由市井向山野转移。在艺术特色方面，寺庙园林既结合外来寺庙特点，也吸收中国传统园林的风格特点，形成了独具特色的寺庙园林。寺院建筑与山林风景一体，宗教的出世情感与百姓的世俗生活相结合，成为独具特色人文景观，唐诗"南朝四百八十寺，多少楼台烟雨中"就是对此最好的写照。

　　明、清时期，江南地区的经济、文化发展

居于全国前列，私家园林发展进入了最繁荣的时期。这时候名园辈出，如苏州的拙政园、绣谷园，金陵的随园、又来园，上海的张园、愚园，扬州的大虹园、洁园等均极一时之盛。文学作品中也多有反映，如名著《红楼梦》中所描述的重要厅堂及生活场所，都体现了当时园林文化的独特特征。

园林中游观的主角是文人士大夫阶层，他们在园林中宴饮雅集、吟诗作画，推动着文学艺术的世俗化、生活化，引领着古代生活美学化的潮流[1]。清代文人沈复在其《浮生六记》中就写出了这种园林游憩之趣："晨入园林，种植蔬果，芟草，灌花，莳药。归来入室，闭目定神。时读快书，怡悦神气；时吟好诗，畅发幽情。临古帖，抚古琴，倦即止……"[2]文人的诸般乐趣为园林平添了诸多富有生活气息的美好。

7.3.3 文房书香

中国人素来注重文化，更注重以文化艺术来装点自己的居住环境。宋代文风极盛，也影响到人们的居家装饰，用书画装饰房间成为流行。名妓李师师的卧室里挂山水画，所谓"四壁挂山水翎毛"。挂肖像画也很普遍，黄庭坚对苏东坡终身执弟子礼，晚年家中还挂有苏东坡的肖像画，每天早上起来礼拜。在苏东坡造福一方的杭州、毗陵等地，当地士大夫、百姓也纷纷挂他的肖像画，甚至"饮食必祝"。此外，宋人也喜欢用鲜花或绢花装饰房间。在文人士大夫的书房里，琴、书也往往是必备品。

文房清玩经唐、宋、元的发展，明初已吸引大批富有子弟关注。洪武二十年刊刻的《格古要论》中提到"见近世纵垮子弟，习清事者必有之，惜其心虽爱，而目未之识"，正反映了明代士人执着于文房清玩的风潮。到了明代中晚期，物质财富的积累、手工艺的全面成熟加上人的生命意识觉醒，在服饰、建筑等各个生活领域都形成追求时尚的潮流。明代著名文人袁宏道追求"闲适"的生活美学，他的《时尚》一文介绍了苏州当地著名工匠和他们所制器物引领时尚潮流的情况。袁宏道还著有《瓶史》，专论插花艺术，传至日本后形成了日本花道宏道流[3]。

明式家具是在承袭宋、元家具的基础上，形成了自己的独特风格，技术与艺术均达到中国家具史的顶峰。明式家具按形态可分为承具（包括桌案几类）、坐具（包括椅杌榻类）、床类、架类、箱橱柜类五大类型。明代的文房用物有两点特征：一是尺度的"以小见大"，案头清供之物小器大样，一般尺度保持在"大不盈尺，小不盈寸"的状态。二是用料考究，工艺精致，求雅避俗，以别于世俗化商品。这一时期比较著名的文人用品有湖笔、徽墨、宣纸、歙砚等（图7-13）。

清代文人因为统治者实行文化专制、大兴文字狱，把时间和精力更多地投入到园林、家具、雕刻以及文房清玩中，以其雅致的趣味直接推动了这些领域造物的发展。清初学者李渔就是典型代表，他在谈论居室的文字中说道："人之不能无屋，犹体之不能无衣。衣贵夏凉冬燠，房舍亦然……登贵人之堂，令人不寒而栗，虽势使

① 刘悦笛. 中国人的生活美学 [M]. 桂林：广西师范大学出版社，2021：180.

② 沈复. 浮生六记 [M]. 北京：人民文学出版社，2010：132.

③ 陈保良. 明代社会生活史 [M]. 北京：中国社会科学出版社，2004：15-16.

图 7-13　明代文房家具（选自"山静日长——明代文人风雅录"展览）

之然，亦寥廓有以致之"。所以，如何让房舍之内温馨、舒适成为很多文人雅士着力的方向。像李渔就发明了冬天加热的扶手椅和夏天用的瓷凉枕，还设计了一种"便面窗"，是一个随四季晨昏变换景致的借景框。

清代中叶文坛领袖袁枚也四十岁不到就辞官不做，精心打理他在金陵（今南京）小仓山的随园，并形成了以"随"字为核心的造园理念："依山势地形，随其高，为置江楼；随其下，为置溪亭；随其夹涧，为之桥；随其湍流，为之舟；随其地之隆中而敬侧也，为缀峰帕；随其翡郁而旷也，为设宦窔"[①]。在这种时代风气之下，清代人家居内部的装饰和奢侈品也日渐增多，其中也包括文人案头的用具与饰品——毛笔架、砚台、瓷质或玉质的笔洗、软石印章以及各种古董珍玩等。

从古至今，中国人特别注重读书求学，在几千年的农耕社会里一直有着"诗书继世，耕读传家"的传统。这种重视文脉书香的人文传统，也是我们今天应当继承和发扬的。现代社会生活

① 袁枚 . 袁枚全集（第二册）[M]. 王志英，主编 . 南京：江苏古籍出版社，1993：204-205.

和工作的节奏快，无论外部的世界如何忙碌和喧嚣，"此身安处是吾乡"，家中的一方书香之地，正是灵魂的安顿之所。

7.4　做生活美学家

正如维特根斯坦说："只有在生活之流里，文字才有意义"，美学、美育也是这样。生活美是所有美学的基础。在真实的生活世界中寻找美、体验美、感悟美、创造美，才是美学也是人生最根本的意义所在。因此，生活本身是美育最好的教科书。人类的生活永远充满着未知，永远变动不居，这种开放性也赋予生活美育以无限广阔的空间。

7.4.1　多元化的美育渠道

美学的多元性在生活美的层面上有着最为鲜明的体现，因此生活本身就是美育的多元化渠道。

从纵向的时间维度来看，古往今来人们的生活方式在不断演进，从服饰、建筑、饮食及相关器物上，我们就能看出这种变迁。例如古人的饮食器物，先秦时期多为青铜器，汉代漆器成为主流，隋唐时期金银器成为新的潮流，宋代以后瓷器成为主流。青铜器的狞厉之美，漆器的温润之美，金银器的富丽之美，瓷器的光彩之美，可以说各擅胜场，既带着不同时代的烙印，更凝结着中国古人对美好生活一以贯之的审美追求。

从横向的空间维度来看，不同地域、不同民族的人们也有着千差万别的生活方式。像北方人在饮食上要粗粝一些，倾向大块吃肉、大碗喝

酒，追求浓郁、醇厚的口感和味道，以"大"为美。而南方人更注重精细之美，追求清淡、鲜美的口味，更强调原汁原味。"十里不同风，百里不同俗"，中国幅员辽阔，多民族融合共生，不同地域、民族的不同生活方式、民俗文化呈现为多样之美，如同百花齐放的大观园，美不胜收！

这种生活方式上的多样性，为生活美育的开展提供了多元化的审美教育渠道。就像日本民艺学者柳宗悦（Soetsu Yanagi，1889—1961）所说："我们进入了一个美好的时代，在这个时代，我们必须明辨什么才是真正的美"[1]。深入历史的和当代的生活之中，去观察自我和他者的生活世界，去探索衣、食、住、行、用等生活场景和日常器物背后的美学内涵，正是生活美育的魅力所在。

7.4.2 日常化的美育潮流

今天，我们正身处一个大审美经济时代，"日常生活审美化"成为时代潮流，人们对美的感受、欣赏、体验、创造越来越广泛地渗透到日常生活的方方面面。[2] "日常生活审美化"是加拿大学者迈克·费瑟斯通（Mike Featherstone，1946— ）最早提出的概念，他将审美态度引进现实生活，认为大众的日常生活被越来越多的艺术品质所充满。

这一点我们每个人都感同身受。我们身处的城市、乡村越来越美丽，人们去就餐、购物、旅游、休闲时，不仅对物品本身的设计感有了更多要求，也更加注重相关消费场景的环境、氛围和

情调。可以说，这是一个既追求物品的实用性，也追求其外部"颜值"的时代，审美体验渗透在大众日常生活的衣、食、住、行、用之中，美无所不在，它与我们每个人的生活息息相关。

7.4.3 个人化的审美修炼

中国美学传统与西方美学传统不同，审美的重点在人而不在艺术。一切从人出发，就像孔子所讲的诗教："《诗》可以兴，可以观，可以群，可以怨。迩之事父，远之事君，多识于鸟兽草木之名（《论语·阳货》）"[3]，审美的体验和经验同样是一个人需要毕生修炼的生命体验、生活感悟和生存智慧。

在古代，很多贤哲、文人都是引领时代风气和时尚潮流的生活美学家。春秋时期的孔子是这样，他以"一事不知，儒者之耻"的精神，探索圆满人生的智慧，对美好生活和君子人格孜孜以求，在各种生活场景中给我们树立了一个生活美学家的典范。宋代的苏东坡是这样，他虽然一生仕途不顺，但不改对生活的热爱，创新"东坡冠""东坡肉""东坡肘子"等服饰、美食做法，引领时尚潮流并遗泽后世。清代的袁枚也是这样，他一生追求"生人之乐"，自言"袁子好味，好色，好葺屋，好游，好友，好花竹泉石，好圭璋彝尊、名人字画，又好书"[4]，诸般爱好洋溢着强烈的生命意识和生活情趣，这种对生活之美的追求影响了同时代文人群体，追求世俗生活的闲适之趣成为一种潮流。

中国古代的"生活美学家"名单还可以列举

---

① ［日］柳宗悦.物与美[M].王星星，译.重庆：重庆出版社，2019：75.

② 叶朗.美学原理[M].北京：北京大学出版社，2009：316.

③ 思履主编.论语彩图全解详注[M].北京：中国华侨出版社，2012：251.

④ 袁枚.袁枚全集（第二册）[M].王英志，主编.南京：江苏古籍出版社，1993：605.

很多人，他们不仅自己在生活中追求诸般美好，也将这种追求形诸于诗歌、文章、书法、绘画等作品，成为流传千古的名篇佳作。其中，更值得我们注意的是一些生活美学的专著，更在不同方面对生活之美作出总结，成为我们今天探讨生活美学、生活美育的重要资源。例如，明代的高濂著有《遵生八笺》，从养生学角度，对起居安乐、饮馔服食、燕闲清赏等都作了专门的论述；明末清初的文震亨著有《长物志》，提出"长物虽不足以蔽体，但足以遮俗；虽不足以果腹，然可以养心。虽是文人清赏，亦足逞耳目之娱"，倡导一种品物游心的生活方式。清代的袁枚著有《随园食单》，将美食与艺事同观，遍采自己四十多年来所亲尝的海鲜、江鲜、特牲、羽族、水族、小菜、点心、饭粥、茶酒等各种美食做法，并从食材、佐料、调剂、配搭、火候、色味等各个方面进行了阐述，正如其自己所说"颇集众美"①，直到今天依然有广泛影响。

服饰、居室、饮食，都是我们每个人生活中最切近的事情，看似大俗，实则其中蕴含着大雅。但这种俗中之雅，这种从生活中来的审美体验和经验，并不是件容易的事情。曹丕在《典论》中说："一世长者知居处，三世长者知服食"，一代为官的富贵人家只知道住好房子，富贵三代的人家才懂得穿衣吃饭。这正应了那句俗话"三代出一个贵族"，足见穿衣吃饭里，正有大学问、大修养。

古人有诗句"琴棋书画诗酒花，当年件件不离它。如今七事都换却，柴米油盐酱醋茶"。在古人看来，"琴棋书画诗酒花"是雅事，"柴米油盐酱醋茶"是俗事。而在生活美学化的今天，这首诗更具隐喻意义。在柴米油盐的日常生活中，我们每个人都可以有着艺术的、审美的追求。只要有一颗锐感的心，有一双智慧的眼，生活中处处都是美的道场。

本章小结

无论在历史上，还是在当下，美已经渗透到人们衣食住行等社会生活的方方面面，需要我们去发掘生活中的美。

所谓"衣冠重文物，诗酒足风流"，衣冠服饰、饮食器物不仅和民生日用相关，也是一个国家、一个民族文化和文明的表征。唐代诗人王维的诗歌《和贾至舍人早朝大明宫之作》，形象地写出了唐代早朝时四方来朝的场面："绛帻鸡人报晓筹，尚衣方进翠云裘。九天阊阖开宫殿，万国衣冠拜冕旒……"唐代衣冠不仅雍容华贵，也作为文化的隐喻成为四方来朝的象征。

生活美是所有美学的基础。寻找生活本身的美，感悟生活本身的美，在生活中塑造美好的形象，在生活中追寻生命的意义才是美学重大也是最根本的意义。人类的生活永远充满着未知，永远处于变化之中。这种开放性也赋予生活美学以开放的特质。

中国美学传统与西方美学传统不同，审美的重点在人而不在艺术。审美的体验和经验是一个人需要毕生修炼的生命体验、生活感悟和生存智慧，需要我们在柴米油盐的日常生活中有艺术的、审美的追求，将生活本身作为美的道场。

① 袁枚.袁枚全集（第五册·随园食单）[M].王英志，主编.南京：江苏古籍出版社，1993：1.

思考题

1. 什么是生活美？

2. 如何看待和开展生活美育？

3. 结合个人体会，谈谈如何做一个生活美学家。

本章参考文献与深度阅读

1. 刘悦笛. 中国人的生活美学 [M]. 桂林：广西师范大学出版社，2021.

2. 吕思勉. 中国文化史 [M]. 北京：北京日报出版社，2018.

3. 王力主编. 古代文化常识 [M]. 北京：中华书局，2021.

4. 龚鹏程. 中国传统文化十五讲（第 2 版）[M]. 北京：北京大学出版社，2021.

【拓展阅读】

生活的艺术（节选）

林语堂

生活艺术家的出发点就是：他如果想要享受人生，则第一个必要条件即是和性情相投的人交朋友，须尽力维持这友谊。

我们的世界尚是一个缺乏理性的世界，没有一处地方不看到人类的愚钝，从现代国际关系的愚钝直到现代教育制度的愚钝。人类的聪明虽足以发明无线电，但不足以制止战争，将来也是如此。所以我对于许多小节的愚钝，宁可听其自然，而不过旁观暗笑罢了。

倘若一个人对于许多的气候和天空颜色的变化，随着月令而循环变换的许多鲜花依然不知满足，则这个人还不如赶紧自杀，而不必更徒然地去追寻一个或许只能使上帝满足而不能使人类满足的可能天堂了。

凡是真正的智者都拙于言谈，而善谈者又罕是智者。（李笠翁）

大自然本身永远是一个疗养院。它即使不能治愈别的病患，但至少能治愈人类的自大狂症。人类应被安置于"适当的尺寸"中，并须永远被安置在用大自然做背景的地位上，这就是中国画家在所画的山水中总将人物画得极渺小的理由。

余观世上语言无味面目可憎之人，皆无癖之人耳。（袁中郎）

能闲世人之所忙者，方能忙世人之所闲。人莫乐于闲，非无所事事之谓也。闲则能读书，闲则能游名胜，闲则能交益友，闲则能饮酒，闲则能著书。天下之乐，孰大于是？（张潮《论闲与友》）

少年读书，如隙中窥月；中年读书，如庭中望月；老年读书，如台上玩月。（张潮《论书与读书》）

宁为小人之所骂，毋为君子之所鄙。（张潮《论一般生活》）

旅行的真正动机应为旅行以求忘其身之所在，或较为诗意的说法，旅行以求忘却一切。

识和胆是相关联的，中国人每以胆识并列。而据我们所知，胆力或独立的判别力，实在是人类中一种稀有的美德。凡是后来有所成就的思想家和作家，他们大多在青年时即显露出智力上的胆力。他如真心钦佩一个诗人时，他必会说出他钦佩的理由；这就是依赖着他的内心判别而来的；这就是我们所谓文学上的鉴别力。他也绝不肯盲捧一个风行一时的画派，这就是艺术上的鉴别力。他也绝不肯盲从一个流行的哲理，或一个时髦的学说，不论他们有着何等样的大名做后盾。

只有在游戏精神能够维持时，艺术方不至于成为商业化。

现代独裁者拟想产生一种政治式的艺术，实在是做一件绝不可能的企图。他们似乎还没有觉得艺术不能借刺刀强迫而产生，正如我们不能用金钱向妓女买到真正的爱情。

必须是意在为培植面目的可爱和语言的有味而读书。

世上原有所谓性情相近这件事，所以一个人必须从古今中外的作家去找寻和自己的性情相近的人。这犹如一个男子和一个女子一见生情，一切必都美满。

一个写作者，如若他的思想浅薄，缺乏创造性，则他大概将从简单的文体入手，终至于毫无生气。只有新鲜的鱼可以清炖，如若已宿，便须加酱油、胡椒和芥末——越多越好。

当一个作家因为憎恶一个人，而拟握笔写一篇极力攻击他的文章，但一方面并没有看到那个人的好处时，这个作家便是没有写作这篇攻击文章的资格。

发乎本心的文学，不过是对于宇宙和人生的一种好奇心。凡是目力明确，不为外物所惑的人，都能时常保持这个好奇心。所以他不必歪曲事实以求景物能视若新奇。

每个人的宗教经验都是对他本人有效的，因为我已说过它是一种不容争论的东西。

异教徒住在这世界上是像一个孤儿一般，他不能期望天上有一个人在那里照顾他，在他用祈祷方式树立灵的关系时即会降福于他的安慰，这就显然是一个较为不快乐的世界。但也自有他的益处和尊严，因为他也如其他的孤儿一般不得不学习自立，不得不自己照顾自己，并更易于成熟。

基督徒不肯谦卑，他们对于这股他们自己也是其中一分子的生命巨流的集体的永存，从来不知道感觉满足。

如若一个人承认行善的本身即是一件好事，他即会自然而然将宗教的引人行善的饵诱视作赘物，并将视之为足以掩罩道德真理的色彩的东西。人类之间的互爱应该就是一件终结的和绝对的事实。我们应该不必借着上天第三者的关系即彼此相爱。

圣人谈到生活，都是以亲身的阅历为中心；才子则只知道研究解释圣人的说话，而笨人则更是只知道将才子说话咬文嚼字地辩论。

企求逻辑的完美就是愚昧的迹象。

凡是谈到真理的人，都反而损害了它；凡是企图证明它的人，都反而伤残歪曲了它；凡是企图证明它的人，都反而杀害了它；而凡是自称为信仰它的人，都埋葬了它。

他们在真理出丧时所唱的挽歌就是：我是完全对的，而你则是完全错误的。

第 8 章　社会中的美育

社会主义核心价值观的培育不是一朝一夕就能完成的，是一个潜移默化的过程。而美育作为教育的重要手段，可以使得受教育者在潜移默化中将理论知识转化为情感认同。

——习近平

◎学习目标

通过本章学习，让学生了解和掌握以下内容：

1. 美育的终身性。

2. 设计并参与具体社会美育项目。

8.1　美育的终身性：从学校走向社会

人的教育是终身教育，人的美育也是终身美育。在终身美育的语境中，学校教育与社会教育联合在一起，才构成了人的美育的完整性。大学生从学校走向社会，从在学校接受真善美的熏陶；到走进社会，将学校所学的艺术技能和科学知识应用到社会实践，例如参与社会艺术项目、文化创意产业等。可见，大学生从学校美育走向社会美育的过程，是将内化的美育成果展示出来服务社会的过程。

尹少淳将学校美育与社会美育的关系概括为"互仿与渐融"。何谓"互仿"？"即学校美育与社会美育相互借鉴在对方领域内已经经过实验、形成、推广，且收得良好反馈的方法论，并在本领域的实践工作中进行效仿。课程意识和教材意识的出现在一定程度上就是社会美育对学校美育进行的参考。近些年的美术馆教育已不再完全围绕馆内展品这一'物的教育'的形式来开展，而是通过独立课程研发、教材引进等方式转向'人的教育'，这也使公共教育部门在美术馆体系内获得了更多的自主权。同样，美术学科核心素养作为培养未来公民综合能力的美育指标，也能为社会美育提供参照，或至少成为社会美育行业自有标准建立的一个理论支撑。"[1] 何谓"渐融"？"即学校美育与社会美育在发展过程中从偶尔产生交集，逐渐衍生出固定的、系统化的教育合作模式。早些年间，校内的美术教师会组织学生前往美术馆参观，或者参与社区举办的文艺活动，这种课外教学的开展与否或频次高低在很大程度上

---

[1] 尹少淳，孟勐.学校美育与社会美育的互仿与渐融[J].美术，2021(2)：9.

取决于学校的意愿和校区周边的艺术条件、艺术氛围。今天，这种介于正式与非正式之间的教育行为逐渐被学校和社会美术机构所重视，并由此产生了一系列标准化合作，比如美术馆、博物馆与学校之间的'馆校合作'，社区与学校共同举办的'美术课进社区'，或者以美术为内容的社区服务制度等。社会现场对于学校美育来说是一种真实情境，而学校对社会美术机构来说也是资源和职能的拓宽，两种场域的并联毫无疑问将催生更多新的美育体验。"①

通过对学校美育和社会美育的对比，可以总结出社会美育相较学校美育的不同。首先，如果说学校美育用到的是更为经典的审美文化自由，那么社会美育更多的是围绕当下社会议题展开的审美活动，社会美育与现代社会的自然环境、人文环境、科技环境都有密不可分的关系，所以在对社会美育的探索和研究中，需要多学科和跨学科的介入，除了艺术学科的介入外，传播学、民族学、历史学、人口学等都是社会美育研究需要的知识背景。其次，学校的美育可以在校园内课堂上完成，但社会美育具有很强的实践性，而这些实践性体现在具体的实施形式，例如通过课程、项目、主题探索实践来提升审美体验素养，最终使社会美育传导发展呈现功效性。最后，因为学校是一个相对稳固的、确定性的场所，在美育教学中，很容易造成体验感不强的感觉。公共社会区域具备开放性的特征，很容易提供社会美育的场所，可以让整个美育实践在较为开阔的情境中进行，增强置身其中的体验感。

---

① 尹少淳，孟勐.学校美育与社会美育的互仿与渐融 [J].美术，2021(2)：9.

8.2　美育赋能城市美好

8.2.1　开放的美术馆和博物馆

20 世纪 60 年代，安德烈·马尔罗（Andre Malraux）曾提出"无墙的美术馆"的概念，这里的无墙译意自马尔罗提出的"le Musee lmaginaire"（想象的美术馆），无墙是指脱离美术馆空间束缚，呈现更为开放的文化艺术形态，讲开放的艺术史的问题。马尔罗曾经作为法国戴高乐政府文化部部长，他用此比喻揭示对文化建设和文化拓展的期待。借用这个概念，美术馆和博物馆一方面提供了展示经典艺术原作的功能，观众可以实地近距离观赏艺术品，获得观摩原作才会有的触动；另一方面，美术馆作为公共空间，自身也构成了艺术史和艺术鉴赏发生的一环，通过观众参与、策展人策展，欣赏、评判、再创造等主观态度都能融入展陈之中，美术馆的社会美育也随之发生。

中央美术学院第三届 CAFAM 双年展"空间协商：没想到你是这样的"是将美术馆作为文化生态的建设者，重思传统策展人制度的展览。这个展览打破了传统单一策展人制度，通过空间协商的方式组织参展人员和参展项目，试图打破博物馆的空间权力，寻求主办方、参展方、公众、批评家之间的平等对话，体现人文关怀。反观展览题目中的"空间"，延伸性极强，既是现实的物理空间，也是心理空间、社会空间和文化空间。俏皮诙谐的"没想到你是这样的"实则阐释了协商背后对更为开放的艺术的诉求，美术馆和博物馆的经典化需要被打破，各方势力参与到美术馆成了势不可挡的趋势。

观众可以在"无墙的美术馆"中发挥怎样的作用？美术馆、博物馆、各类小剧场都是此类公共空间，有几个经典的案例可以作为实践参考。上海多伦多美术馆的公共教育项目很具有代表性，2020 年的展览"公·园"就是引导观众参与美术馆展览，讲出自己的故事，成为展览的一部分。该展览以"寻找被定格的时间画面"为题，"用参展艺术家 btr 的作品——包括鲁迅公园、复兴公园、中山公园在内的上海十四个公园的生动景象——抛砖引玉，向观众公开征集公园的影像，鼓励他们讲述自己与公园的故事。我们收到了许多观众镜头下的他们和公园的故事。"① 美术馆中展览的不再是所谓经典艺术品，而是你我他周围的日常生活经验，所有讲故事的人，都是开放美术馆的参与者。

大学生除了作为观众，还能发挥怎样的作用呢？最主要的是作为志愿者参与到美术馆或博物馆的展览讲解中，成为观众与作品之间的链接。以中国美术馆的公共教育为例，中国美术馆每年都会招聘志愿者，品行端正对艺术热爱且有丰富认知的大学生都有机会成为美术馆讲解者。介绍两个关于讲解和倾听的独特例子。上海多伦多美术馆在 2022 年举办了以"艺术·符号：无界共生"为主题的展览，该展览"呈现了围绕听力障碍者（简称"听障者"）和非听障者的文化展开的多元艺术探索，不仅展示了来自各个国家的听力障碍艺术家的视角，也包含了像瑞士艺术家罗曼·西格纳（Roman Signer）这样的非听障艺术家对不同语言体系间转化所发出的话问。"② 这个展览在关爱听障艺术家的同时，意在展示听障者独特的生命体验。展览还邀请了展览顾问胡晓姝做手语导览，带参观者了解另一个不同寻常的世界，引发大家对生命的重新思考。北京"心目影院"是围绕"视障者"进行的艺术实践活动，有很多大学生参与其中，电影讲述人需要对电影中出现的画面进行口语化复述，包括对人物特征的描述、对场景的描述等。通过凝练直接的语言将视觉艺术传递给盲人观众，帮助他们形成一个内化的心理影像。将综合艺术压缩成语言艺术，脱离开精确的数字表述和直接的语言陈述，用语言去探求用触觉感知出来的世界，对于讲述者来说是非常不容易的，这需要每一位讲述者做足功课。③ 心目影院经历了从鼓楼旁寺庙小院到保利剧院的搬迁，电影讲述者和听众始终牵手在一起，共同完成着充满人文关怀的社会美育。

大学生群体富于想象力，充满活力，头脑灵活，还可以参与到美术馆课程的开发研制中。带孩子去美术馆和博物馆看展已经成为新时代亲子活动的首要选择。美术馆和博物馆公共教育部的作用越发凸显，如何结合自身藏品，开发符合儿童生理、心理发展的导引课程成为重中之重。大学生可以在其中发挥怎样的作用呢？"涂思美育"被誉为"中国博物馆教育的领航者"，最初是中央美术学院在读学生的创业项目，致力于开发博物馆美育课程。"你好呀，故宫"是涂思美育与故宫博物院的合作项目，以故宫馆藏文物为材料依据，打造了 6 个艺术创作工作坊，于故宫紫禁

---

① 贾文琴. 成为讲故事的"人"：关于美术馆公共教育的思考和探索 [J]. 公共艺术，2022(6)：22.

② 贾文琴. 成为讲故事的"人"：关于美术馆公共教育的思考和探索 [J]. 公共艺术，2022(6)：21.

③ 冯潆萱，林珂莹，蔡静远. 为盲人讲电影的人：想把最好的东西，讲给最需要帮助的人 [EB/OL]. 澎湃新闻，https://www.thepaper.cn/newsDetail_forward_10757082.

学堂实地情景教学，帮助学生认识故宫。后续，总结实操经验，总结成书，分别以《宫殿平地起》《最美的建筑》《宫里的那些事儿》和《中轴线上的城市》为题，将故宫建筑和故宫文化传递给更多的孩子。这套书还配套了趣味音频拓展故事，儿童可以在视觉、听觉、触觉的通感体验中完成学习。

上述例子意在为大学生参与社会美育提供示例，在具体的艺术实践活动中，需要充分发挥大学生的美育优势，寻找介入美术馆或博物馆美育的创新路径，在个体审美的基础上，释放奉献精神，寻求审美共同体。

8.2.2　从艺术进社区到艺术社区

社区的概念最早在社会科学领域提出，与工业社会的形成与发展有密不可分的关系，现在社区已经成为我国城镇基本组成单元。社区营造也是舶来品，通常指针对从农业社会转型到工业社会时，大规模社会转型背后面临问题的应对方案。社区艺术兴起于 20 世纪六七十年代西方社会革新的大背景下，大刀阔斧改革的城市更新者追求高层建筑的叠加，而忽略了原有社区传统关系的维系。在这个背景下，"从 60 年代后期开始出现首批艺术和文化倡议，并在地方一级采用了集体行动的逻辑，后来才逐渐以"社区艺术"的名字命名。1967 年，罗伯特·加德（Robert E. Gard）在威斯康星大学发起了"小型社区艺术"计划，该计划在美国首次将社区艺术与商业、自然资源保护、经济发展、跨文化交流、健康、教育以及公民生活等方面联系起来。"[1]

国内社区艺术营造的项目受到日本和中国台湾地区影响较多，毕竟都处在东亚相似的生态环境中，且日本和中国台湾地区较中国大陆早几十年完成工业化转型，都陆续意识到改良社区环境和生活的重要性。北京、上海等城市的一些社区已经开始做系列活动，通过"高校与社区合作""公共艺术介入城市社区"等形式，让大众在日常生活中接触到艺术甚至参与到艺术创作中。

高校大学生在"艺术进社区"和"艺术社区"中怎样发挥作用呢？首先，在高校与社区的艺术合作中，大学生可以充分发挥自己的主观能动性，参与高校社区改造计划。例如，中央美术学院开展的"北京老城微花园"项目，"胡同'微花园'是指居民自发或社区组织的自下而上推动的小而美的绿色空间，是城市绿色生态系统重要的组成部分，是老城区绿色微更新社会治理的重要内容，也是居民生活情趣所在和社区文化的一个符号。'微花园'参与式设计共建是一种公众参与的绿色微更新，展现了老北京特有的胡同文化和生活，有利于老城区的整体保护，且有利于促进邻里关系和谐和社会治理的进步。老城胡同绿色空间营造可以以'微花园'为切入点，以居民为主体，切实了解其需求，通过多元共建、共治的公众参与模式，促进社区环境的自我更新。在提升生活品质的同时，激发社区活力，引导老城区城市更新进入良性微生态循环。"[2]

上海美术学院"从海派到新海派艺术社区"系列项目也非常精彩，在老小区旧电梯内打造的"迷你美术馆"的艺术实践是联合中华艺术宫（上海美术馆）共同完成的，上海陆家嘴街道市新小区是老旧小区，八部加装电梯的内部摆放了

① 吴蔚.社区艺术实践与空间再造 [J].上海艺术评论，2020(4)：81–83.

② 侯晓蕾.从"社区微花园"到"街区微花园"——城市绿色微更新的社会治理途径探索 [J].北京规划建设.2021（S1）：74–78.

海派绘画名家的复制作品，包括虚谷、赵之谦、任伯年、蒲华、吴昌硕、陈师曾、潘天寿、黄宾虹。八位海派艺术家串起了上海近代艺术史，小区居民一出家门就能观赏艺术大师的杰作，感受艺术之美。

此外，还有四川美术学院的"虎溪计划"，同济大学的"社区花园计划"等，都是高校致力于介入社区生活的实践，通过创造艺术空间的形式丰富居民的社会生活，完成社会美育。

除了参与高校集体活动介入到社区改造，还有非常成功的艺术社区项目是设计师在学生时代释放潜力独立完成的，例如，"地瓜社区"项目是周子书在中央圣马丁学院攻读第二个硕士学位时的毕业作品。2010 年，北京出台了一系列政策整顿地下空间脏乱差的难题，周子书关注到地下室居住的年轻人群体，并设想通过社会设计不同学科协作，打造共享共治的社区创新平台。"地瓜"这一名字来源于法国哲学家德勒兹的"根茎"理论，强调了根茎本身的开放性和多维性。现在地瓜社区已经在北京和成都结出了四个果实，分别是在北京亚运村安苑北里 19 号楼的"地瓜社区 1 号"，在成都八里庄街道甘露园社区 2 号楼的"地瓜社区 2 号"，临近中央美术学院，位于花家地北里的"地瓜社区 3 号"，以及 2020 年冬天在成都曹家港开设的地瓜社区。随着地瓜社区在地下室的成功扩张和蔓延，地瓜社区的理念在不同区域传播。地下空间改造的创新思考有助于增进社区内的和谐相处，为城市社区可持续发展提供了宝贵的经验和范本。地瓜社区带来的社会美育体验也是很值得称道的。地瓜活动的展开是在公众参与的过程中进行的，而对于专业性的问题，社区居民会难以理解。地瓜将他们的想法转化为视觉和体验，材料、灯光、形式、空间、图像及声音都成了向居民展示想法的媒介。以"说明书"的形式向居民表达所要营造的空间环境。"说明书"的来源大部分正是居民自己的思维创作，这些空间中的所有构成部分，对于使用者们来说是创造和积累文化的包容性美学空间。这些艺术元素的组合能够起到将专业知识故事情节化的作用，通过这样的方式来观察社区居民们在情感和物理上的回应。地瓜社区一系列公众参与类型的美育活动所追求的是促进社会就凝聚力的美学。以美育德，促进社会融合，地瓜社区通过美育界面不断诠释着人与人、人与空间、人与社会的关系。在空间营造的过程中，地瓜社区不断地影响着社区的居民们，产生教育，形成社区与社会的良好关系构建。[①]

从"艺术进社区"到"艺术社区"，社区为社会美育的开展提供了开放的情景。大学生需要深入学习艺术社区的相关理论，认识社区艺术的内涵和作用，为更好地融入社区文化，并参与推动社会文化进步贡献自己的美育力量。

8.3　创造乡村的更多可能性

8.3.1　乡村美育的内涵及价值

乡村美育同样从属于社会美育的范畴，是指在乡村这个特定情景中发生的审美关系和美育活动实践。"乡村美育的内涵包括两个方面，一是以美建新，即通过乡村环境的美化、乡村美学空间的构建，于外在环境塑造美学环境，为美育"塑形"；二是以美化人，以中华优秀传统文化为

① 黄炜炜，阚璇 . 公众参与视角下的社区空间运维策略研究 [J]. 设计艺术研究，2023，13(6)：69-73.

底色，培养提升村民全方位审美感知力，于内在提升村民感受幸福的能力，充盈村民的精神世界，力求能够让村民在具体生活中带动乡村文化的重构，进而提升乡村中真正具有内生动力，也就是真正塑魂的那一部分，重振乡村的意义与价值。"① 乡村美育的价值可以体现在以下几个方面。

1. 促进教育观念革新，激活乡村审美情趣，激发乡村内生力量

这一部分的美育价值主要作用于乡村中的人，即乡村学生和村民。对乡村学生而言，美育注重学生的全面发展，注重审美能力、创新能力的培养，关注学生的德智体美劳综合发展，这就要求资源相对匮乏的乡村教学方式逐步向素质教育迈进，固定刻板的知识学习已经不能满足新时代美育教育的要求，与灵感、想象力相关的精神世界需要被重视，相应的教育理念和教育方式需要加速迭代更新。对于村民而言，新时代新风貌的中国农民形象早就应该从传统的刻板印象中解脱出来，乡土文明和乡村文化发轫于千百年来的乡村社会实践，有自身旺盛的生命力和内生逻辑。村民只是缺少被唤醒审美意识的机会，乡村美育就是唤醒并引导村民开始审美之路的契机，活化非遗、民间美术、民风民俗这些流淌在乡村大地上的美育资源需要被重新发掘。通过系统整理这些农民身边的美育素材，使村民从日常生活经验出发了解民俗美术知识，丰富审美体验，获得精神自信，最终激发乡村内生力量，重塑乡土认同感。

2. 有利于建设美丽新乡村，重塑人地关系，开启新生活

指导"三农"工作的 2022 年中央一号文件

《中共中央国务院关于做好 2022 年全面推进乡村振兴重点工作的意见》对我国乡村振兴战略作了明确部署，乡村美育对乡村振兴的意义可以体现在以下几个方面。"一是乡村美育本质与美育的本质一致，是一种人格教育、感性教育和创造力教育，有助于提高乡村文化振兴主体的整体人才水平；二是乡村美育目标与乡村文化振兴目标一致，强调对乡村思想道德的建设、对乡村优秀传统文化的传承和提升，有助于培育文明乡风、良好家风和淳朴民风；三是乡村美育实践路径与乡村社会生活实践路径一致，都融会于乡村日常生活，有助于村民以审美的态度对待自然、对待社会以及自身，有助于农民获得感、幸福感和安全感的提升。"② 美育助力乡村振兴成果体现在：重视民间工艺，将传统工艺与文化创意产业相结合，艺术改造濒危老房子，开启宜家宜居农村新生活；借助高校力量，建造民间博物馆、艺术馆，打造地方文化特色公共空间；借助互联网和移动数据平台，宣传农村美育资源。通过具体乡村振兴实践，构建"产业兴旺、生态宜居、乡风文明、治理有效、生活富裕"的美丽新乡村。

3. 有助于乡村文化积淀，传承民族文化基因

"乡村美育从民间艺术、乡风民俗、乡村景观、乡村文化遗产等多重维度入手，挖掘蕴含在农耕文化中的审美元素，提取并传承民族文化基因，让乡村文明继续辐射整个中国的现代文明，留住中华文明的根脉，凝聚人心、增强社会文化认同。"③ 乡村不仅是乡村学生和村民的乡村，也是中华民族的乡村，更是中华文明"乡而不俗，

---

① 宋静，乡村振兴背景下山东乡村美育发展研究 [D]. 山东大学，2024：16.

② 胡杨．基于文化治理视角的乡村美育发展：价值、困境与路径 [J]. 重庆社会科学，2022(6)：51.

③ 胡杨．基于文化治理视角的乡村美育发展：价值、困境与路径 [J]. 重庆社会科学，2022(6)：51.

土而不粗"的乡土。

8.3.2 大学生参与乡村美育的实践路径

大学生在乡村美育中应该充当怎样的角色，发挥怎样的价值呢？《教育部关于全面实施学校美育浸润行动的通知》的教育举措中，特别提到"乡村美育提质发展行动"，具体如下："探索以县域为基点、市域为统筹、省域为指导，完善全面提高乡村美育质量的工作机制，因地制宜推进县域内优秀美育教师流动授课、优质美育课堂资源共享，促进学校美育优质均衡发展。建立高校与中小学、城乡学校之间'手拉手'相互学习交流和帮扶机制，探索高校艺术社团和乡村学校双向交流机制。鼓励美育名师进乡村、乡村学生进城市艺术场馆，开展城乡中小学生美育主题研学实践活动。多形式搭建乡村学生专场展演平台，鼓励利用乡村学校少年宫等开展学生个性化艺术展示。加强乡村学校美育教师培养培训，持续实施乡村教师公费定向培养项目。支持艺术院校参与城乡规划和乡村振兴，助力增强城乡审美韵味、文化品位。"文件中明确提到了高校参与乡村美育的路径，大学生参与乡村美育的实践的案例层出不穷，各具特色。

高校掌握丰富的学术资源和艺术资源，有能力挖掘乡村的美育资源，转化为艺术课堂，大学生可以作为教师志愿者介入乡村美育的传播和推广。2023年12月15日，"共美·共富·共生：第五届中国乡村美育行动计划"开幕。开幕式上进行了中国乡村美育十佳案例（2023）发布，分别是：由国家教育部艺术教育委员会、中国美术家协会艺术委员会主办的"蒲公英行动"；由四川美术学院、重庆市美术家协会主办的"中国乡村美育行动计划"；由北京大学文化产业研究院主办的"乡村美育行动'花田STEAM课堂'"；由中国文联、中国舞协主办的"新农村少儿舞蹈美育工程"；由中国美术学院美术馆群主办的"美，在山间·在田野·在溪边——乡村美育·儿童艺术工坊公益项目"；由中国乡村发展基金会、中央美术学院美育研究院主办的"爱心包裹·艺术创想手册"；由中国美术学院主办的"'乡村艺课'美育公益项目"；由阿里巴巴设计公益主办的"'同学，你好'乡村美育计划（第二届）"；由上海大学上海美术学院主办的"摩登田野：2023新海派乡村艺术节"及由八家教育公益组织联合发起的"全国乡村儿童美育公益行动网络"。其中，"乡村艺课"美育公益项目由中国美术学院发起，集结中国美术学院师生为美育志愿者，为乡村学校培养师资队伍、进行校园改造、开展美育讲座，源源不断地为浙江、湖南、云南等省的乡村学校提供美育资源。美育沁润乡土课堂、乡村艺课堂云端课堂借助互联网手段和融媒体优势，有秩序地开设了非遗传承、设计应用、书法绘画等原创课程，为新疆、四川、贵州等偏远地区的学生带去艺术滋养。

参与乡村规划和建筑改造是高校大学生介入乡村美育的另一个重要路径。传统村落是中国农耕文明的印记，对传统村落的抢救性改造实践不仅针对建筑，还要考虑改造乡土景观的整体和谐度，村落重新规划是否尊重村民意愿，是否在保存传统的基础上创新性发展和创造性转变。同济大学的乡村振兴团队在传统村落的改造实践中注重发掘传统村落遗产的历史文化价值和生态环境价值，取得了令人瞩目的成果。同济大学杨贵庆教授的传统村落改造团队，用十年的时间在黄岩宁溪乌岩头村改造了百余间老房，在保留建筑原貌的基础上，重新规划整体景观，优化空间布局，增设文创工坊。在高校介入乡村振兴的校地合作中，使黄岩古村重获新貌，同济师生也将系统的理论建树付诸实践，拓宽思路和视野。

乡村文化遗产亟待保护和创造性开发，高校大学生参与非物质文化遗产保护和文创开发项目也是介入乡村美育的一种方式。上海大学公共艺术协同创新团队致力于非遗传承与创新，在莫干山青年艺术创客基地开展的"一竹一世界"系列项目最具特色。该项目就以"竹"为媒介，依托浙江省德清县莫干山镇丰富的竹林资源，围绕非物质文化遗产中相关"竹"的工艺，开展非遗的跨界创新性设计，探索与竹相关的公共艺术和现代生活美学。为莫干山地区的生态发展、经济发展注入艺术活力，助力非遗活态文化传承，从文化遗产保护和文化创意产业开发的角度为艺术乡建开辟道路。

高校参与艺术乡建的模式很多样，无论何种形式，都不可照搬大众化的美育模式，需要因地制宜，发掘不同村落的特色，在具体实践中发掘乡村特有的艺术元素。高校大学生应该发挥头脑优势，为艺术乡建出谋划策，做到理论课程与实践项目相结合，为实现可持续性的乡村文化振兴贡献力量。

本章小结

大学生对美育的学习，需要经历一个从理论学习到实践回馈社会的过程，这一章节通过大量社会美育实践案例，从城市到乡村，分析囊括自然、科学、人文、美术的美育平台是如何打造的，鼓励大学生积极投入社会，将学习的艺术技能和科学知识投入到社会美育实践中，为社会建设贡献自己的一份力量。

学校与社会联合，鼓励学生将掌握的美育知识和美育理论转化为美育实践，美育教育不仅在于传授美学和艺术知识，对于普通高校学生来说，更重要的还在于使大学生开始在审美层面将对物的观照转向对人的观照。对于艺术专业院校来说，要发挥艺术介入社会的优势，开展丰富的美育实践，从培养专业的艺术家转向培养生活的艺术家。

思考题

1. 何为美育的终身性？

2. 美育如何赋能城市美好？

3. 乡村美育的价值和内涵是什么？

4. 大学生参与美育的实践路径是什么？

本章参考案例

1. 中央美术学院第三届 CAFAM 双年展"空间协商：没想到你是这样的".

2. 涂思美育与故宫博物院的合作项目"你好呀，故宫".

3. 中央美术学院开展的"北京老城微花园"项目.

4. 上海美术学院"从海派到新海派艺术社区"项目.

5. 周子书"地瓜社区"项目.

6. 中国美术学院"乡村艺课"美育公益项目.

下　编

以美培元——大学美育的社会功用

第 9 章 新时代的大学美育

作为一个完整的人，占有自己的全面的本质。

——卡尔·马克思

◎学习目标

通过本章学习，让学生了解和掌握以下内容：

1. 新中国成立后到新世纪前的美育政策。

2. 新世纪高校美育政策解读。

9.1 新中国成立后到新世纪前美育政策回顾

新中国成立后到新世纪之前，美育政策随着时代的变化而发生调整。回顾这段历史，美育政策经历了萌芽起步、曲折徘徊、步入寒冬、重新复苏四个进程，这与新中国历史的发展是同步的。历史研究的首要任务就是要厘清事实，然后在事实基础上总结经验并探讨未来发展的可能性。

9.1.1 萌芽起步时期

新中国成立之初，百废待兴，党和国家领导人不仅高度重视经济建设，同时对美育也给予了极大的关注，从 1949 年至 1956 年的这段时期可以被称为是美育政策的萌芽起步阶段。1951 年春，新中国第一次全国中等教育会议提出："普通中学的宗旨和教育目标是使青年一代在智育、德育、体育、美育各方面获得全面发展，使之成为新民主主义社会自觉的积极的成员。"[①] 这是新中国成立后首次提出智、德、体、美全面发展，美育作为全面发展的重要维度首次被列入国家教育政策。1952 年春，教育部颁布了《小学暂行规程（草案）》等，指明应对学生"实施智育、德育、体育、美育等全面发展的教育"[②]，各级各类学校的课外活动开展得更加丰富多彩，社会美育的范围逐渐扩大，此时的美育提倡多集中在中小学。1955 年教育部在《关于全面发展教育方针的报告》中具体阐明了美育的大体功能："美育不仅能培养学生对美的热爱，也能培养他们对不好的、丑的憎恨。所以，在美育中能很好地进行政治思想教育。"[③] 这也是新中国成立以来首次

---

① 刘英杰. 中国教育大事典（1949-1990）：上卷 [M]. 杭州：浙江教育出版社，1993：3.

② 何东昌. 中华人民共和国重要教育文献（1949-1975）[M]. 海口：海南出版社，1998：110.

③ 杨力，宋尽贤. 学校艺术教育史 [M]. 海口：海南出版社，2002：110.

对"美育"与"政治思想教育"（即"思想政治教育"）关系的具体论述。但是，我们需要注意的是，此时美育的实现途径主要是在中小学开设音乐课、美术课等，高校层面仅将"'全面发展'的要求包括德育、智育、体育三方面"[①]作为通行认识。

9.1.2　曲折徘徊时期

随着新中国社会主义改造结束，社会性质逐渐完成从新民主主义向社会主义的转变，1956年至1966年这段时间可以被定义为美育的曲折徘徊时期。1957年2月，毛泽东发表题为《关于正确处理人民内部矛盾的问题》的讲话，明确提出了"我们的教育方针，应该使受教育者在德育、智育、体育几方面都得到发展，成为有社会主义觉悟的有文化的劳动者"[②]，"德育"正式替代"智育"成为教育方针之首，而"美育"开始淡出国家政策。美育似乎一夜间被人们遗忘，也不再出现在教材中。受1958年开始的"全面大跃进"的影响，1963年7月，虽然周恩来在北京高校应届毕业生大会上发表《全面发展，做有社会主义觉悟的有文化的劳动者》的讲话中，延续了毛泽东提到的德育、智育、体育是"全面发展"的三个具体方面，但在智育六个层次的最后一点提出，"还应该学一点革命文艺，增强个人修养，培养共产主义道德和无产阶级的战斗精神。不管是学理科的、学医学的、学师范的、学外语的都应该学点革命文艺，例如戏剧、电影、音乐、美术，可以作为业余爱好。"[③]这一时期美育被看作可有可无，整体上处于被忽略、被挤压的地位。

9.1.3　步入寒冬时期

1966年，从文化教育领域开始的"文化大革命"将文艺、美育当作"封、资、修"来批判，美育在此时正式步入寒冬。"剥削阶级才讲美""美育问题，不过是从封、资、修的教育思想里拾来的破烂"[④]是当时"造反派"对美育下的定义。与此同时，相关美育实践也全面停止。

9.1.4　重新复苏时期

"文化大革命"结束后，中国步入改革开放的历史新时期，教育事业开始整顿和恢复，美育也被重新提出。1978年，邓小平在全国教育工作会议上，将培养人才的质量标准定位为"德育、智育、体育几方面都得到发展，成为有社会主义觉悟的有文化的劳动者"[⑤]。时任教育部副部长的张承先提出："德、智、体三个方面都包含着美育的成分，美育贯穿在德育、智育、体育的过程之中。"[⑥]在当时，普遍地将美育放置在德育、智育、体育之下。1980年，由中国社会科学院哲学研究所主持的全国第一次美学会议在昆明召开。会前，周扬同志专门找了有关同志谈话，提出"要注意研究美学对人民生活起什么作用，其中特别是美育问题。中小学的美育问题应

① 何东昌.中华人民共和国重要教育文献（1949–1975）[M].海口：海南出版社，1998：671.

② 毛泽东.毛泽东文集：第7卷[M].北京：人民出版社，1999：226.

③ 何东昌.中华人民共和国重要教育文献（1949–1975）[M].海口：海南出版社，1998：1200.

④ 张正江.新中国美育发展研究[M].北京：人民出版社，2014：60.

⑤ 邓小平.邓小平文选：第2卷[M].北京：人民出版社，1994：100.

⑥ 何东昌.中华人民共和国重要教育文献（1949–1975）[M].海口：海南出版社，1998：1695.

在会上特别地议一下，这是审美教育的最广大的基础，对改变整个社会风气是有益的。"同时，朱光潜等人联名致函教育部，要求恢复美育在教育方针中的独立地位。1981 年，《美育》杂志创刊，由湖南人民出版社出版。1982 年，中共中央转发了《深入持久地开展"五讲四美"活动，争取社会主义精神文明建设的新胜利》的通知，"五讲四美三热爱"成为当时的价值观。这项活动的开展，对于改善人与人之间的关系，维护社会安定团结，恢复和发扬我国良好的社会风气，激励人们同心同德克服困难，搞好社会主义四化建设，促进青少年一代的健康成长，都有着重要的意义，也为美育的恢复酝酿了有利条件。1984 年 10 月，中华全国美学会、全国教育学研究会、《美育》杂志编辑部在湖南联合召开了全国美育座谈会。来自全国各省市的多名美学工作者和教育工作者参加了会议，如王朝闻、陈科美、蒋孔阳、洪毅然、黄济、滕纯等。会议倡议，"希望社会各界都来关心美育、重视美育、支持美育，大力开展各种形式的美育活动，让广大人民群众得到美的熏陶与教育，培养他们健康的审美趣味和审美爱好。"1985 年 9 月 18 日，音乐界吕骥、贺绿汀、李焕之、孙慎等著名音乐人士联名向国家有关部门提出了重视美育、加强学校音乐教育的十项建议。虽然这些建议并没有立刻得到政府的反馈，不过的确是在一定程度上重提了美育的重要性，为美育的继续发展奠定了基础。

1986 年或可称为"美育"的复苏元年。这一年中，《关于第七个五年计划的报告》《中华人民共和国义务教育法》等颁布，具体阐明了学校要加强思想政治工作，贯彻德育、智育、体育、美育全面发展的方针，并适当进行劳动教育。同年 12 月，专门的美育决策咨询机构——国家艺术教育委员会成立，这标志着美育地位的全方位复苏。1989 年 11 月，《全国学校艺术教育总体规划（1989—2000）》再次强调："我国学校教育的根本任务是坚持为社会主义建设服务的方向，培养德、智、体、美、劳全面发展，有道德、有文化、有纪律的一代新人。"[1]我国美育建设事业步入可持续的发展轨道。1993 年 2 月，中共中央、国务院印发《中国教育改革和发展纲要》，将美育列入国家教育改革的战略目标，具体提出美育在"培养学生健康的审美观念和审美能力，陶冶高尚的道德情操，培养全面发展的人才"[2]方面的重要作用。1994 年 8 月，教育部颁布的《关于进一步加强和改进学校德育工作的若干意见》中提到："要在九年义务当中进一步落实音乐、体育、美术等课程。"[3]1995 年 11 月，《中国普通高等学校德育大纲》将德育目标定为"培养具有健康、高雅的审美情趣和正确的审美观点，具有辨别美、丑的能力，自觉创造美的生活"。[4]1998 年，教育部颁布的《面向 21 世纪教育振兴行动计划》提到："美育不仅能培养学生有高尚情操，还能激发学生学习活力，促进智力的开发，培养学生创新能力。"[5]1999 年 6 月，《中共中央、国务院关于深化教育改革全面推进素质教育的决定》出台，指出要实施素质教育，就必须

① 国家教委.全国学校艺术教育总体规划（1989-2000）[M].1989：11.
② 中共中央，国务院.国家教育改革发展纲要第 35 条[M].1993：2.
③ 中共中央.关于进一步加强和改进学校德育工作的若干意见[M].1994：8.
④ 教育部思想政治工作司组.加强和改进大学生思想政治教育重要文献选编（1978-2014）[M].北京：知识产权出版社，2015：155.
⑤ 中华人民共和国教育部.面向 21 世纪教育振兴行动计划[M].1999.

把德育、智育、体育、美育等有机地统一在教育的各个环节中，美育重回国家教育方针并被视为全面实施素质教育的重要组成。同时，还第一次将高等学校的美育工作纳入具体方针中，并申明美育在"陶冶情操""提高素养""开发智力"及"促进学生全面发展"中不可替代的作用，并针对学校美育工作薄弱的状况，提出要"将美育融入学校教育全过程……高等学校应要求学生选修一定学时包括艺术在内的人文学科课程。"[①]

9.2 新世纪高校美育政策解读

进入 21 世纪以后，美育在政策调整和巩固中获得了稳步的发展。2000 年 2 月，时任国家主席的江泽民发表了《关于教育问题的谈话》，指出使青年学生能够德、智、体、美全面发展，是一个关系我国教育发展方向的重大问题[②]，这为世纪之初美育在国家意志中的地位奠定了基础。同年，《全国学校艺术教育发展规划（2001—2010 年）》（简称《发展规划》）颁布实施，明确将加强学校美育工作作为促进学生全面发展和健康成长的一项迫切任务。这一时期，人们对美育的关注逐渐聚焦在对学校美育的推进上。2002 年 11 月，时任国家副主席的胡锦涛在党的十六大报告中完整提出"培养德智体美全面发展的社会主义建设者和接班人"，进一步明确了美育在教育方针中的地位。随后，包括 2007

年 5 月发布的《关于加强和改进中小学艺术教育活动的意见》在内的多个学校艺术教育文件相继出台。2010 年，《国家中长期教育改革和发展规划纲要（2010—2020 年）》颁布，鲜明地作出了"坚持全面发展。全面加强和改进德育、智育、体育、美育""加强美育，培养学生良好的审美情趣和人文素养"[③] 等论述，第一次将促进德育、智育、体育、美育有机融合等问题置于国家教育战略总体布局中加以认识。2011 年 10月，《关于深化文化体制改革推动社会主义文化大发展大繁荣若干重大问题的决定》作出了"文化是民族的血脉"并"越来越成为综合国力竞争的重要因素"，"丰富精神文化生活越来越成为我国人民的热切愿望"[④] 的判断。2012 年，党的十八大报告首次将美育作为实现"立德树人"教育根本任务的重要维度，"把立德树人作为教育的根本任务，培养德智体美全面发展的社会主义建设者和接班人"等政策为美育的改革发展提供了时代航向。此外，在作出关于大力推进生态文明建设的重要论述时，创新地提出了"努力建设美丽中国，实现中华民族永续发展"的战略目标。"美丽中国"刚一提出，便引发了学人的热切关注，对美育事业在新时代的深度发展起到了引领作用。2014 年 1 月，教育部出台《关于推进学校艺术教育发展的若干意见》，进一步阐明了学校艺术教育的改革目标，即落实立德树人的根本任务，并对学校教育中的美育与艺术教育作出了更进一步的界定："艺术教育对立德树人具

① 何东昌.中华人民共和国重要教育文献（1998—2002）[M].海口：海南出版社，2003：286.

② 江泽民.关于教育问题的谈话 [M].人民日报，2000-03-01（1）.

③ 教育部思想政治工作司组.加强和改进大学生思想政治教育重要文献选编：1978—2014[M].北京：知识产权出版社，2015：402.

④ 教育部思想政治工作司组.加强和改进大学生思想政治教育重要文献选编：1978—2014[M].北京：知识产权出版社，2015：469.

有独特而重要的作用"，而"学校艺术教育是实施美育的最主要的途径和内容"①。同时提出了将艺术教育纳入学校教学质量年度报告等具体评价要求。2014 年 10 月，习近平总书记在京主持召开文艺座谈会并发表重要讲话，作出了许多对美育改革具有现实意义的论述，如"中国精神是社会主义文艺的灵魂""追求真善美是文艺的永恒价值"，文艺工作者要"高扬社会主义核心价值观的旗帜""当代文艺要把爱国主义作为文艺创作的主旋律"，要"结合新的时代条件传承和弘扬中华优秀传统文化，传承和弘扬中华美学精神"②，这些重要论述为美育工作进一步改革指明了路径。

2015 年 9 月，国务院办公厅出台了《关于全面加强和改进学校美育工作的意见》，首次为学校美育的独立发展立法，突出强调要把培育和践行社会主义核心价值观融入学校美育全过程，并阐明了美育是什么、为何改、如何变等基本问题，学校美育工作进入改革元年。《意见》将美育明确界定为"审美教育""情操教育""人格教育"，并明确指出其"不仅能提升人的审美素养，还能潜移默化地影响人的情感、趣味、气质、胸襟，激励人的精神，温润人的心灵"，同时阐明"美育与德育、智育、体育相辅相成、相互促进"的关系，明确将"加强美育的渗透与融合""挖掘不同学校中所蕴含的丰富的美育资源""注重校园文化环境的育人作用"③作为改进美育教学

的具体举措，并提出了要在 2018 年初步形成具有中国特色的现代化美育体系。这一文件是美育深化改革的标志性文件，具有重要的引领意义。2016 年 12 月，习近平总书记在全国高校思想政治工作会议上提出，"我国高等教育肩负着培养德智体美全面发展的社会主义事业建设者和接班人的重大任务"，并强调要"更加注重以文化人、以文育人，广泛开展文明校园创建，开展形式多样、健康向上、格调高雅的校园文化活动……"④其中，"全面发展"肯定了高校美育的应有地位和作用，而"更加注重"为改进美育工作提出了新的要求、提供了新的机遇。2017 年，党的十九大报告作出了中国特色社会主义进入新时代的科学判断，提出我国社会的主要矛盾已经转化为人民日益增长的美好生活需要和不平衡不充分的发展之间的矛盾，并明确指出要培养德智体美全面发展的社会主义建设者和接班人。如何满足"人民对美好生活的需要"和"人民对美好生活的向往"成为新时代的关键性问题，这为美育大发展提供了广阔的时代前景。

2018 年 8 月，习近平总书记给中央美术学院老教授的回信中特别提到："美术教育是美育的重要组成部分，对塑造美好心灵具有重要作用。你们提出加强美育工作，很有必要。做好美育工作，要坚持立德树人，扎根时代生活，遵循美育特点，弘扬中华美育精神，让祖国青年一代身心都健康成长。"中共教育部党组同月发布《中共教育部党组关于学习贯彻习近平总书记给中央美术学院老教授重要回信精神的通知》，要求从"坚持立德树人，把握正确方向；坚持面向人人，改进美育教学；扎根时代生活，弘扬中华

---

① 教育部思想政治工作司组.加强和改进大学生思想政治教育重要文献选编：1978—2014[M]. 北京：知识产权出版社，2015：648.
② 美育学刊杂志社，美育与文化传播协同创新中心. 中国美育发展报告（2011—2015）[M]. 上海：上海三联书店，2016：73.
③ 美育学刊杂志社，美育与文化传播协同创新中心. 中国美育发展报告（2011—2015）[M]. 上海：上海三联书店，2016：78.

④ 习近平. 习近平谈治国理政：第二卷 [M]. 北京：外文出版社，2017：377.

美育精神；坚持不忘初心，建强教师队伍；遵循美育特点，健全完善机制"出发，全面贯彻落实习近平总书记重要回信精神，并"要充分发挥教育系统特别是高校人才资源和理论研究优势，围绕习近平总书记重要回信精神深入开展理论研究，形成一批有深度、有分量、有影响的高质量研究成果，为在新时代弘扬中华美育精神提供理论支撑。"[①]同年 9 月，习近平总书记在全国教育大会上强调，要培养德智体美劳全面发展的社会主义建设者和接班人，这是新中国成立以来"德智体美劳"五育全面发展首次在党和国家最高层面提出，讲话还就如何全面加强和改进学校美育工作给出了具体方向，即"坚持以美育人、以文化人，提高学生审美和人文素养"。

2019 年 2 月，中共中央、国务院印发的《中国教育现代化 2035》和《加快推进教育现代化实施方案（2018—2022 年）》中，明确将"全面加强和改进学校美育"作为"全面落实立德树人根本任务"和"增强综合素质"的重要途径和内容。可以说，新时代的美育被置放于国家教育战略的高度。同年 3 月发布的《教育部关于切实加强新时代高等学校美育工作的意见》中提出，"党的十八大以来，我国高校美育工作取得可喜的进展，美育的育人导向更加凸显，结构布局不断优化，课程建设稳步推进，美育活动丰富多彩，资源保障持续向好。但是，高校美育工作与当前教育改革发展的要求还不相适应，与构建德智体美劳全面培养的育人体系还不相适应，与满足广大青年学生对优质丰富美育资源的期盼还不相适应"，明确"高校美育要以艺术教育的改革发展为重点，紧紧围绕高校普及艺术教育、专业艺术教育和艺术师范教育三个重点领域，大力加强和改进美育教育教学。"[②]2022 年 11 月，《教育部办公厅关于印发〈高等学校公共艺术课程指导纲要〉的通知》明确，高等学校公共艺术课程目标为："构建面向人人的课堂教学和艺术实践活动相结合的公共艺术课程体系，将公共艺术课程纳入各专业本科人才培养方案，学生修满公共艺术课程 2 个学分方能毕业。加大课程建设力度，以审美和人文素养培养为核心，以创新能力培育为重点，着力提升文化理解、审美感知、艺术表现、创意实践等核心素养，形成'一校一品''一校多品'高等学校公共艺术教育新局面。""公共艺术教育课程教材建设要坚持马克思主义指导地位，扎根中国、融通中外，体现国家和民族的价值观，凸显中华美育精神，体现思想性、民族性、创新性、实践性。落实高等学校公共艺术课程教材建设主体责任，做好公共艺术课程教材研究、编写、审定、使用等工作。围绕课程目标，精选教学内容，丰富教学资源，逐步形成美学和艺术史论类、艺术鉴赏和评论类、艺术体验和实践类等为主体的高等学校公共艺术课程教材体系。"[③]2023 年 12 月《教育部关于全面实施学校美育浸润行动的通知》中提到，美育浸润行动的目标是："以美育浸润学生，全面提升学生文化理解、审美感知、艺术表现、创意实践等核心素养，丰富学生的精神文化生活，让学生身心更加愉悦，活力更加彰显，人格更加健全。以美育浸润教师，发挥教师职业的美育功能，提升全员美育意识和美育素养，塑造人格魅力，涵养美育情怀。以美育浸润学校，打造昂扬向上、文明高雅、充满活力的校园文化，建设时时、处

① 教党〔2018〕48 号.

② 教体艺厅〔2019〕2 号.
③ 教体艺厅〔2022〕1 号.

处、人人的美育育人环境。"工作举措从美育教学改革深化行动、教师美育素养提升行动、艺术实践活动普及行动、校园美育文化营造行动、美育评价机制优化行动、乡村美育提质发展行动、美育智慧教育赋能行动、社会美育资源整合行动八个方面入手，对未来3~5年作了详细的规划，推动形成全覆盖、多样化、高质量的具有中国特色的现代化学校美育体系。[①]

9.3 大学美育从"辅助角色"到被"独立重视"的高校实践经验

高校在美育方面经历了既崎岖漫长又成果辉煌的道路。从总体上讲，可以分为两个方面：一个是艺术教育的发展，即艺术院校培养艺术专业人才。二是面对全体高校学生的美育。

在专业人才培养的实践中，1949年新中国成立后，艺术教育学习借鉴苏联模式，涌现出很多专业艺术院校。当时全国范围内主要是文化部直属的31所艺术院校，这种形势一直维持到改革开放。此后，专业艺术教育逐渐发生变化，其涵盖的院校类型越来越广泛，形成了四大类型的专业艺术院校。第一类是保留传统的31所专业艺术院校，如中央音乐学院、中央美术学院、中国音乐学院、中国美术学院、北京舞蹈学院等；第二类是保留八大综合艺术院校，如南京艺术学院等；第三类是师范大学的艺术学院，如北京师范大学艺术与传媒学院、首都师范大学美术学院、东北师范大学美术学院等；第四类是综合大学的艺术院系，此类艺术教育更是在改革开放后如雨后春笋般发展起来，如北京大学艺术学院、清华大学美术学院、中国人民大学艺术学院等。在面向普通高校学生的公共教育中，从21世纪初到现在，国家有关部门陆续出台了加强美育和公共艺术教育的文件。2006年3月，教育部办公厅印发《全国普通高等学校公共艺术课程指导方案》，要求全国高校开足开齐8门课程：艺术导论、美术鉴赏、音乐鉴赏、舞蹈鉴赏、影视鉴赏、戏剧鉴赏、戏曲鉴赏、书法鉴赏。1个总的艺术鉴赏课程再加上7个门类艺术鉴赏共8门课程，面向全体学生开设，旨在提高大学生的审美与人文素养。

以中央美术学院为代表的专业综合艺术院校在造型、建筑、设计和艺术理论等人才的培养上作了很大的贡献，肩负着更重要的各类型、高层次学校和社会普及艺术教育人才培养的任务。在专业教学中，中央美术学院从思政课教学建设，探索招生考试改革，搞好一年级工程，到各学科专业的教学目标和内容上都强调要加强审美教育；重视学生的社会实践和艺术考察，让学生思考美的社会意义，在社会调研和服务社会的项目中认识美的创造和以美化人的重要性，以此培育青年一代美的理想、美的情感和美的心灵。在专业人才培养上，积极参加表现新时代英模劳模、建党一百周年等重大主题美术创作，师生积极参与国家重大活动和庆祝新中国成立七十周年的艺术设计，设计国庆七十周年标志，在国庆群众游行的主题彩车设计中担当主力。在新中国成立70周年之际，举行"为新中国造型——周令钊先生百岁艺术展"和"大美之艺——中央美术学院的艺术创造与美育影响"等展览，把"以大美之艺绘传世之作"理念用实际的创作传达下去。

---

① 教体艺厅〔2023〕5号.

在对社会的回馈上，中央美术学院积极参与从城市规划到乡村美化，从文化创意园区建设到公共产品设计等社会设计。此外，还积极响应习近平总书记重要回信精神，开展"弘扬中华美育精神高端论坛"，《人民日报》头版头条发表的《中央美术学院：以大美之艺绘传世之作》专题报道，中央美术学院党委书记高洪发表文章《弘扬中华美育精神》，《光明日报》发表《美育如何为人民美好生活赋能》的访谈报道等 [①]。

当前，中央美术学院正处在全面深化综合改革和加快"双一流"建设的关键时期。加快设计学、美术学、艺术学理论三个一级学科的建设，提高科研水平和人才培养质量以及学院能力，开拓艺术与科学相结合的创新路径，彰显自身特色，增强文化自信，引领时代风尚，以更加优异的"双一流"建设成果回应习近平总书记提出的"以大爱之心育莘莘学子，以大美之艺绘传世之作"的殷切期许，努力谱写中央美术学院发展的新篇章，为弘扬中华美育精神作出新的更大的贡献。

本章小结

通过上述的政策总结不难发现，美育的概念走到今天经历了很多起伏。从新中国建立到改革开放，因为历史环境的原因，美育一直处于"要不要被写进教育方案"的纠结中，美育的实践要求也只体现在中小学的教学安排上。而到了新时期，特别是进入 21 世纪，美育被正名，特别是强调了高校在美育实践中的任务和作用。党的十八大以来，美育政策方面不断呈现利好趋势，美育逐渐有了专门专项的文件阐释，并首次

被赋予具体而确切的政策界定：美育是"审美教育""情操教育""人格教育"，涵容着审美能力培养、道德人格养成、美好心灵塑造等多个面向，以文化人、以美育人是其具体功能。新时代以来，美育更是提升成为实现"立德树人"教育根本任务和"全面发展"人才培养体系中不可或缺的重要内容，学校美育被提高到新的战略层面，被赋予了更新更高的意义。

思考题

1. 新中国成立后到新世纪之前的美育政策经历了怎样的发展？

2. 新世纪高校美育政策有哪些？

本章参考政策

1. 国家教委.《全国学校艺术教育总体规划(1989—2000)》，1989.

2. 中共中央国务院.《国家教育改革发展纲要第 35 条》，1993.

3. 中共中央.《关于进一步加强和改进学校德育工作的若干意见 第 9 条》，1994.

4. 中华人民共和国教育部.《面向 21 世纪教育振兴行动计划》，1999.

5. 中华人民共和国教育部.《关于切实加强新时代高等学校美育工作的意见》，2019.

6. 中华人民共和国教育部.《高等学校公共艺术课程指导纲要》，2022.

7. 中华人民共和国教育部.《关于全面实施学校美育浸润行动的通知》，2023.

---

① 参考范迪安在"弘扬中华美育精神"高端论坛开幕式上的致辞。

第 10 章　弘扬中华美学精神

我们要结合新的时代条件传承和弘扬中华优秀传统文化，传承和弘扬中华美学精神。中华美学讲求托物言志、寓理于情，讲求言简意赅、凝练节制，讲求形神兼备、意境深远，强调知、情、意、行相统一。我们要坚守中华文化立场，传承中华文化基因，展现中华审美风范。

——习近平

◎学习目标

通过本章学习，让学生了解和掌握以下内容：

1. 中华美学精神的内涵和本质。
2. 践行中华美学精神。
3. 结合个人兴趣爱好，做民族美育复兴的使者。

2018 年 8 月 30 日，习近平总书记在给中央美术学院 8 位老教授的回信中，就做好美育工作、弘扬中华美学精神提出殷切期望。习近平总书记强调，做好美育工作，要坚持立德树人，扎根时代生活，遵循美育特点，弘扬中华美学精神，让祖国青年一代身心都健康成长。习近平总书记的这一指示精神，提出了弘扬中华美学精神的时代命题。那么，什么是中华美学精神？我们又该如何弘扬中华美学精神呢？这就首先需要对中华美学精神的内涵和本质有一个清晰的认识。

10.1　中华美学精神的内涵

对中华美学精神的探讨，一方面离不开中华文化传统这一基石；另一方面，还要结合现代的美育观念来加以理解。近代以来，我们对美学学科、美育教育的探讨多是以西方的理论话语为参照和语境，而当下对中华美学精神的探讨更需要站在构建中国美育本土化的学科体系、学术体系、话语体系层面进行思考。

首先，我们需要从文化自信和文化自觉的立场，认识到中华美学精神有其独特的内涵。这一点，从西方文化学者的视角更容易看清楚。18 世纪法国启蒙思想家、文学家伏尔泰（François-Marie Arouet，1694—1778）在其《风俗论》一书中认为，"中国人的历史书中没有任何虚构，没有任何奇迹，没有任何得到神启的自称半神的人物。这个民族从一开始写历史，便写得合情合理"①，这一说法指出了中国人自古迄今一贯注重的人文传统。德国文学家歌德（Johann Wolfgang von Goethe，1749—1832）认为中国人有一个突出的特点，即"人和大自然是生活在一起的"，他们的生活中充满了鸟飞鱼跃、阳光灿烂、月白风清，居住环境也"和中国画一样整洁雅致"，并且"在一切方面保持严格的节制"②。这一说法揭示了中国古人追求诗情画意、天人合一、道德自律的生活方式。德国历史哲学家斯宾格勒（Oswald Spengler，1880—1936）在其《西方的没落》一书中，通过与希腊文化、埃及文化、近代西方文化的比较阐述了中国文化的特质，认为中国的文化和艺术注重"道"，中国人"自由地到处漫游，不过是朝向某个目标"，追求的艺术典范是"友善亲切的自然"③。这一说法道出了中国文化和艺术"从心所欲不逾矩"的特质。应该说，西方这些学者对中国文化的认识，虽然在一定程度上存在认知上的误读，但对中国文化特质的把握还是比较精准的。

从外部视角认识到中国文化特质所在，固然为我们探讨中华美学精神提供了思考的方向，但要想精确把握其内涵和本质，还需要走出"他者与自我"的文化想象④，真正走进中国文化传统中进行一番系统和深入的梳理。需要指出的是，中华美学精神的内涵极为丰富，本教材仅从大处着眼，提出六点以供学者参考。

---

① [法] 伏尔泰. 风俗论 [M]. 梁守锵，译. 北京：商务印书馆，1994：85.
② [德] 爱克曼辑录. 歌德谈话录 [M]. 朱光潜，译. 北京：人民文学出版社，1978：112-113.
③ [德] 奥斯瓦尔德·斯宾格勒. 西方的没落 [M]. 吴琼，译. 上海：上海三联书店，2006：167，182.
④ 王一川等. 中华美学精神的当代传承 [M]. 北京：北京大学出版社，2022：1.

10.1.1 人文化成

"人文化成"的观念出自《周易·贲卦》："观乎天文，以察时变；观乎人文，以化成天下"⑤。意思是说，观察天上的风云变幻可以总结一年四季的交替规律，观览前人的诗书礼乐积淀可以推行教化于天下百姓。这一经典论述成为中国文化中人文主义传统的渊源所自。中国在上古时期也曾有"巫史传统"，但从周代开始就进入了"郁郁乎文哉"的人文主义时代，并历经几千年发展蔚为主流。

这种注重人、注重人文精神的传统，在中国几千年历史中影响深远且荦荦可观。一个典型的例子是《论语·乡党》中记载的孔子"问人不问马"的故事。有一天，孔子家的马厩着火了，孔子从朝堂上回来后知道了此事，开口只问"伤人了没有"，却没问马的情况。这种重视人、重视人的生命的观念，很典型地体现了孔子和他倡导的儒家思想"以人为本"的特质，这种思想在政治、经济、文化等方面都对后世有深远影响，奠定了中国"以人为本"的国家和社会治理传统。"民为贵，社稷次之，君为轻""国以民为本"等思想受到历朝历代统治阶层和有识之士的重视。唐太宗李世民以舟比喻人君，以水比喻百姓，认为"水能载舟，亦能覆舟"，成为千古名言。

这种人本主义传统，同样是中华美育的精神特质。以儒家而言，孔子特别注重诗歌礼乐对人的教化功能，他论诗无论是"思无邪"还是"诗可以兴、观、群、怨"，都是围绕着人的感情、情绪、情志来立论。以道家而论，人本主义同样是立论的核心。在这方面最典型的是庄子，他从重生、养生、保身等人本精神出发，提出"道至

---

⑤ 殷昰主编. 易经 [M]. 北京：当代世界出版社，2007：16.

美至乐"，主张一个人要"物物而不物于物""胜物而不伤"，既不能被一时的功名利禄所累，也不要为外在的物所奴役，而是要自己主宰自己的人生，追求一种"独与天地精神相往来"的自由境界。著名美学家李泽厚认为，庄子提出的"人的自然化"命题与儒家的"自然的人化"命题既对立又互补，带给人一种"高级的审美快乐"，奠定了中国人文化心理结构。①

王羲之的《快雪时晴帖》被清代乾隆皇帝视为"三希"之首，其好处不仅在于书法上的"神乎技矣"，更在于这封只有二十八个字的书信，写出了王羲之大雪初晴时的愉快心情和对朋友的问候，洋溢着纸短情长的人文之美，让人千载之后仍能为之感动（图10-1）。

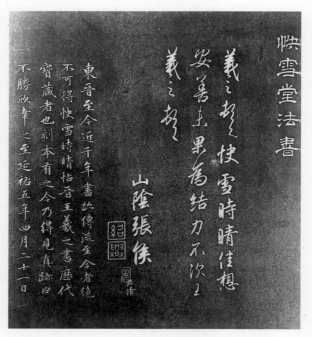

图 10-1　王羲之《快雪时晴帖》，北京图书馆藏

这种儒道互补的文化心理结构对后世产生了深远影响，成为中国人立身出处、谈文论艺的

① 李泽厚. 华夏美学：全彩插图珍藏版 [M]. 武汉：长江文艺出版社，2021：120-130.

重要法则。从钟嵘《诗品》提出的"诗唯性情"，到陆机《文赋》提出的"诗缘情"，中国的诗论、文论、美论莫不围绕着人、人的性情、人格精神而开展。就像刘勰的《文心雕龙·神思》所说："登山则情满于山，观海则意溢于海"，人的情感投射为自然风景平添了人文之美，也由此创造了大量文学、艺术、美学作品。"美不自美，因人而彰"，唐代文学家柳宗元的论断，道破了中国美学、美育思想中蕴含的人本主义、人文主义传统。

从中华美学精神来看，"人文化成"的人本主义、人文主义传统是对审美主体性的高度重视。正是基于这样的传统，中华美学精神注重人的生命之美、生活之美，具有鲜明的实践导向。人是万物之灵，是万物的尺度，当今发扬中华美学精神首先要汲取的就是这种人文主义的智慧井泉。

10.1.2　身心一如

中国文化的一个核心观念是"近取诸身"，见《周易·系辞下》："古者包牺氏之王天下也，仰则观象于天，俯则观法于地，观鸟兽之文，与地之宜，近取诸身，远取诸物，于是始作八卦，以通神明之德，以类万物之情。"②古代圣人设卦观象，也是从一己身体上体会，后来道家甚至讲"人身小宇宙，宇宙大人身"，从身国同构的角度探讨人之身心修养与国家治理问题，认为"修身、治事，不分两事"③。

传统文化讲的"修身"，实际上离不开"修

② 殷旵主编. 易经 [M]. 北京：当代世界出版社，2007：160.
③ 黄元吉. 道德经精义 [M]. 北京：中央编译出版社，2014：1.

心"，甚至是以"修心"为主。"仁"是儒家的核心观念，在《论语》中出现了上百次，孔子对"仁"也有多种解释，如"仁者爱人"等。在当代考古中发现，郭店竹简中所有的"仁"字（70多个）都写作"上身下心"，这为研究"仁"带来了新的理路。① 它启发我们，"仁"的核心要义正是"身心一体"：身为心之所寄，心为身之主宰，只有"身心合一"才能进入道境而展现仁心。而身心一体的修身工夫，进一步延伸为知行合一、仁智统一、做人与做事的统一，乃至自我与他人及世界的和谐统一等。由此可见，"身心一体"解决的是一个人安身立命的根基。

儒家《大学》认为："自天子以至于庶人，一是皆以修身为本"，并把修身次第分为"明德""亲民""至善"三纲和"格物""致知""诚意""正心""修身""齐家""治国""平天下"八目。我们仔细研究一下这三纲八目，儒家讲的"修身"实际上正是"修心"，正是"身心一如"。注重"充实之谓美"的孟子也说："仁义礼智根于心，其生色也，睟然见于面，盎于背，施于四体，四体不言而喻"②，仁、义、礼、智等修养根于人的内心，却表现于其身体上，让其气质与人格之美自然显现于举手投足之间，儒家讲的"读书在变化气质"不外如是。

修身关键在修心，但中华传统美育同样也重视身体经验。明代大儒王阳明先生认为，儿童就像刚萌芽的草木，不喜欢被拘束，"舒畅之则条达，摧挠之则衰萎"。因此，对童子的教育一定要像"时雨春风，沾被卉木"一样，诱之歌诗，

导之习礼，以潜移默化作用于其血脉、筋骨到意志的身心全体，这正是美育追求的"春风风人，夏雨雨人"之功。

从中华美学精神而言，"身心一如"是一个人身心灵的和谐一致，它关乎一己之生命体验、生活方式，而生命美学、生活美学和与之相关的生命美育、生活美育，正是我们今天开展美育的重要方面。我们需要与古为新，充分挖掘中华美学精神中的"身心一如"的美育观念和资源，古为今用，安顿自己的身心。

10.1.3 尽善尽美

"尽善尽美"的思想出自《论语·八佾》，"子谓《韶》：'尽美矣，又尽善也。'谓《武》：'尽美矣，未尽善也。'"③ 孔子认为，一个国家、一个时代的精神可以从当时的音乐中感受得到，因为音乐是人心的表征。在他看来，尧舜时代的韶乐传递出以德治国、清明和泰的气象，所以尽美而且尽善；周武王时代的武乐，虽然也宏大壮美，但因为有杀伐之声，所以尽美却未能尽善。这则记述虽然寥寥几句，但其中包含的和平观念和"致中和"思想，成为中国人文化心理结构中非常核心的内容。

从美育视角来看，"尽善尽美"的思想主张美的原则要与善的原则相伴而行，讲求审美与道德的有机统一，美感经验与价值理念一体交融，这是中华美学精神最鲜明的特质之一。在中华美育传统中，"礼"与"乐"正是这样相辅相成的关系。"礼"强调道德、伦理、仪式对一个人行为的规范，而且这种规范并不是流于外在的形式，而是需要内化于心；"乐"则带给人一种愉

① 王中江.《身心合一》之"仁"与儒家德性伦理——郭店竹简"（身心）"字及儒家仁爱的构成 [J]. 中国哲学史，2006(1)：5-14.

② 殷旵主编. 孟子 [M]. 北京：当代世界出版社，2007：191-192.

③ 思履主编. 论语彩图全解详注 [M]. 北京：中国华侨出版社，2012：50.

悦的感性经验，而这种愉悦本身也不是粗浅的欲望满足，同样是内心深处观念意识的呈现。这种礼乐兼容的审美观念即"中和"，所谓"致中和，天地位焉，万物育焉"，这一思想成为中华民族美学思想、美育精神的核心特质。

现代的美与善自然是有区别的两个概念，但在美育过程中二者的关联性仍不可忽视。蔡元培认为每个人的心理上都有"知、情、意三作用"，并"以真善美为目的"，三者是不能分离的。[①] 李泽厚也认为，审美是"人性中最为贯穿而又最为开放的部分"，它指向人的全面成长，包含了"立美启真""以美储善"和"以美立命"等内容。[②]

从中华美学精神视角看，"尽善尽美"的思想将"美"与"善"统一于个体的人格教育之中，启迪人们追求完美的人格、美善的人生，具有很好的理论价值和实践意义。

10.1.4 生生之境

"生生"是中华文化和美学中非常核心的一个概念，来自《周易·系辞》："显诸仁，藏诸用，鼓万物而不与圣人同忧，盛德大业至矣哉。富有之谓大业，日新之谓盛德，生生之谓易……"[③]，认为人的生命过程就是要效法天地、日月、四时，不断生成、不断创造，用功不辍，日新不已。

"生生"既是中国人对自己人生境界的体认和追求，也是中国艺术意境的来源，追求艺术之

意境与人生之境界的统一，正是中华美学精神的核心特质之一。宗白华认为："'道'的生命和'艺'的生命，游刃于虚，莫不中音，合于桑林之舞，乃中经首之会。音乐的节奏是它们的本体。所以儒家哲学也说：'大乐与天地同和，大礼与天地同节。'《易》云：'天地氤氲，万物化醇。'这生生的节奏是中国艺术意境最后的源泉。"[④] 在他看来，道的生命和艺的生命看似为二，实则一体。就艺术而言，它是一种"音乐的节奏"；就道而言，它是一种"生生的节奏"。二者结合即人生与艺术的有机统一。

这一点非常重要，也是中国文化、艺术中浓墨重彩的一笔。在历史上，中国"一代有一代之文学"，汉代的辞赋、六朝的骈文、唐朝的诗歌、宋代的词、元代的曲……都留下了家弦户诵、脍炙人口的名篇佳作。顾随认为，好的文学作品写出"生的色彩"方能动人，而要使生的色彩浓厚，就要有"生的享乐""生的憎恨""生的欣赏"，在纸篇外要有真生活的功夫，然后还要能欣赏。这正是对"生生之境"极好的阐释，美并不是抽象的，它在我们生活中的一切地方，只要你有锐感的心，就能时刻感受到它的存在。

以赵孟頫的《窠木竹石图》为例（图10-2），整个元代的画竹之作相比后世显得中规中矩，赵孟頫的这幅画作也呈现出中和之美。赵孟頫曾在另一幅《枯木竹石图》题诗："石如飞白木如籀，写竹还于八法通。若也有人能会此，方知书画本来同。"他的这幅《窠木竹石图》同样体现了"书画同源"的艺术观念和创作手法，片片竹叶都用"永字八法"的撇捺笔法，棱角分明，生机勃发，含蓄中不失力量感。无怪乎时人评价他的

① 蔡元培. 美育人生 [M]. 北京：中国画报出版社，2022：24.
② 李泽厚. 美学四讲：全彩插图珍藏版 [M]. 北京：中国华侨出版社，2012：50.
③ 殷旵主编. 易经 [M]. 北京：当代世界出版社，2007：147.
④ 宗白华. 宗白华讲美学 [M]. 成都：四川美术出版社，2020：102.

画作"两竿瘦竹一片石，中有古今无限诗"，丹青所写正是其人生和品格。

图 10-2　赵孟頫《窠木竹石图》，台北故宫博物院藏

10.1.5　内圣外王

"内圣外王"这一概念出自《庄子·天下》："是故内圣外王之道，暗而不明，郁而不发，天下之人，各为其所欲焉，以自为方。"①所谓"内圣外王"，是指一种通过修身为政的最高理想，在内具备圣人那样的德行修养，施之于外则为王者之政。

"内圣外王"之说虽首见于《庄子》，却是儒家、道家所代表的中国传统文化共通的命题。中国古人极为注重个人修养，儒家文化讲究修身、

齐家、治国、平天下，修身是所有人都应该做好的立本之事。道家文化也重视修身，老子《道德经》就指出："修之于身，其德乃真；修之于家，其德乃余；修之于乡，其德乃长；修之于国，其德乃丰；修之于天下，其德乃普。"②可见，道家同样是从个人修身起步并不断扩充，上升到家庭、社会、国家、天下层面，和儒家讲的修、齐、治、平的修养可谓异曲同工。

这种富有次第性、层次性的修身观念，表现在美育上同样富有持续进阶的实践价值。孟子把一个人的人格划分为六个等级，提出了人不断充实自己完美人格的进阶步骤："可欲之谓善，有诸己之谓信，充实之谓美，充实而有光辉之谓大，大而化之之谓圣，圣而不可知之之谓神"③，这种"充实之美"兼具一个人的内在修养和外在表现，在人格之美的养成上具有很强的实操性。值得注意的是，这种对人格之美的注重和修养，正是中华美学精神区别于西方的独特之处。

和古代西方注重人的形体之美不同，中国古人并不以人的形体为崇拜对象，而是更看重一个人的才德能力，注重人的内在美。④"内圣外王"思想，正是要求一个人内而治己，作百贤不齐的修养工夫，以挺立我们自己的道德人品。在此基础上，进一步通过"外王"来齐家、治国、平天下，追求一种"己欲立而立人，己欲达而达人"的至高境界，从而实现人生的至善至美。可以说，"内圣外王"就是一种"诚于中而形于外"的自我修养过程。

① 　任思源主编. 庄子彩图全解详注 [M]. 北京：中国华侨出版社，2012：416.

② 　老聃撰. 河上公注. 道德真经注 [M]. 北京：学苑出版社，2013：89–90.

③ 　殷昈主编. 孟子 [M]. 北京：当代世界出版社，2007：16.

④ 　龚鹏程. 中国传统文化十五讲（第 2 版）[M]. 北京：北京大学出版社，2021：10–15.

从中华美学精神的角度来看，"内圣外王"实际上是个体与社会的统一，也是中国传统文化讲的修身、齐家、治国、平天下由内到外逐步扩充修养的全过程。正如马克思所说："人是一切社会关系的总和。"今天我们探讨美育、大学美育，正应以马克思主义的人学思想为哲学基础，以马克思主义基本原理同中华优秀传统文化相结合为遵循，来探寻具有中华美学精神特质的美育路径，追求"人的全面发展"。

10.1.6 天人合一

"天人合一"的思想最早见于《庄子·齐物论》："天下莫大于秋毫之末，而大山为小；莫寿于殇子，而彭祖为夭。天地与我并生，万物与我为一。"[1] 庄子认为，人因为对生死有执着，所以总是心怀恐惧，贪生怕死；人因为对物我有分别，所以才无休止地追逐外物，逐物迷方。如果一个人可以将自己和宇宙万物融为一体，就可以超越时空的限制，摆脱外物的迷惑，体验无穷无尽的天地。到那时，他就不会贪生怕死，不会将时间浪费在没有意义的事情上，也就没有烦恼，实现逍遥自在。

中华美学精神正是以"天人合一"为最高境界，来实现一种超越性的价值教育。儒家经典《中庸》说："天命之谓性，率性之谓道，修道之谓教。"[2] 在这里，"天命""率性""修道"并置，体现了在天人相合视域下对个体人格发展的至高要求。需要指出的是，在"天人合一"语境下的"率性"，并不是"任性"，而是一种随心所欲不逾矩的中和之境、中庸之道，是美善合一的超越

性境界。中国文化讲天、地、人为"三才"，认为一个人能"至诚"才能"尽人之性"进而"尽物之性"，从而与天地相参，实现自然与自由的统一。

"天人合一"是中华美学精神的最高价值，而对这一概念的理解和体认，需要从中庸之道上着眼，蔡元培即称中庸之道为"中华民族之特质"。《礼记·中庸》指出："君子尊德性而道学问，致广大而尽精微，极高明而道中庸"[3]，把人的修养之美提升到了"峻极于天"的圣人之境。王国维认为《中庸》奠定了中华文化中的"天人合一"观念："天道流行而成人性，人性生仁义。仁义在客观则为法则，在主观则为吾性情。故性归于天，与理相合。天道即诚，生生不息，宇宙之本体也。至此儒教之天人合一观始大成。"[4]

从中华美学精神的视角看，我们对"天人合一"还要作进一步区分。一方面，中国文化尤其是儒家文化讲的"天"是《易传》所讲的一种义理之天，如李泽厚所讲"仍是外在自然，却类比地拟人地具有道德的品格和情感的内容"，但其实质上是"审美的、艺术的"，由此"天人合一"所追求的实质是人与自然界的宇宙普遍规律和形式的动态同构，这种天人感应、天人同构、天人合一以"自然的人化"为表征，正是儒家追求的"日新之谓盛德"[5]。另一方面，道家文化讲的"天"更多地呈现为一种"人的自然化"，尤其是庄子，追求"齐物论""逍遥游"，期望摆脱世俗的人际关系，实现"与万物合而为一"的自由境

① 任思源主编.庄子彩图全解详注[M].北京：中国华侨出版社，2012：27.
② 殷昱主编.礼记[M].北京：当代世界出版社，2007：391.

③ 殷昱主编.礼记[M].北京：当代世界出版社，2007：403.
④ 王国维.王国维文集[M].北京：中国文史出版社，2007：152.
⑤ 李泽厚.华夏美学：全彩插图珍藏版[M].武汉：长江文艺出版社，2021：102-114.

界。庄子对"天地有大美而不言"的揭示，更极大拓展了人们审美的境界，让中国历代的文人墨客更多关注永恒的时间之流、无垠的广漠之乡。

应该说，儒家、道家不同面向的"天人合一"观念，如一枚硬币的两面，以互补和同构的方式兼容"心灵—自然欣赏"和"人际—伦常政教"两种哲学体系[①]，以儒道互补极大拓展了中国文艺、美学的空间。在中国几千年历史上，建筑与园林艺术、山水田园诗、山水画等艺术门类特别发达，为我们留下了关于"天人合一"美学和美育的丰富资源。

在建筑与园林艺术领域，故宫就淋漓尽致地体现了"天人合一"的理念（图 10-3）。故宫又称紫禁城，"紫"是指紫微星垣，古人认为那是天帝居住的地方，以此来表征皇宫的无比尊严。此外，故宫秉承"中和"思想，整体建筑沿中轴线对称分布，午门和太和门之间有金水河蜿蜒穿过，象征着天宫中的银河。清代帝、后居住的地方名为乾清宫与坤宁宫，"乾""坤"二字意味着天与地。东、西两侧的日精门与月华门，则象征着日月争辉。东、西六宫及其他诸宫殿，也都分别象征着天上的十二星辰和各个星座。

图 10-3　故宫建筑群体现了"天人合一"美学思想

在文学艺术领域，中国的山水田园诗体现的同样是古人对"天人合一"理念的追求和表现。东晋诗人陶渊明不为五斗米折腰，辞官不做，选择躬耕陇亩来追求自己理想的生活状态，他的名篇《归去来兮辞》表达了心不为形所役、固守一己精神家园的决心，千百年来引得后人共鸣。唐代的王维是诗人也是画家，他的山水田园诗正是一己闲适生活与自然融合的产物，其名句"明月松间照，清泉石上流""大漠孤烟直，长河落日圆""人闲桂花落，夜静春山空""行到水穷处，坐看云起时"等脍炙人口，极富诗情画意。苏东坡评价王维"诗中有画""画中有诗"，这也成为后世文艺创作所遵循的重要法则。

可见，"天人合一"理念所蕴含的正是审美个体内心自由意象与外部自然物象的有机统一，它契合自然美、生态美等美育方向，同样是中华美学精神的核心特质。

综上，"人文化成""身心一如""尽善尽美""生生之境""内圣外王""天人合一"等理念，都是中华美学精神的核心特质，值得我们去研究、弘扬和践行。"人文化成"体现的是中华美育对审美主体——人的高度重视，这是我们在开展美育时一以贯之的核心。"身心一如"意味着身体与心灵的统一，"尽善尽美"意味着道德与审美的统一，"生生之境"意味着艺术与人生的统一。"内圣外王"意味着个体与社会的统一，"天人合一"意味着自然与自由的统一。这些中华美学精神的优良传统，为我们今天开拓艺术美育、自然美育、生活美育、社会美育、生态美育等方向，都提供了宝贵的理念、精神和文化艺术资源。

① 李泽厚. 华夏美学：全彩插图珍藏版 [M]. 武汉：长江文艺出版社，2021：141-153.

10.2 担民族复兴大任，做中华美学使者

"兴于诗，立于礼，成于乐"，中华民族自古以来重视美育对人和社会发展的重要意义。进入新时代，习近平总书记更从培养德、智、体、美、劳全面发展的社会主义建设者和接班人的高度，明确提出要全面加强和改进学校美育，让祖国青年一代身心都健康成长。从国家层面来看，弘扬中华美学精神是新的国家战略，对中华民族的伟大复兴具有重要意义。从个人层面来看，弘扬中华美学精神则关乎青年一代在学校的成长、成才和未来在社会的美好生活，具有重要的实践意义。青年朋友要积极承担中华民族伟大复兴的历史使命，主动做中学美学精神的信仰者、研究者和实践者。

10.2.1 为人生立高远之境

王国维在《人间词话》中用三首词概括了古往今来成大事业、大学问者必经的三种境界。第一种境界："昨夜西风凋碧树。独上高楼，望尽天涯路"，是说人生于忧患、死于安乐，要站在高处瞩望未来，选择自己要走的人生道路，并为之规划路线图。第二种境界："衣带渐宽终不悔，为伊消得人憔悴"，是说在明确人生的方向和目标之后，要矢志不移，造次必于是，颠沛必于是，艰苦奋斗，努力向前。第三种境界："众里寻他千百度，蓦然回首，那人却在灯火阑珊处"，是说在追求成功的路上，我们也许会一时陷入迷茫、困惑、苦恼甚至是失败和挫折，但要咬定青

山不放松，不达目标不罢休，"人一能之，己百之；人十能之，己千之"[1]，进行勤能补拙、卓绝奋斗。

美育作为一种诉诸感性和情感的教育，是为了帮助我们每一个人塑造完美的人格，这对每个人的成长、成才、成功关系巨大。因为一个人的成功，不仅仅需要丰富的知识、专精的技能，更需要看似无用却有大用的综合素质，审美能力即是其中之一。美，关乎一个人身心的安顿、精神的寄托、情感的安放、形象的塑造。

孔子就在这方面为我们树立了典范。《论语·述而》："志于道，据于德，依于仁，游于艺"[2]，就是孔子教导学生进德修业的教学大纲，受到后世的推崇。孔子教导学生，以心存于正之"道"为方向，以道得于心之"德"为根底，以德性常用之"仁"为依据，以涵泳从容之"艺"为游憩，让学生得到全面的发展。孔子讲的"艺"是指礼、乐、射、御、书、数六艺，虽然并不都是我们今天讲的艺术范畴，但这六艺涵盖的领域都程度不同地有着美育的内容，悠游其中，在熟练掌握各门技艺的同时"技进乎道"，均能带给人自由和愉悦。

在教学过程中，孔子有教无类，因材施教。他的学生中，有贫而好学的颜回，他肯定颜回在陋巷之中疏食饮水却自得其乐的做法，成为后世读书人效仿的榜样，所谓"寻孔颜乐处"。他的学生中，有不追求功利而追求诗意生活、审美体验的曾点，他也肯定曾点的做法，说"吾与点也"，这也成为后世效仿的榜样，所谓"曾点气

---

[1] 殷昆主编.礼记[M].北京：当代世界出版社，2007：400.

[2] 思履主编.论语彩图全解详注[M].北京：中国华侨出版社，2012：102.

象"。至于孔子本人，不仅日常生活审美化，而且留下了到齐闻韶"三月不知肉味"的佳话。正是因为有这样的"孔颜之乐""曾点气象"和对世俗功利物欲的超越，孔子才能周游列国、四处碰壁依然"知其不可而为之"，为我们树立了"万世师表"的典范。

孔子这种人生美学化的修养，对后世影响很大。我们看古往今来的成功人物，当其面对人生的挫折、困境时，能让他们走出心灵困境的往往是他们对美的追求和体验能力。宋代的苏东坡就是这样，他一生仕途不顺，受尽挫折，不断被贬谪，可谓到处凄风苦雨。但他博学多才，在诗、词、文等文学创作和书法、绘画、弹琴等艺术创作方面均有着卓越才能。无论高兴或者不高兴，他都发之歌诗、形诸舞咏、寄托于书画创作。被称为"天下第三行书"的《黄州寒食诗帖》（图 10-4），就是苏轼被贬黄州第三年的寒食节所发的人生之叹。"自我来黄州，已过三寒食，年年欲惜春，春去不容惜。今年又苦雨，两月秋萧瑟""那知是寒食，但见乌衔纸。君门深九重，坟墓在万里。也拟哭途穷，死灰吹不起"，两首诗都写得苍凉悲慨，传达了苏轼当时惆怅孤独的心情。这些艺术作品既是苏轼当时心情的记录，也是他心中苦闷的排解，帮他走出了各种人生不如意。"人有悲欢离合，月有阴晴圆缺，此事古难全""莫听穿林打叶声，何妨吟啸且徐行""天容海色本澄清""九死南荒吾不恨"，对善的执着、对美的游憩，让苏东坡走出一己之悲欢离合，更旷达地面对自己的人生际遇和外部世界。

以文学、艺术为主体的美育，对塑造一个人的完美人格，提升一个人的人生境界有着不可忽视的作用。一个人即使从事的专业领域与文学艺术较远，也可以得到文学艺术带来的审美滋养，为自己的发展插上"隐形的翅膀"。著名科学家钱学森一生酷爱书画，他与夫人蒋英各自从事完全不同的工作，一个是科技，一个是音乐，但他说夫人蒋英的工作对他有很大帮助，每当他在百思不得其解的时候，是夫人的歌声给他以启示和灵感。因此，钱学森特别强调文艺与科技的相互作用，认为审美是一切的出发点，科技和艺术一样都是美的创造。

著名物理学家杨振宁在他的《父亲与我》自传中对一件事情一直念念不忘：在他初中一年级与初中二年级之间的暑假，父亲专门请家庭教师教他读《孟子》，并要求他全文背诵。当时他没有选择说"不"的权利与勇气，只好勉为其

图 10-4 苏轼《黄州寒食诗帖》，台北故宫博物院藏

难，把整本孟子装进记忆中。"三十岁后，我做人处世全靠《孟子》"，杨振宁说他后来在自然科学领域获得国际的肯定，但影响他最深的，并不是他所专长的物理学，而是两千多年前孟子的思想。

钱学森和杨振宁的例子异曲同工，都说明诉诸一个人情感和人格的审美教育，对一个人的人生观、世界观、价值观的形成是何等重要！

审美教育不仅作用于一个人的人生早期，更贯穿于一个人的一生，甚至一直到其人生的终结，"如何优雅地老去"同样是所有人面对的人生命题。青年朋友们喜欢看电影，形形色色的电影中有各类人物形象，他们的言谈举止、穿衣打扮都符合其各自的人设、身份、职业角色，虽然这些银幕上的人物的美学设定来自专业的化妆师、设计师，但同样值得我们借鉴。美国好莱坞2015年电影《实习生》中，老戏骨罗伯特·德尼罗扮演了一位老年实习生"本"，这是一个既现代又传统的完美男性形象，他已经70多岁，在公司始终穿正装、打领带，身边永远带着一块干净的白手帕。他待人彬彬有礼、谦逊慈爱，工作一丝不苟、守时敬业，给人一种做事靠谱、有分寸感、情绪稳定的印象。这一成功的银幕形象也启示我们，每个人都面临着生老病死，这是不可逃脱的自然规律，但如何优雅地老去？这正是美育带给我们的价值。从这一点看，美育的确是一种终身教育。

美育和审美活动可以从多方面提高人的文化素质和文化品格，其意义最终归结为一点，就是引导人们有一种高远的精神追求，提升人生境界。我国古代思想家强调，一个人不仅要注重增加自己的知识和技能，更重要的是要注重拓宽自己的胸襟、涵养自己的气象、提升自己的人生境界，也就是要去追求一种更有意义、更有价值、更有情趣的人生。这一思想在今天很有现实意义。

10.2.2 为个人立君子之品

在儒家经典《论语》中，孔子对"君子之美"的阐述非常充分。在《论语》20篇文章中，"君子"一词出现了近100次，从多个维度体现了孔子心目中"君子"的理想人格。

1. 孔子的"君子之美"

在道德层面，孔子以君子与小人对比，认为"君子周而不比，小人比而不周（《论语·为政》)"[1]，即君子与众人和谐相处，但不因私利勾结，小人因私利勾结少数人，却与众人不和谐；认为"君子喻于义，小人喻于利（论语·里仁）"[2]，即君子心怀大义，小人只关心私利；认为"君子求诸己，小人求诸人（《论语·卫灵公》)"[3]，即君子做人做事有担当，从来都是严于律己、宽以责人，小人相反，总是苛求别人而不从自己身上找原因；认为"君子成人之美，不成人之恶，小人反是（《论语·颜渊》)"[4]，即君子与人为善，成全别人的好事，却不助长别人做坏事，小人却幸灾乐祸，希望看到别人发生不幸，甚至会落井下石；认为"君子有三畏：畏天命，畏大人，畏圣人之言。小人不知天命而不畏也，

---

① 思履主编.论语彩图全解详注 [M].北京：中国华侨出版社，2012：24.

② 思履主编.论语彩图全解详注 [M].北京：中国华侨出版社，2012：62.

③ 思履主编.论语彩图全解详注 [M].北京：中国华侨出版社，2012：130.

④ 思履主编.论语彩图全解详注 [M].北京：中国华侨出版社，2012：186.

狎大人，侮圣人之言（《论语·季氏》）"①，即君子在处世之道上敬畏自然规律、敬畏有德有位之人、敬畏圣人的言论，小人则对天命无知无畏，不尊重有德有位之人，侮辱轻慢圣人的言论。可见，孔子非常看重一个人的品德修养，认为君子就是这方面的表率。

在心理状态和外在表现上，孔子也为我们描绘了君子的人格风范。在这方面，最有名的一句话是"君子坦荡荡，小人长戚戚（《论语·述而》）"②，认为君子总是一种光风霁月的姿态，总是高高兴兴的，因为他不会为一己之悲欢、利益而挂怀；而小人驰竟于荣利，耿介于得失，所以总是忧心忡忡。孔子还进一步提出了君子的标准："仁者不忧，智者不惑，勇者不惧（《论语·宪问》）"③，他自谦做不到，但他的学生子贡说这是"夫子自道"，孔子在这方面堪为表率。孔子还提出了在思维和言行修养方面的"九思"："视思明，听思聪，色思温，貌思恭，言思忠，事思敬，疑思问，忿思难，见得思义（《论语·季氏》）"④。他从九个方面为君子修养提供了思路，包括看的时候要思考看明白了没有，听的时候要思考听清楚了没有，待人接物时要思考脸色是否温和、态度是否恭敬，说话时要思考是否忠实于自己的想法、不能言不由衷，做事时要思考是否做到了严肃认真，有疑难时要想着询问，气愤发怒时要想想可能带来的后患，可见可

得的事物要想想是否合于道义。孔子还按照人在不同年龄阶段生理、心理特点，提出了君子身心修养的要求："君子有三戒：少之时，血气未定，戒之在色；及其壮也，血气方刚，戒之在斗；及其老也，血气既衰，戒之在得（《论语·季氏》）"⑤，即一个人少年时血气尚未充实，容易贪恋美色，而色欲最损血气，要戒色；到了壮年，血气方刚，喜欢争强好胜，容易招来祸端，所以要戒争斗；到了老年，血气已衰，容易贪恋名位利益，所以要避免贪得无厌。可见，孔子对君子"诚于中而形于外"的人格修养说得很清楚明白，对君子如何进行这种修养也给出了提升路径。

既然在道德、心理状态和外在表现上，孔子对"君子"有着这么丰富的阐述，那么一个人该如何形成自己的"君子之美"呢？孔子给出的答案是"文"。《论语·述而》说："子以四教：文、行、忠、信"⑥，这和他讲的"志于道、据于德、依于仁、游于艺"互为表里，"文"和"艺"大致相当，均属于"六艺"的范畴。如前所述，孔子看中君子的品德修养，但这属于"质"的范畴，仅有好的品质还不够，君子还要有"文"之美才行，这就是他那句非常有名的话："质胜文则野，文胜质则史。文质彬彬，然后君子（《论语·雍也》）。"⑦ 在孔子看来，质朴的品德和适配的文采相得益彰，让一个人质朴而不粗野、华美而不虚浮，因此"文"与"质"互补同构才是完美的君子人格模式。这一点在他的学生子贡和卫国大夫棘子成的对话中也得到验证和进一步发

① 思履主编.论语彩图全解详注 [M].北京：中国华侨出版社，2012：243.

② 思履主编.论语彩图全解详注 [M].北京：中国华侨出版社，2012：120.

③ 思履主编.论语彩图全解详注 [M].北京：中国华侨出版社，2012：217.

④ 思履主编.论语彩图全解详注 [M].北京：中国华侨出版社，2012：244.

⑤ 思履主编.论语彩图全解详注 [M].北京：中国华侨出版社，2012：242.

⑥ 思履主编.论语彩图全解详注 [M].北京：中国华侨出版社，2012：112.

⑦ 思履主编.论语彩图全解详注 [M].北京：中国华侨出版社，2012：92.

挥。棘子成认为君子有好的本质就行啦，要文采有啥用呢？子贡对他的回答是："文犹质也，质犹文也，虎豹之鞟犹犬羊之鞟（《论语·颜渊》）"①，意思是文采和本质互为表里、同等重要，这就像虎豹和犬羊正是因为皮毛花纹不同而有区别，如果去掉它们皮毛的花纹，这几个动物的皮革又何以区分呢？

对如何实现文质彬彬，孔子看重"礼"的作用："君子义以为质，礼以行之，孙以出之，信以成之（《论语·卫灵公》）"②，把道义作为修身的本质，按照礼的规范来实行，用谦逊的语言来表达，用诚信的态度来完成，孔子认为这样做才是君子。"礼"就属于孔子所讲的"六艺"范畴，兼具道德和审美价值。孔子还举例来说明这种以"礼"文饰"质"的君子修养："君子无所争，必也射乎！揖让而升，下而饮，其争也君子。（《论语·八佾》）"③他认为，君子没有和人争斗的事情，如果勉强说有的话，那就是射箭比赛了，在这种竞争中，君子也讲究礼的规范，比赛开始时要相互拱手行礼然后登场，比赛结束后要相互拱手行礼然后退场，最后还要一起登堂饮酒，整个过程依礼而行，雍容和谐，也是一种君子之争。可见在孔子看来，文化艺术方面的审美修养对君子来说非常重要，关乎君子与人交往时候表现于外的形象。用我们今天的话来说，一个有着君子之美的人，既需要内在的"气质"，也需要外在的"颜值"，二者不可偏废。

2. 孟子的大丈夫人格

孔子关于"君子之美"的阐述，在后世经过不断继承和发扬光大，进一步完善内涵和外延，成为中国古代人格修养的重要内容。孟子在这方面也有很多阐发，他认为一个人"有诸内必形诸外"，内在的意志、品德和情感必然反映于外在的容貌、言语、举止。尤其是眼睛，正像今天人们所说是"心灵的窗户"。"存乎人者，莫良于眸子。眸子不能掩其恶。胸中正，则眸子了焉；胸中不正，则眸子眊焉。听其言也，观其眸子，人焉廋哉！（《孟子·离娄上》）"④孟子认为胸怀坦荡之人眼睛明亮，心怀不正之人眼睛也昏暗无光，通过观察眼睛配合听其说话，不难发现一个人品格怎样。

孟子还进一步发展了孔子关于君子人格修养的观念，提出了"大丈夫"的修养标准，并为之下了一个定义："居天下之广居，立天下之正位，行天下之大道。得志与民由之，不得志独行其道。富贵不能淫，贫贱不能移，威武不能屈，此之谓大丈夫。（《孟子·滕文公下》）"⑤在他看来，一个大丈夫有着独立的人格，刚毅中正，浑身散发着阳刚之美。

对于这样的人格修养，孟子也提出了六个层次的进阶路径："可欲之谓善，有诸己之谓信，充实之谓美，充实而有光辉之谓大，大而化之之谓圣，圣而不可知之之谓神（《孟子·尽心下》）"⑥，在孟子看来，一个人的修养在善、信、美、大、圣、神六个境界能否不断进阶，关键在于要善养其至大至刚、塞于天地的"浩然之气"

① 思履主编.论语彩图全解详注[M].北京：中国华侨出版社，2012：182.
② 思履主编.论语彩图全解详注[M].北京：中国华侨出版社，2012：130.
③ 思履主编.论语彩图全解详注[M].北京：中国华侨出版社，2012：37.

④ 殷昼主编.孟子[M].北京：当代世界出版社，2007：105.
⑤ 殷昼主编.孟子[M].北京：当代世界出版社，2007：84.
⑥ 殷昼主编.孟子[M].北京：当代世界出版社，2007：16.

（《孟子·公孙丑上》）①，从而形成"虽千万人吾往矣"的大人格、大格局、大气派。

3. 文人精神

春秋、战国时代"士"阶层兴起，孔子、孟子关于"君子"和"大丈夫"人格之美的阐释，正是对"士"阶层的形象定位。在中国两千多年传统社会里，一直存在士、农、工、商四大社会阶层，其中"士"对其他阶层存在渗透，其内涵和外延也在不断发展。今天来看，"士"阶层大致相当于知识人阶层。研究者认为这一阶层是以文学、文化、文艺方面的成就为标准而非以出身为标准的阶层化体系，任何人只要修行砥名、具有一定德行和知识才能，都能成为社会的高阶人士，这一特殊阶层就是文人阶层。它与西方以血统或出身而定义的绅士或贵族完全不同，更具有中国独有的人文属性。②中国古代的文人阶层固然以孔、孟为代表的儒家为底色，但仍有道家、禅宗等多个方向，这使文人阶层的精神面貌和审美价值更为丰富多彩。

魏晋南北朝时期，受老子、庄子道家思想影响，人文精神勃兴，玄学成为时代潮流，形成了士人个性张扬、崇尚名士风流的"魏晋风度"。南朝宋文学家刘义庆在其《世说新语》中记载王羲之"东床坦腹"的故事可见一斑。东晋太傅郗鉴想嫁女儿，于是派一门生向当时的丞相、王羲之的伯父王导求亲，王导跟这位门生说："你到东厢房去吧，儿郎们任你挑选。"这位门生看了一圈儿，回去跟郗鉴说："王家儿郎们看起来都不错，听说咱们去挑女婿，都正襟危坐、庄重严

谨。只有一个儿郎仍在东床上坦腹高卧，好像压根不知道这回事儿一样。"郗鉴听了立马拍板："就是这个好！"又派人打听了一下，此人正是王羲之，于是便把女儿嫁给了他。③可见，当时人看中任性自然、不同流俗的风度做派，所以六朝时期人文精神绽放，文采风流盛极一时。作为六朝名士之一的王羲之，不仅书法作品为后世所推崇，其名士风采也成为后世艺术家，不断表现的内容（图 10-5）。

图 10-5　钱选《羲之观鹅图》，纽约大都会美术馆藏

隋唐以后，随着科举制度的兴起和发展，逐渐形成"士大夫"阶层，他们的文化观念、艺术趣味、生活方式成为引领社会风尚的风向标。在日常生活造物艺术的审美追求上，唐代文人阶层就开始雅好茶艺、花道、文房、清玩、书画等，到了宋代更蔚为壮观，南宋孟元老的《东京梦华录》就记载了这一盛况。"太平日久，人物繁阜。垂髫之童，但习鼓舞；斑白之老，不识干戈。时节相次，各有观赏：灯宵月夕，雪际花时，乞巧

① 殷昰主编 . 孟子 [M]. 北京：当代世界出版社，2007：40.

② 龚鹏程 . 文人阶层史论 [M]. 北京：商务印书馆，2023：1-20.

③ 刘义庆 . 世说新语详解 [M]. 陈美锦，编译 . 北京：中国华侨出版社，2014：95.

登高，教池游苑。举目则青楼画阁，绣户珠帘，雕车竞驻于天街，宝马争驰于御路。金翠耀目，罗绮飘香。新声巧笑于柳陌花衢，按管调弦于茶坊酒肆……"①在这样的时代氛围下，文人士大夫阶层的审美追求成为引领时尚的风向标，如李泽厚所说："宋代的时代精神已不在马上，而在闺房；不在世间，而在心境，人的心灵意绪成了艺术和美学的主题。"②这一时期艺术的典型代表是主意主理的宋诗、以婉约见长的宋词、雅致精美的文人画、士人雅集的书院和清幽脱俗的文房清玩，在淡雅静敛的审美追求中，透露出宋代文人士大夫独特的生活情调。③

宋元之后，随着商品经济和社会关系的变化，尤其是元代长期停废科举考试，堵塞了"旧有的士人向上流动的通路"，士人逐渐走向民间，犹如水漫平川一样"渗透到社会的各个领域"，如医卜、星象、商贾、戏曲、农圃、手工艺等都在文人参与下呈现出新的面貌，推动了社会的转型。④隋唐时期手工艺人地位低下，朝廷认为"工商杂色之流"，规定"工商不得仕进"。宋代时，朝廷认为"士、农、工、商，皆百姓之本业"，手工艺人身份更加自由，可以参加科举考试做官，宋徽宗时宰相李邦彦就出身于银工家庭。元代时，文人从事手工艺更大有人在，这也提升了造物艺术的文化含量和审美价值。

明清时期商品经济的发达，进一步推动"士世界"和"贾世界"互动交错，文人阶层在日常生活中处处接触到商业化潮流所带来的社会变动，在当时士与商之间已经不存在严格的社会界限，商人与文人结交日渐频繁，"士魂商才"成为文人、商人相向而行的新风尚、新追求。⑤乾隆年间的文学家袁枚不到四十岁就辞官不做，以文学创作为终身事业，他自言"亦营陶朱财"而且取财有道，其营财渠道除了辞官后的一份"清俸"外，主要有收取土地租金、门生交纳束修和亲朋故旧馈赠等，而诗、文集的"公刷公卖"和卖文润笔更是一个重要财源，《随园老人遗嘱》说"卖文润笔，竟有一篇墓志送至千金者"⑥。据袁枚《随园诗话》记载，当时升平日久，海内殷富，商人、士大夫蓄积书籍，设立以文会友、名流宴咏的文学道场，全国有四处比较有名：扬州的玲珑山馆，天津的水西庄，杭州的小山堂和瓶花斋。袁枚和扬州玲珑山馆的主人马曰琯不乏交往，还写诗称赞他"横陈图史常千架，供养文人过一生"，天津查氏的水西庄，袁枚也曾专门前去访问。在士商互动的时代背景下，清代的文人不再像过去只靠科举"华山一条路"取得成功，而是有了更多的选择。当时处于中国古代社会向近代社会转型的前夜，文学、艺术等各个领域都集历代之大成，这时的文人阶层也更体现出"博学于文"的色彩，注重一己之个性、性情、趣味、性灵，出现了向近代转型的倾向。

从"君子之美"到"大丈夫人格"到"魏晋风度"，再到唐宋之后士大夫阶层的人文趣味和元明清渗透于社会各阶层的文人传统，中国文化

① 孟元老.东京梦华录笺注[M].伊永文，笺注.北京：中华书局，2006：1.
② 李泽厚.美学三书[M].合肥：安徽文艺出版社，1999：125.
③ 冯天瑜，邵学海.万古江河：中国文化巡礼[M].武汉：湖北美术出版社，2010：202-207.
④ 王瑞来.士人走向民间：宋元变革与社会转型[M].桂林：广西师范大学出版社，2023：1-31.

⑤ 余英时.儒家伦理与商人精神[M].桂林：广西师范大学出版社，2004：179.
⑥ 袁枚.袁枚全集（第二册）[M]王英志，主编.南京：江苏古籍出版社，1993：1.

人的精神面貌不断丰富，审美风尚也不断进步。作为新时代的文化人，青年大学生在了解中国传统文人阶层的历史变迁和精神面貌基础上，要从优秀传统文化"创造性转化、创新性发展"的立场来与古为新，以这种"君子之美"和文人气质为自己赋能。《宋元学案》记载：北宋理学家游定夫拜访曾经"程门立雪"的杨时，杨时问他从哪来，游定夫说"某在春风和气中坐三月而来"，并解释是从理学大师程颢先生那里来。[①] 以"春风和气"比喻一个人的人格修养发达于外在的"声容色理"，足见这种修养不止提升个人境界，也会以美好的言行举止带给其他人以积极影响。青年朋友要不断修养自己的"君子之美"，提升审美能力和人格魅力，培养书卷气和艺术范，让人与你交往时"如沐春风"。特别是在当下全球化时代，每一个中国人都是国家形象的体现，以美的形象示人，就是对中华美学风范最好的展现。

10.2.3　为社会立美学之业

当今的中国摆脱了困扰几千年的"匮乏经济"，全面建成了小康社会，在中国式现代化的建设道路上阔步前进。"仓廪实而知礼节，衣食足而知荣辱"，在物质条件具备一定基础后，对美好生活的追求成为人心所向。我国正在实施的文化强国战略、乡村振兴战略，都对发扬中华美学精神提出了新的时代需求。因为无论国内还是国际，当下正是一个生活美学化、创意常态化的时代，经济和社会发展越来越体现为一种创意经济，而创意经济就是"按照美的规律来塑造万事万物的经济"[②]，它需要更多美学和创意的支持。

以乡村振兴为例，乡村是"一方水土一方人"祖辈相传的生产和生活方式的载体，是中华民族的根底所在[③]，也是中华民族文化多样之美的体现[④]。乡村振兴是一个系统工程，需要产业、文化、人才、生态、组织等方面协同发力，文化艺术的作用尤为重要。文化艺术于乡村振兴不仅可以凝聚精神动力、重构生活方式，而且可以为乡村产业发展提供创意动能。在我国乡村，都有着大量的工艺美术、非物质文化遗产资源，这些资源都需要以现代化的审美、创意、产业思维来创新提取，才能更好地发挥其为产业创意赋能的作用。

例如，龙山黑陶是黄河孕育的远古文明，是山东沿黄地区独具特色的历史文脉，但长期以来龙山黑陶文化产品以各种传统造型的摆件居多。德州梁子黑陶针对传统销售模式受阻的情况，从2021年起尝试网上电商，目前其销售50%以上来自网络。互联网平台的双向互动性质也为企业对接年轻人需求进行产品设计创新提供了契机，由该企业年轻团队打造的一款名为"黑宫"的香薰产品在电商平台意外成功，成为企业的"爆款"产品，一度达到年度销售收入的40%以上（图10-6）。这一意外的成功让企业看到了创新方向，通过当代审美眼光开发前沿时尚的实用类产品成为企业致力的方向。

① 刘悦笛.中国人的生活美学 [M].桂林：广西师范大学出版社，2021：259.

② [英]约翰·霍金斯.新创意经济 [M].王瑞军，王立群，译.北京：北京理工大学出版社，2018：1.
③ 梁漱溟.乡村建设理论 [M].上海：上海人民出版社，2018：61–63.
④ 王恬主编.古村落的沉思 [M].上海：上海辞书出版社，2007：11.

图10-6 梁子黑陶"黑宫"产品彰显简洁时尚的当代审美特征

当下"生活美学化、创意常态化"成为时代潮流，人们在各种日常消费品的消费中都不再仅仅注重其实用功能，而是越来越看重其外在的"颜值"和内涵的意义。因此，通过文化创意为景观、产业和产品赋能具有富有想象力的开拓空间。在这方面，淄博汉青陶瓷也做出了成功探索。传统陶瓷有72道工艺，汉青只聚焦于"装饰"，其他工艺都开展了全球范围内的供应商合作。通过这样的轻装上阵，企业对标小米生态链创新模式，紧紧抓住"微笑曲线"两端做文章，强调研发设计、创新营销的两端优势，以"无缝贴花"发明专利为核心技艺，通过东方美学时尚再造并结合数字化设计的引入、品牌运营和爆品思维，以百变常新的创意设计来满足市场的个性化需求（图10-7）。

图10-7 汉青陶瓷通过设计驱动引领生活美学化潮流

通过以上两个例子可见，在"生活美学化"的今天，无论乡村振兴还是城市更新，无论日常消费品的设计包装还是传统手工艺、非遗的文化"两创"，都需要以当代美学眼光进行创新、创意和创造。因此，通过传承中华美学精神来为当下的经济、文化和社会发展进行创意赋能是一个有着广阔空间、富有想象力的实践领域。青年大学生要积极参与这一领域的实践，不仅通过美育学会感受美、欣赏美，为自己的人格发展赋能；更要学会传承美、创造美，用自己独到的审美能力和美学眼光，为中国经济社会和文化的发展，为中华民族的伟大复兴，贡献自己的青春力量！

本章小结

中华美学精神必须立足于中华文化传统，同时结合现代美育观念来加以理解。中华美学精神，有"人文化成""身心一如""尽善尽美""生生之境""内圣外王""天人合一"等核心特质，值得我们去研究、弘扬和践行。

这些中华美学精神的优良传统，为我们今天开拓艺术美育、自然美育、生活美育、社会美育、生态美育等方向，提供了宝贵的理念、精神和文化艺术资源。

从国家层面来看，弘扬中华美学精神是新的国家战略，对中华民族的伟大复兴具有重要意义。从个人层面来看，弘扬中华美学精神则关乎青年一代的成长、成才，具有重要的实践意义。青年朋友要积极承担中华民族伟大复兴的历史使命，主动做中学美学精神的信仰者、研究者和实践者。

美育和审美活动可以从多方面提高人的文化素质和文化品格，其意义最终归结为：为人生立高远之境，为个人立君子之品，为社会立美学之业，通过自己知、情、意、行的统一，坚守中华文化立场，传承中华文化基因，展现中华审美风范。

思考题

1. 中华美学精神有哪些内涵？

2. 如何弘扬中华美学精神？

3. 结合个人体会，谈谈如何做中华美学精神的使者。

本章参考文献

1. 李泽厚. 美学三书 [M]. 合肥：安徽文艺出版社，1999.

2. 龚鹏程. 文人阶层史论 [M]. 北京：商务印书馆，2023.

3. 王一川，等. 中华美学精神的当代传承 [M]. 北京：北京大学出版社，2022.

【拓展阅读】

中国文化的美丽精神往哪里去

宗白华

印度诗哲泰戈尔在国际大学中国学院的小册里曾说过这几句话："世界上还有什么事情比中国文化的美丽精神更值得宝贵的？中国文化使人民喜爱现实世界，爱护备至，却又不致陷于现实得不近情理！他们已本能地找到了事物的旋律的秘密。不是科学权力的秘密，而是表现方法的秘密。这是极其伟大的一种天赋。因为只有上帝知道这种秘密。我实妒忌他们有此天赋，并愿我们的同胞亦能共享此秘密。"

泰戈尔这几句话里包含着极精深的观察与意见，值得我们细加考察。

先谈"中国人已本能地找到了事物的旋律的秘密"。东西古代哲人都曾仰观俯察探求宇宙的秘密。但希腊及西洋近代哲人倾向于拿逻辑的推理、数学的演绎、物理学的考察去把握宇宙间质力推移的规律，一方面满足我们理知了解的需要，一方面导引西洋人，去控制物力，发明机械，利用厚生。西洋思想最后所获着的是科学权力的秘密。

中国古代哲人却是拿"默而识之"的观照态度去体验宇宙间生生不已的节奏，泰戈尔所谓旋律的秘密。《论语》上载：

子曰："予欲无言！"子贡曰："夫子不言，则小子何述焉？"子曰："天何言哉。四时行焉，百物生焉，天何言哉！"

四时的运行，生育万物，对我们展示着天地创造性的旋律的秘密。一切在此中生长流动，具有节奏与和谐。古人拿音乐里的五声配合四时五行，拿十二律分配于十二月（《汉书·律历志》），使我们一岁中的生活融化在音乐的节奏中，从容不迫而感到内部有意义有价值，充实而美。不像现在大都市的居民灵魂里，孤独空虚，英国诗人艾利略有"荒原"的慨叹。

不但孔子，老子也从他高超严冷的眼里观照着世界的旋律。他说："致虚极，守静笃，万物并作，吾以观其复！"

活泼的庄子也说他"静而与阴同德，动而与阳同波"，他把他的精神生命体合于自然的旋律。

孟子说他能"上下与天地同流"。荀子歌颂着天地的节奏：

"列星随旋，日月递照，四时代御，阴阳大化，风雨博施，万物各得其和以生，各得其养以成。"

我们不必多引了，我们已见到了中国古代哲人是"本能地找到了宇宙旋律的秘密"。而把这获得的至宝，渗透进我们的现实生活，使我们生活表现礼与乐里，创造社会的秩序与和谐。我们又把这旋律装饰到我们的日用器皿上，使形下之器启示着形上之道（即生命的旋律）。中国古代艺术特色表现在他所创造的各种图案花纹里，而中国最光荣的绘画艺术也还是从商周铜器图案、汉代砖瓦花纹里脱胎出来的呢！

"中国人喜爱现实世界，爱护备至，却又不致现实得不近情理。"我们在新石器时代从我们的日用器皿制出玉器，作为我们政治上、社会上及精神人格上美丽的象征物。我们在铜器时代也把日用器皿，如烹饪的鼎、饮酒的爵等，制造精美，竭尽当时的艺术技能，他们成了天地境界的象征。我们对最现实的器具，赋予崇高的意义，优美的形式，使它们不仅仅是我们役使的工具，而是可以同我们对语、同我们情思往还的艺术境界。后来我们发展了瓷器（西人称我们是瓷国）。瓷器就是玉的精神的承续与光大，使我们在日常现实生活中能充满着玉的美。

但我们也曾得到过科学权力的秘密。我们有两大发明：火药同指南针。这两项发明到了西洋人手里，成就了他们控制世界的权力，陆上霸权与海上霸权，中国自己倒成了这霸权的牺牲品。我们发明着火药，用来创造奇巧美丽的烟火和鞭炮，使我一般民众在一年劳苦休息的时候，新年及春节里，享受平民式的欢乐。

我们发明指南针，并不曾向海上取霸权，却让风水先生勘定我们庙堂、居宅及坟墓的地位和方向，使我们生活中顶重要的"住"，能够选择优美适当的自然环境，"居之安而资之深"。我们

到郊外，看那山环水抱的亭台楼阁，如入图画。中国建筑能与自然背景取得最完美的调协，而且用高耸天际的层楼飞檐及环拱柱廊、栏杆台阶的虚实节奏，昭示出这一片山水里潜流的旋律。

漆器也是我们极早的发明，使我们的日用器皿生光辉，有情韵。最近沈福文君引用古代各时期图案花纹到他设计的漆器里，使我们再能有美丽的器皿点缀我们的生活，这是值得兴奋的事。但是要能有大量的价廉的生产，使一般人民都能在日常生活中时时接触趣味高超、形制优美的物质环境，这才是一个民族的文化水平的尺度。

中国民族很早发现了宇宙旋律及生命节奏的秘密，以和平的音乐的心境爱护现实，美化现实，因而轻视了科学工艺征服自然的权力。这使我们不能解救贫弱的地位，在生存竞争剧烈的时代，受人侵略，受人欺侮，文化的美丽精神也不能长保了，灵魂里粗野了，卑鄙了，怯懦了，我们也现实得不近情理了。我们丧尽了生活里旋律的美（盲动而无秩序）、音乐的境界（人与人之间充满了猜忌、斗争）。一个最尊重乐教、最了解音乐价值的民族没有了音乐。这就是说没有了国魂，没有了构成生命意义、文化意义的高等价值。中国精神应该往哪里去？

近代西洋人把握科学权力的秘密（最近如原子能的秘密），征服了自然，征服了科学落后的民族，但不肯体会人类全体共同生活的旋律美，不肯"参天地，赞化育"，提携全世界的生命，演奏壮丽的交响乐，感谢造化宣示给我们的创化机密，而以厮杀之声暴露人性的丑恶，西洋精神又要往哪里去？哪里去？这都是引起我们惆怅、深思的问题。

后 记

在习近平总书记"两个结合"重要思想的指引下，在党和国家有关部门的高度重视下，包括大学美育在内的各项美育工作正迎来全新的发展契机。如何结合新的时代条件传承和弘扬中华美学精神，开展好包括大学美育在内的各项美育工作，已经成为一项关乎长远的时代性命题。

作为面向艺术类高校师生的公共艺术通识教材，本书在此方面进行了富有时代性和针对性的创新探索。期望当代大学生通过对传统文化中蕴含的审核价值和人生意义的了解，汲取中华优秀传统文化所特有的人文化成的智慧井泉，自觉传承和弘扬中华美学精神，做知中国、爱中国、担当民族复兴大任的时代新人。

在国家和民族整体脱贫并在中国式现代化道路上不断迈进的今天，当代大学生更应通过在美学、美育境界上的散步和徜徉，为自己追求更完善的人格、更美好的人生，为国家和民族谱写更美好的未来。这也是本教材所努力追求的美学、美育境界。

作为在《大学美育》教材编写上的新探索，本教材在编写过程中参考了不少此前出版的同类教材，在此向前辈学者致以敬意。期待我们共同努力，一起开大学美育工作的新境界。同时，因编者水平所限，本教材还有很多未臻完善之处，恳请读者朋友和学界同仁海涵并赐正。

本教材编写过程中得到了山东工艺美术学院有关领导与专家的悉心指导，也听取了部分师生的意见和建议，在此一并表示感谢。

本教材在编辑过程中，得到了清华大学出版社的支持，也凝聚着编辑的心血，在此一并致谢。

编者

2024 年 10 月

教师服务

　　感谢您选用清华大学出版社的教材！为了更好地服务教学，我们为授课教师提供本书的教学辅助资源。请您扫码获取。

 教辅获取

本书教辅资源，授课教师扫码获取

建议教学大纲

配套 PPT 课件

 清华大学出版社

E-mail: tupfuwu@163.com
电话：010-83470317
地址：北京市海淀区双清路学研大厦 B 座 508

网址：http://www.tup.com.cn/
传真：8610-83470107
邮编：100084